prometeo
l i b r o s

Digital, político, radical

Natalie Fenton

Digital, político, radical

prometeo
libros

Fenton, Natalie
   Digital, político, radical / Natalie Fenton. - 1a ed . - Ciudad Autónoma de
Buenos Aires : Prometeo Libros, 2018.
   230 p. ; 23 x 16 cm.

   Traducción de: María Eugenia Gay.

   1. Filosofía Política. 2. Filosofía Política Contemporánea. 3. Democracia.
I. Gay, María Eugenia , trad. II. Título.
   CDD 320.01

Traducción: María Eugenia Gay
Armado: Mabi Fraga
Corrección de galeras: Marina Rapetti
Diseño de tapa: Erica Anabela Medina

Para mi hermoso padre, quien nunca lo hubiera leído,
pero que habría entendido por qué lo escribí.

Índice

Agradecimientos

Este libro se hizo con buenas conversaciones, mucha política y las mejores amistades. Durante su gestación fui co-rectora del departamento de Medios y Comunicaciones en Goldsmiths, Universidad de Londres; trabajé en dos grupos de campaña para la reforma de medios (*Hacked off* y *The Media Reform Coalition* –trabajo que aún continúa–); participé en negociaciones de largo plazo en representación de mi sindicato y sufrí la muerte de mi querido padre. Tal vez adecuadamente, ha sido un viaje político tanto como emocional e intelectual. A lo largo del camino muchos amigos me han acompañado y me han sostenido –algunos hablando incesantemente (ellos sabrán quiénes son), otros haciéndome reír (gracias al cielo), alimentándome (cuando me olvidaba), bailando conmigo (cuando necesitaba olvidar), llorando conmigo (cuando más importaba)–. Muchos han cargado mi equipaje, pues he atravesado tiempos burocráticos y sobrecarga administrativa, y me han dirigido a caminos que conducían a nuevos descubrimientos y renovadas aventuras, recordándome mi propósito original. Estoy profundamente agradecida con cada uno de ustedes –son demasiados para mencionarlos individualmente, pero ustedes saben quiénes son–.

La política hace aflorar las pasiones, y es un deleite constante sucumbir a ellas en compañía de aquellos que comparten esta pasión. Me he beneficiado enormemente al compartir estas pasiones y afinar mis argumentos en muchos seminarios, clases, conferencias, cafés, bares y pubs; en playas, en colectivos, en piletas de natación, ríos y mares; con estudiantes de la Maestría en Comunicaciones políticas, mis estudiantes doctorales, colegas, amigos, familia y una buena parte de extraños. Algunos incluso proveyeron retornos valiosos sobre manuscritos previos a pesar de las presiones de sus propias vidas laborales. Un agradecimiento extra especial va para Verónica Barassi, Lisa Blackman, Andrew Valabrese, Jacqui Cheal, James Curran, Mariam Frase-Motamedi, Deborah Grayson, Dave Hesmondhalgh, Sara Kember, Ben Levitas, Angela McRobbie, Graham Murdock, Angela Phillips, Joanna Redden, Jorge Saavedra, Justin Schlosberg, Mila Steele, Bev Skeggs, Gavan Titley, Hilary Wainwright y Joanna Zylinska y para todos los activistas que aportaron su tiempo para ser entrevistados y hablar sobre política en el curso de esta investigación.

Natalie Fenton

El departamento de Medios y Comunicaciones de Goldsmiths es un lugar especial. Es uno de los pocos departamentos universitarios que existen en los cuales la política transformadora se discute activamente como parte seminal de lo que hacemos. El departamento me ha proporcionado la estructura, la libertad y la inspiración para escribir este libro. Entre las siempre crecientes presiones para neoliberalizar constantemente nuestras prácticas, aún es un lugar donde las ideas pueden respirar, donde la creatividad es abrazada y se disfruta el aprendizaje compartido. No puedo imaginarme un departamento más desafiante, más compañero o con más apoyo, o un mejor lugar para pensar, teorizar y practicar la política. Debo un supremo agradecimiento a todos mis colegas. Todos y cada uno de ustedes –desde facultativos hasta técnicos y cuerpo administrativo– me ha dado posibilidades de las que muchos son completamente inconscientes –tal es su generosidad, y tal mi buena suerte–. Una mención particular y sentida va para mis dos codirectores de departamento –Nick Couldry y Julian Henriques– cuyo aliento y amistad no solo me ayudaron a terminar sino que también hicieron mucho más realizable la política institucional.

Los centros de investigación de los que soy parte y la gente junto a la que trabajo me han proporcionado espacios institucionales en los cuales permanecer, explorar e interrogar ideas y datos. Como espacios para el pensamiento crítico (ver capítulo 1), me han energizado y entusiasmado –gracias a las muchas personas que han provisto su tiempo para contribuir al *Centre for Global Media and Democracy* (con un agradecimiento especial para Kate Nash)–; el *Goldsmiths Leverhulme Media Research Centre* (con un agradecimiento especial para James Curran) y el *Centre for Feminist Research* (con agradecimiento especial para Sara Ahmed). Larga vida a ellos.

Por supuesto, siempre hay algunas personas de las cuales se depende más que de otras. Amigos cuya habilidad para inspirar políticamente, desafiar intelectualmente, apoyar emocionalmente y, sobre todo, cuando las cosas se ponen duras, contar chistes increíblemente malos (en los lugares más inapropiados) son un regalo que realmente estimo. También al original bonachón Des Freedman, el poeta Gholam Khiabany y a Milly-*the-seal*-Williamson, muchas gracias por tanto. La vida es simplemente mejor cuando ustedes están cerca.

Finalmente, a los maravillosos Justin, Isaac y Jude –la fuente de todas mis pasiones, políticas y de las otras– por soportar toda la política todo el tiempo y comprender por qué importa. Cuando se ha agotado la conversación, estoy siempre sorprendida y agradecida de que ustedes simplemente "lo entiendan".

1. Introducción: sembrando la semilla del disenso

En 2007, el capitalismo global colapsó. Un colapso financiero expuso los abusos de los bancos y de las agencias financieras, que habían aprovechado los sistemas económicos para su propio beneficio hasta que esos sistemas se fracturaron bajo el peso de la deuda que habían creado. Una rendija de luz apareció tras la grieta. Este fue el momento en que la forma brutal y agresiva del capitalismo financiero desregulado que, como un vampiro, había estado chupando la sangre del cuerpo político, vio el aura, cegándose por un momento. Y, por un breve período, los optimistas entre nosotros pensamos que esta crisis económica era la ocasión para un cambio radical. Nueve años después, el poder incrementado de las corporaciones y las agencias financieras trasnacionales sobre las prioridades públicas continúa intacto. Las gloriosas promesas de la democracia liberal continúan transformándose en las tortuosas agonías del neoliberalismo, donde los mercados libres y la libertad humana son intercambiables. La desigualdad ha crecido. Los pobres se han vuelto más pobres. Los ricos continúan prosperando. El desastre ecológico amenaza en el horizonte. A medida que los pobres se vuelven más pobres, tienen menos influencias en las políticas y en los políticos, y votan menos. Y, la democracia se deshace.

Pero, la última década además ha sido marcada por manifestaciones públicas de desacuerdo, levantamientos en el mundo árabe y en África del Norte contra dictaduras sanguinarias, protestas masivas en España, Grecia, Italia y Portugal contra una política de austeridad que prioriza a bancos y agencias financieras sobre la gente y lo público, el movimiento *Ocupa Wall Street* en los Estados Unidos, pregonando los derechos del noventa y nueve por ciento, que se expandió hacia muchas partes del globo, las manifestaciones en Estambul contra planes de desarrollo urbanístico para un parque público, las protestas contra la discriminación policial racista en Ferguson (Missouri), para nombrar algunos. Sin embargo, como creyendo que se podía detener a los vampiros solo con olor a ajo, el disenso fue enfrentado con gas pimienta, bastones y, en algunos casos, tanques y balas. Aun así, nuevos partidos de izquierda han comenzado a emerger con la victoria electoral de Syriza en Grecia, y el crecimiento de Podemos en España (ver capítulo 6). Otros públicos emergentes forcejean con nuevas formas de colectivismo progresista que defienden la idea del *demos* desde otra perspectiva, desafiando muchas de las suposiciones de la democracia liberal. Durante todo este tiempo la era digital continúa metiéndose bajo nuestra piel y en nuestro flujo sanguíneo, pues el estar en línea y siempre más conectados está imbricado en los ritmos y rituales de nuestra vida diaria –al mismo tiempo seduciéndonos con deleites de consumo, capturando y vendiendo nuestras huellas digitales y posibilitando y empoderando la expansión amplia y extensa de la movilización opositora–.

Una política radical mediatizada que frecuentemente circula en redes en línea, a través de las redes sociales, solo puede entenderse en relación a sus contrapartes no radicales –política convencional tanto como medios anteriores–. La política convencional no ha salido ilesa. Con unas pocas notables excepciones, hemos visto una disminución del apoyo a los partidos políticos del *establishment* y en el público votante. En muchos lugares alrededor del mundo, los partidos socialdemócratas han desplazado sus políticas siempre hacia la derecha. En general, en las sociedades occidentales, la política de partidos ha dado lugar a un estilo de representación "del consumidor": esto se ve en términos de partidos políticos, que en función de ganar elecciones deben dedicarse a persuadir y a gestionar impresiones –lo que Louw (2005: 25) ha llamado "construcción de imagen, construcción de mitos y bombo publicitario" por parte de actores políticos de élite–; en términos de medios que, hambrientos de despojos informativos, toman y privilegian cotidianamente estas definiciones elitistas de la realidad y son acusados de servir intereses hegemónicos dominantes, legitimar la desigualdad social y boicotear la democracia participativa; y también en términos de la ciudadanía, en donde ser político incluye ahora un amplio rango de comportamientos sociales (no solo hacer campañas, organizar y argumentar, sino también estilos de vida, éticas de consumo, dietas y gustos musicales).

Al paso que disminuye la participación en elecciones parlamentarias democráticas (Sloam, 2014), enfrentamos una intersección crítica dentro de una crisis profunda y multifacética de nuestros sistemas representativos democráticos –sistemas hace mucho considerados debilitados por los imperativos competitivos de la globalización económica y la caída del contrapoder del laborismo organizado, en la disminución deliberada del movimiento sindical a través de legislación antisindical–; a través de la criminalización de la protesta y los siempre crecientes intentos de tornar todo menos público; y a través de nuestra propia monetización, a medida que nuestra ciudadanía se vehiculiza a través del consumo y nuestra humanidad común es substituida por el individualismo y la política del yo. Las instituciones mediáticas han participado de este patrón de erosión como sujeto y objeto de reestructuración económica a favor de las élites, tanto mediante mensajes sostenidos que legitiman la transferencia ascendente y la concentración de la propiedad y la riqueza y a través de la desregulación y privatización de los medios, con lo cual estos quedan fuera del alcance de la formación de voluntades políticas organizadas democráticamente (Calabrese y Fenton, 2015).

En esta vorágine de contradicciones, ¿cómo podemos comenzar a dar sentido al posible significado de una política progresista radical?, ¿cómo se forma y cómo se materializa una política de emancipación?, ¿cómo se forjan, se moderan y se encauzan los valores políticos progresistas comunes en prácticas concretas en la era digital?, ¿cómo trabajamos en función de lo que E.P. Thompson (2014:109) describiera como "la dignidad de los actores en la construcción de su propia historia" –nuestra historia, nuestra dignidad– en sistemas donde, como afirma Brown (2015: 18), la democracia no es solo derrocada u obstaculizada por antidemócratas sino también "vaciada desde dentro"?

Este libro es una tentativa de considerar estas preguntas en el contexto profundo de la política real teniendo en cuenta además las posibilidades pragmáticas de nuestros futuros políticos progresistas. Muchos académicos, que relacionan las formas de comunicación, los medios de organizar protestas y manifestaciones y de diseminar nuestras pasiones y deseos políticos con afirmaciones sobre un retorno de la contrapolítica del siglo XXI, dejan sin tratar el problema práctico de hacer política y el sueño de la democracia. ¿Cómo hacemos mejor la democracia? ¿Cuáles son las condiciones necesarias para vivir bien en conjunto? Al enfocarnos en el potencial transformador de las nuevas tecnologías, frecuentemente se dejan de lado los objetivos concretos de la acción libertaria en todas las esferas (material, legal, estatal). La protesta es fácil de identificar. Más difícil es identificar cómo producir el cambio político. Demasiado frecuentemente nos quedamos en la pregunta de: ¿qué es la política?, ¿dónde está la democracia? En otras palabras, al concentrar nuestra mirada sobre la mediación de la política somos seducidos por el entusiasmo y la emoción del coraje revolucionario disponible, y descuidamos –en perjuicio de nuestro propio progresismo–, tanto las limitaciones que deben ser superadas como la política factible y concreta que debe desarrollarse para substituirlas. Ciertamente, lo que importa es cómo se transforma la protesta en una práctica política que pueda corregir el desequilibrio de poder. Sin embargo, con demasiada frecuencia mapeamos un abanico de respuestas, rastreamos las movilizaciones, podemos inclusive identificar las contradicciones, pero raramente criticamos el movimiento hacia el poder político o si quiera intentamos imaginar qué aspecto tendría. En consecuencia, nos quedan las ausencias políticas y el vacío político.

Este libro, entonces, comienza con la simple proposición de que necesitamos comprender "lo político" si pretendemos criticar la política (y por tanto la mediación). Y, para hacer la crítica, si pretendemos que la política progresista avance, debemos ocuparnos del poder y la política como *conceptos* y como *prácticas*. El resto de esta introducción establece la premisa fundamental, situando los argumentos de los capítulos siguientes en un marco que es crítico, político, radical y contextual. A continuación, explico la necesidad de cada uno de ellos para equilibrar mis pensamientos.

Crítico

Este libro se inspira en la escuela de teoría crítica. Como director del Instituto de Investigación Social (la así llamada Escuela de Frankfurt), Horkheimer (1982:44) afirmó que la teoría crítica se distingue de la teoría tradicional en que posee un propósito práctico específico: buscar la emancipación humana, "liberar a los seres humanos de las circunstancias que los esclavizan". Así como hay muchas circunstancias de este tipo, también hay muchas teorías, pero todas comparten el deseo de proporcionar la base sobre la cual podemos intentar comprender las formas de dominación y opresión, buscando así incrementar las formas de liberación y libertad.

Horkheimer también dijo que la teoría crítica solo es adecuada si responde a tres criterios: debe ser *explicativa*, *práctica* y *normativa*. El análisis crítico debe ser una investigación social empírica y estar enmarcado en un argumento filosófico normativo —de modo que pueda explicar qué está mal con la realidad social actual, que pueda evaluar la sociedad, identificar los actores para cambiarla, y proporcionar tanto normas claras para la crítica como objetivos prácticos alcanzables para la transformación social y política. Para lograrlo, la teoría crítica dirige su atención al análisis empírico del mundo contemporáneo y a aquellos movimientos que intentan transformar la realidad de forma progresista (Kellner, 1990). Como se ocupa de la transformación de las condiciones de sufrimiento, una teoría crítica asume una perspectiva materialista, pues desea transformar las condiciones materiales que producen el sufrimiento. Por lo tanto, la teoría crítica debe combinar la teoría social, la investigación empírica y la política radical en la teoría y en la práctica.

La teoría crítica también es multidisciplinaria —se alimenta de la economía política, de la teoría cultural, la sociología, la filosofía, la antropología y la historia— y por buenas razones—. Nuestras vidas mediadas no están desconectadas de la economía, de la política, de lo social o de lo filosófico. Así que claramente es una verdad de perogrullo que debemos estudiarlas en todos sus contextos (in)fames. Sin embargo, aquí es donde frecuentemente encontramos que nuestro conocimiento está atrapado en guetos disciplinarios ferozmente protectores de sus fronteras. Una teoría crítica debería ser capaz de traspasar las fronteras disciplinarias y conectarse con el mundo exterior, inclusive con movimientos sociales y organizaciones políticas que intentan transformar la sociedad de manera progresista. Cuando hablamos de política radical, esto significa comprender al individuo y las nociones de identidad que emergen de la psicología social, comprender lo organizacional en relación a la sociología y a los estudios de movimientos sociales y lo institucional en relación a cuestiones político-económicas, junto con cuestiones culturales y tecnológicas –reconocer la complejidad de la red que conecta la cultura y la economía, el estado y los ciudadanos, la consciencia y la sociedad–.

Y lo que es crucial, es que una teoría crítica es dialéctica. En otras palabras, ningún factor es determinante en virtud de su constancia. Así, como afirma Horkheimer (1982:28):

> El desarrollo del carácter humano (…) está condicionado tanto por la situación económica como por los poderes individuales de la persona en cuestión. Pero estos dos elementos se condicionan permanentemente entre ellos, de modo que en el desarrollo total ninguno de ellos debe ser presentado como factor efectivo sin establecer el rol del otro.

Se evita el determinismo económico. Antes bien, el mundo sociomaterial es visto en el contexto histórico en el que las condiciones objetivas (factores materiales) contribuyen a la constitución del sujeto (el agente humano) y el sujeto, por su parte, ayuda a constituir las condiciones objetivas. Al insistir en la dialéctica se insiste en la posibilidad de cambio. Pero, tomar una postura materialista también es reconocer que "el rol histórico fundamental de las relaciones económicas es característica de la posición materialista (…) Mientras más evita las causas económicas de las necesidades materiales más idealista se torna la comprensión del presente" (Horkheimer, 1972: 25).

Acercarnos a los debates de este libro desde la perspectiva de la teoría crítica es una tentativa deliberada de reenfocar nuestras lentes hacia una política de transformación en el campo de los estudios de medios y comunicación. Ciertamente, hay una tradición rica y diversa de investigación crítica en el campo, que va desde la Escuela de Frankfurt al *Birmingham Centre for Cultural Studies* en Inglaterra, hasta aquellos que se sitúan más hacia el interior de la economía política crítica. Hace mucho tiempo que dichas aproximaciones han abrazado una crítica histórica, política y material de lo político con la perspectiva de la transformación política y social. Pero, en una era digital que nos ha dejado sin palabras para describir qué demonios significa ahora hablar sobre los "medios" y sin formas de explicar la más básica de las preguntas –quién está diciendo qué a quién, y por qué es importante– donde buena parte de nuestro conocimiento ha quedado a tientas en una niebla descriptiva, parece apropiado replantear el propósito de nuestra práctica.

Mientras nos maravillamos de la abundancia y multiplicidad de plataformas y ámbitos comunicativos en línea, mientras luchamos para mantenernos al día con las últimas aplicaciones y los mejores dispositivos técnicos, mientras somos cautivados por las capacidades interactivas y las posibilidades creativas del último *software*, con demasiada frecuencia somos arrastrados a no hacer más que describir sus usos y mapear su existencia. Mapear y describir sin duda tienen un lugar. Debemos saber con qué estamos tratando. En la medida en que las redes proliferan y se vuelven más complejas, mapear y describir su presencia es necesario, pero nos llevará siempre sólo hasta la primera base. El problema es que, a medida en que los espacios mediados se expanden y se multiplican en reiteraciones infinitas, el mapeo y la descripción se imponen y amenazan con anquilosar nuestros análisis, tornándolos vagos hasta la inutilidad. Como lo ha expresado Rod Benson (2014), con su "nuevo descriptivismo (…) el momento de la explicación parece no llegar nunca". Ser crítico significa pasar más allá de la descripción, significa tener un argumento. Este libro insiste en ser explicativo, normativo y pragmático. Estoy segura de que fracasa en los tres. Pero, es una tentativa de ser tan reconstructivo como deconstructivo.

Político

Al basarse en la teoría crítica, este libro también intenta comprender "lo político". Al ser normativo y evaluativo también es, en sí mismo, político en su cometido.

Existe un enorme debate sobre qué constituye "lo político", y muchos elementos de ese debate se tratan en diferentes momentos a lo largo del libro. Me he aproximado a la "política" como algo tanto ordinario como extraordinario. En el día a día, en nuestra vida diaria, la política tiene que ver con cómo vemos, como individuos, nuestra propia posición en el mundo que nos rodea y cómo nos relacionamos con otros, cercanos o lejanos. Al tratar con nuestras diferencias, tiene que ver con las dificultades de vivir juntos en el plano local, nacional y planetario. Como tal, la política siempre implicará pasión, deseo, antagonismo, impugnaciones y conflicto. Reconocer la disimetría y el agonismo (Mouffe, 2005) como elementos cruciales de la vida política significa reconocer que la política trata de todos. Identificar las necesidades particulares que derivan de diferencias individuales y grupales en la política radical permite reconocer la subjetividad política de cada persona. Como dijera Foucault (2004:19): "El sujeto que habla es un sujeto en disputa –ni siquiera polémico".

La asimetría y el desacuerdo no excluyen la subjetividad política colectiva, sino que son fundamentales para ella. No hay todo sin reconocimiento de las partes. No hay política sin disputa. No hay disputa sin sentimientos de injusticia, arbitrariedad, tristeza, enojo y esperanza. Me refiero a la pasión que impulsa la política como la *política del ser* (ver capítulo 6). Una respuesta frecuentemente visceral a los síntomas de los problemas del sistema social prevaleciente –tengo frío, mi familia tiene hambre, no encuentro trabajo, soy discriminado– que nos impulsa a protestar (no debe necesariamente estar relacionada con el yo, puede ser sentida por otros, y la resistencia puede tener lugar en ámbitos privados tanto como públicos). La política del ser incluye las respuestas afectivas a la opresión que Holloway (2002:6) llama "el grito de ira". El grito es un impulso negativo antialgo pero, en su reacción en contra de, también abre la posibilidad de la otredad, de que las cosas podrían ser diferentes.

Esto es contrario a lo que otros consideran político. De hecho, caería bajo el ámbito de lo que Gramsci llama apoliticismo (1991: 147). Gramsci reconoce que "el grito" ocurre en respuesta a eventos políticos y posiblemente a relaciones estructurales, pero sostiene que, hasta que no sea construido como intervención política con el objetivo de transformar las relaciones de poder, no es realmente político. En opinión de Gramsci, ser político no es solo contener o expresar opiniones políticas informadas por o en reacción a una situación política, sino procurar alterar el terreno de poder. En este libro extraigo una distinción similar entre "ser político" (más adelante llamado política extraordinaria) y "la política del ser" (más arriba llamado "política ordinaria") pero, más que considerar a la segunda como apolítica, la veo como elemento vital para comprender cómo emerge la política radical en determinado momento.

La política es extraordinaria cuando es transformadora y puede cambiar radicalmente el equilibrio de fuerzas. En un sentido gramsciano (1991), esta es la política como participación en relaciones y estructuras de poder. De modo que se relaciona directamente con la distribución desigual de los recursos en todos los niveles (en casa, en el trabajo, en nuestras comunidades, el estado-nación, el mundo) y las consecuencias de la distribución de estos recursos. La política trata de las prácticas organizacionales que buscan participar como parte de este proceso de distribución y reparto –quién obtiene qué, por qué, cómo y dónde–. Estamos *siendo políticos* cuando tratamos estas cuestiones y las traducimos en prácticas organizacionales e institucionales. Es este acto de traducción, la identificación de un objetivo concreto, lo que genera tanta hostilidad en los movimientos políticos radicales. ¿Cómo puede un mismo resultado interpretar adecuadamente las necesidades y requerimientos de tantos sujetos diferentes? De manera que la política necesita de la negociación, el compromiso, la reconciliación, el regateo, el acuerdo y, ocasionalmente, incluso el consenso. Luego, esto exige preguntas como: ¿qué formas de organización son más factibles de perdurar y de desarrollar un programa de cambio social que pueda ser traducido a la práctica cotidiana?, ¿el poder estatal debe ser siempre el medio para el cambio social? La política es tanto filosofía como estrategia; estructura y táctica; protesta y proyecto. De hecho, al intentar interpretar una política progresista radical (ver abajo) he considerado lo individual como sujeto político, lo organizacional como emprendimiento político y lo institucional como traducción política.

La manera en que "lo político" cobra sentido está profundamente enraizada en el contexto social. En democracias desarrolladas, los horizontes de "lo político" están siempre en expansión, no meramente en términos de alcance global, sino también de alcance conceptual, para incluir una vasta gama de comportamientos sociales. Ser político ahora se refiere no solo a las actividades tradicionales como votar, militar, organizar y argumentar, sino también a estilos de vida –¿somos ecológicos o no?–, a éticas de consumo –¿compramos éticamente o no?–, a dietas –¿nos importa cómo se produce lo que comemos o no?–, y a preferencias musicales –¿preferimos comprar pop producido masivamente que apoya las preferencias de *The X factor*[1] o no?–. Las maneras en que nos comunicamos entre nosotros están cambiando dramáticamente en el mundo digital. Para muchos, tanto dentro y fuera de organizaciones formales de la política nacional, el cómo se expresa la política o un sentido del *ethos* político tiene sorprendentemente poco que ver con el gobierno, los partidos políticos u otras constituciones del estado. El Reino Unido ve hoy en día uno de los niveles de afiliación partidaria más bajos de Europa: cincuenta años atrás, una de cada once personas se afiliaba a partidos, ahora es solo una en cada ochenta y ocho. En 2005, solo 1.3 por ciento

---

[1] El *Factor X* es un popular programa *reality* en que se compite para encontrar nuevos cantantes que obtiene sus participantes de audiciones públicas. El ganador recibe un contrato de grabación. Los programas son producidos por Simon Cowell, quien también es juez en el show, y su compañía Syco TV. El programa ha sido criticado por crear un "monopolio pop estéril" de música corporativizada (*The Guardian*, 21 de diciembre de 2009), en que el ganador se ha llevado el primer lugar en el Ranking de Navidad por 4 años consecutivos. En diciembre de 2009, Jon y Tracy Morter armaron un grupo de Facebook para promover el voto por una pista de la banda de rap metal Rage Against the Machine y lograron evitar que una canción del último ganador del *Factor X*, Joe McElderry, hiciera lo propio (ver capítulo 4).

del electorado formaba parte de alguno de los partidos políticos principales (el partido Laborista, el partido Conservador y el partido Demócrata-Liberal), cayendo del casi 4 por ciento de 1983 (Marshall, 2009). En 2015, menos del 1 por ciento de la población inglesa pertenecía a alguno de los tres partidos políticos principales (Keen, 2015), y más personas eran miembros de la organización benéfica *Sociedad Real para la protección de pájaros* (RSPB, por sus siglas en inglés), que tenía por encima de un millón de miembros más que todos los partidos políticos reunidos. Sin embargo, según la Encuesta Británica de Actitudes Sociales, el interés en la política y la actividad política individual se ha incrementado desde la década de 1980 (Park *et al.*, 2013). Y, es interesante remarcar que, aunque la membresía a las organizaciones sindicales es ahora más baja que en cualquier otro momento de la historia de la posguerra en el Reino Unido, continúa siendo substancialmente mayor que la de los partidos políticos, con 6.449 millones de miembros registrados en 2013 (TUC, 2015).

Durante la crisis financiera global, la caída de los partidos establecidos ha sido generalmente acompañada por un desplazamiento hacia la derecha de los partidos socialdemócratas y una elevación de la popularidad de las organizaciones políticas de extrema derecha xenófoba y neofascista, como la Liga de Defensa Inglesa (*English Defence League*) en el reino Unido, el Amanecer Dorado en Grecia, el Partido del Pueblo, Nuestra Eslovaquia, El Movimiento de Resistencia Sueco, el Partido Nacionalista en Bulgaria, Jobbik en Hungría, el Partido del Pueblo Danés, el Partido de la Libertad austríaco, el Interés Flamenco en Bélgica, el Partido de la Libertad Americana y el Frente Nacional en Francia. En 2014, nueve partidos neonazis se sentaban en el Parlamento Europeo. La crisis de la eurozona también llevó a una sucesión de gobiernos tecnocráticos no electos en Bulgaria, Italia y Grecia, cuando los partidos tradicionales admitieron su fracaso en llevar adelante los asuntos principales de gobierno. Actuando como gobiernos prestadores de servicios, estas administraciones fueron criticadas en diversos modos por entregar el poder a burócratas y usurpar la democracia (Skelton, 2011). Pero, también hemos presenciado el ascenso de nuevos partidos de izquierda como Podemos en España, Syriza en Grecia y el Partido Verde en el Reino Unido, así como la elección del candidato de izquierda Jeremy Corbyn como el nuevo líder del Partido Laborista Británico. Todos estos cambios y desplazamientos políticos son frágiles y pueden muy bien luchar para sobrevivir y triunfar, pero dentro de estos partidos emergentes hay una tentativa creciente de responder a la ola de protestas y marchas frente a la austeridad. El ser político está profundamente conectado a estos cambios y desplazamientos y a las historias particulares en las que se basan.

Natalie Fenton

Radical

Si bien soy completamente consciente de que el término "radical" ha sido aplicado a un abanico de políticas conservadoras de derecha (como aquellas preferidas por Margareth Thatcher), no es de eso que me ocupo a lo largo de este libro (aunque sea muy relevante). Cuando utilizo el término "política radical" me refiero a la política progresista radical principalmente interpretada como "de izquierda". Utilizo "radical" para referirme a los logros democráticos sobre el capitalismo global, que han sido parte de las ambiciones históricas de la izquierda. También utilizo "radical" en relación al origen latino del término en "raíz". Una política radical es "de base"; emerge desde abajo y nutre lo que sucede arriba. Es una política que es del pueblo –las raíces de una política alimentada de la tierra que la rodea. La profundidad de las raíces determina la fuerza de la planta–, esta no es una política superficial o una política de pose –es una política que es más que momentánea–; establece una manera de ser y es el sistema de apoyo de todas las formas de vida. Las raíces pueden extenderse lejos y profundo. Una política radical es de largo alcance y busca ver más allá de los parámetros de la racionalidad dominante. Por ejemplo, si el neoliberalismo es un conglomerado de políticas económicas que coinciden en el principio de establecer mercados libres (Brown, 2015), como la desregulación de industrias, la reducción del estado de bienestar, la privatización y la tercerización de bienes y servicios públicos, esquemas tributarios regresivos que son antidistribución de la riqueza, la mercantilización de todas las necesidades y deseos humanos en empresas redituables, junto con la financiarización de todo, con agencias financieras que proveen los fundamentos dominantes para los sistemas y estructuras económicos, culturales, sociales, políticos y ecológicos nacionales, entonces se esperaría que una política progresista radical no solo se oponga a estas aproximaciones, sino que también sugiera alternativas de largo plazo para ellas. Al hacerlo, no necesita ser revolucionaria para ser radical. Donde se trata de regímenes autoritarios y represivos, derrocar al sistema y comenzar de nuevo es muchas veces la única respuesta radical posible. Pero, en otros contextos, es perfectamente posible realizar una política de reforma radical según las circunstancias e historias particulares en juego, siempre que las reformas impulsadas alteren substantivamente el sistema en cuestión. Esto muy bien puede significar un quiebre con la tradición, una aproximación creativa que apunta al cambio de largo alcance. Así, el movimiento feminista que logró el voto femenino y un conjunto de legislación igualitaria (entre otras cosas), tuvo un impacto radical, como lo tuvo la introducción de sistemas de previsión y la atención médica universal –ambos esencialmente reformistas pero aun así radicales–.

Contrarrestar lo que Brown (2015:1) llama "la revolución sigilosa del neoliberalismo" requiere una política radical que también pueda arrancar de raíz los problemas centrales del sistema actual con el objetivo de sugerir alternativas progresistas de largo plazo. En este libro ofrezco evidencia para apoyar el argumento de que, para trabajar hacia un cambio de largo alcance, una política radical debe ocuparse de los desequilibrios de poder y las inequidades sociales, económicas y culturales (todas las cuales se encuentran interconectadas). Como buena parte del activismo radical contemporáneo se organiza alrededor de temas aislados, una política radical necesita también la reunión de estas preocupaciones dispersas pero conectadas, de manera a tratar en conjunto la política de la desigualdad en configuraciones políticas y económicas neoliberales. A su vez, esto requerirá el abandono positivo de una política basada en la deuda y el crédito ilimitado en función de la búsqueda implacable del crecimiento económico y la ampliación del capital. Hacerlo implicará repensar una política que no esté al servicio del capital global y las agencias financieras. Como esto se opone tan completamente a la racionalidad neoliberal de nuestro tiempo, requerirá además una política radical que asuma riesgos. Hemos visto los comienzos de tal política radical de fusión con la emergencia de Podemos en España y Syriza en Grecia. Pero, ellos solo representan el comienzo y muchas veces han luchado para mantener a flote la frágil embarcación de las políticas antiausteridad frente al gigante del capitalismo financiero y la hostilidad de aquellos que pueblan sus cubiertas.

Luego de lo anterior, debería quedar claro que la aproximación a la política radical que adopto en este libro se preocupa con la eficacia política. Informada por la teoría crítica delineada en la sección anterior, adhiero a una posición de pragmatismo político. ¿Cómo puede una política radical provocar un cambio progresivo? Y, ¿cuáles son las condiciones requeridas, incluyendo las condiciones de comunicación, para provocar un cambio radical progresivo? Es una marca de la perversidad académica que tantos libros puedan ser escritos sobre movimientos sociales y nueva tecnología, activismo en línea y revoluciones de Twitter, todas las cuales tratan ostensiblemente de políticas radicales y de izquierda, pero tan pocos se dignen a abordar lo que está en juego en la política efectiva en oferta. Sin poner esta pregunta en el corazón de nuestras investigaciones y conocimientos, acabamos por no tratar en absoluto de política y ser demasiado frecuentemente seducidos por tesis tecnológicas.

Un pragmatismo político también debe ocuparse del tema del poder. Si bien reconozco que el micropoder puede ser reclamado desde el individuo a lo organizacional en victorias menores tanto en la esfera pública como en la privada, una política que trascienda el neoliberalismo también debe abordar el poder en el nivel macro del estado y la economía. Esto levanta una antigua preocupación respecto de la corrupción del poder y de cómo, una vez que el poder es reclamado, el "poder sobre" es abusado en detrimento del "poder para" realizar cambios progresistas. Littler y Gilbert discuten el tema del poder en relación con el rechazo de objetivos estratégicos abarcadores conectados a una política radical, y sugerentes de grandes narrativas y cierres políticos, y defienden una táctica política que abrace la disonancia y la diferencia:

> Una tendencia particular en el pensamiento "radical" (…) tiende a asumir que el radicalismo verdadero puede operar en un nivel puramente "táctico", y que la "estrategia" siempre debe ser propiedad de organizaciones y proyectos autoritarios (…) Tal posición termina inevitablemente refrendando una serie de maniobras "tácticas" que dan la impresión de una identidad "radical", pero que no tienen ningún impacto aparente en las relaciones de poder en ningún nivel: ejemplos de tales gestos poco efectivos incluyen parodias publicitarias [*subvertisements*], ocupaciones de corto plazo, espectáculos de arte conceptual, o "acciones" políticas espectaculares que involucran grandes números de arrestos sin ningún cambio de las políticas que son denunciadas. (Littler y Gilbert, 2009: 128).

Para ser radical, sostienen, es necesario tener impacto en las relaciones de poder. Proponer alternativas a las relaciones de poder dominantes es hasta cierto punto "visionario" (no es solo pragmático), pero no es determinado. De acuerdo con la noción de que una política progresista radical es una política de coalescencia de una variedad de causas y campañas, una política radical *no* es más que la suma de sus partes, es sus partes. Como estas partes se encuentran en permanente cambio y fluidez, entonces una política radical es abierta y continua, pues contempla fuentes plurales y diversas de conocimiento y resistencia. Arriesgarse implica que así sea. El proceso constantemente dinámico de la inclusividad, el compromiso, el debate y la lucha para producir alternativas *es* la política. Cuando ya no lo es, entonces la política radical se detiene. De esta manera, la democracia nunca puede estar completa.

Contextual

No hay política sin contexto, pues el contexto es donde la política se realiza y contra lo cual lucha la contrapolítica. No espero cubrir todos los aspectos contextuales críticos de la política radical, pero hay dos áreas que requieren especial consideración: la economía y el rol del estado. Debería decir desde el comienzo que, si bien he separado conceptualmente a la economía y al estado para llamar la atención sobre sus dimensiones particulares en la compleja dinámica del neoliberalismo, no veo que el estado y el mercado operen separadamente. Uno de los éxitos del neoliberalismo es que ha logrado venderse como un emprendimiento económico directo, una simple respuesta a las necesidades del mercado. Esto ha ocultado la política interior, negando la variedad de formas en que las decisiones políticas empujan ciertas agendas económicas en detrimento de otras. Con esto en mente, pero reconociendo que es imposible hacer justicia a la importancia de ambos, la siguiente sección es una indicación del argumento más amplio que forma la base de este libro.

Economía - los daños del neoliberalismo

En la medida en que la democracia neoliberal ha fallado, han aumentado las desigualdades. En la medida en que han aumentado las desigualdades, ha caído la movilidad social. El análisis de Thomas Piketty (2014) pone al desnudo el grado hasta el cual el neoliberalismo ha seguido un camino decidido hacia la concentración de la riqueza, la desigualdad y el empobrecimiento sin parangón desde el final del siglo XIX. La brecha entre los ricos y los pobres es actualmente mayor de lo que ha sido en la mayoría de los países de la OCDE en los últimos treinta años (OCDE, 2014). En 2012, el 1 por ciento más rico del mundo vio incrementarse su parte de los activos globales hasta el 46 por ciento, mientras que la mitad inferior de la población mundial poseía poco más que el 1 por ciento. En 2014, Oxfam informaba que las cinco familias más ricas del Reino Unido eran más ricas que el 20 por ciento inferior de la totalidad de la población. Solo cinco familias tenían más dinero que 12.6 millones de personas –casi igual al número de personas que vivían debajo de la línea de pobreza en el Reino Unido–. Ese mismo año, Credit Suisse (2014) produjo un *Informe de la Riqueza Mundial*, en el que señalaba que, en 2013, los 70 millones de personas más ricas poseían el 41 por ciento de la riqueza del planeta. Para 2014 este número se había incrementado de modo que los 70 millones más ricos poseían el 48 por ciento de la riqueza global. De continuar el 7 por ciento de aumento en la riqueza de los más ricos en un solo año, dentro de 5 años el 1 por ciento más rico del planeta tendría todo y los pobres nada. Nos enfrentamos a una espantosa y creciente desigualdad, casi nos hemos acostumbrado a oír hablar de ella. En todos lados tenemos análisis de cómo la desigualdad daña nuestras sociedades, nuestras economías y nuestros sistemas democráticos (Piketty, 2014; Dorling, 2014; Oxfam, 2015; Wilkinson y Pickett,

2009). Las investigaciones muestran (Bartels, 2008) que los pobres no tienen influencia sobre las políticas y los políticos y votan menos (McChesney, 2012). La participación en el voto aumenta con el ingreso simplemente porque los más ricos tienen más chances de ser escuchados. La desigualdad no es una condición que conduzca a políticas democráticas sostenibles. La desigualdad hace menos visibles a ciertos sujetos políticos. La desigualdad desangra a la democracia.

No son solo los más pobres de la sociedad los que sienten las consecuencias de la enorme desigualdad. Las clases medias también deben lidiar con empleos precarios, achicamiento de los esquemas de pensión y salarios bajos, con frecuencia como resultado del retroceso de los movimientos gremiales. Como la desigualdad daña nuestros sistemas democráticos (el resto de este libro describe cómo), no debería sorprendernos que más desigualdad genere más protestas, y aun así las cosas cambien menos para mejor.

Nuestros sistemas democráticos representativos también se apoyan en la adecuación de procesos, instituciones y organizaciones de producción de conocimiento y de sentidos de los cuales los medios son partes vitales. El uso de la información y las tecnologías de la comunicación también es marcado por desigualdades (Fenton, 2008). Las naciones ricas disfrutan en general de un uso más expandido de Internet que las naciones pobres. En Afganistán, solo el 6 por ciento de la población utiliza Internet, en Irak es el 9 por ciento, en Pakistán esta cifra se eleva al 15 por ciento, en China al 47 por ciento y en Egipto al 53 por ciento. Compárese con las naciones ricas, y encontraremos que el 95 por ciento de la población usa Internet en Noruega y Suecia, 94 por ciento en Australia, 90 por ciento en el Reino Unido y 88 por ciento en América del Norte (Internet World Stats, 2015a) –y las disparidades económicas son lo suficientemente claras–.

La capitalización de la comunicación cabe no solo a los países ricos sino también a los individuos ricos, que disfrutan de mayor acceso a la tecnología. En el Reino Unido, casi todas las personas más ricas usan Internet, mientras que el porcentaje cae al 58 por ciento entre el grupo de menores ingresos (Dutton *et al.*, 2013). El escenario es similar en los Estados Unidos, donde 93 por ciento de aquellos que se encuentran en el grupo de ingresos superior a los $100.000 utilizan Internet, comparado con solo el 48 por ciento de aquellos que ganan menos de $25.000 (File y Ryan, 2014). Así como los patrones de desigualdad económica se replican en el acceso a la salud y rendimiento académico (Wilkinson y Pickett, 2009), también se reproducen en el acceso a la tecnología (Pew Research Center, 2015). Hay un "grieta digital" entre los que tienen y los que no: los usuarios de Internet son más jóvenes, más educados y más ricos que los no usuarios, son más frecuentemente hombres que mujeres, y viven más frecuentemente en ciudades.

Estas preocupaciones no solo se refieren al acceso a Internet y las enormes brechas que prevalecen entre el norte y el sur, también se refieren a la actividad en línea (y consecuentemente a la actividad económica en línea) dentro de naciones desarrolladas, y a divisiones tradicionales entre aquellos que dominan el discurso público y aquellos que se encuentran en la periferia o completamente excluidos (Hindman, 2008). Cuando evaluamos el impacto de la tecnología de las comunicaciones en la política radical y en los movimientos de protesta, estos números se tornan críticos. Cammaerts (2008) señala que los principales blogueros alrededor del mundo en general provienen de la élite. En una encuesta sobre activismo digital realizada por Brodock *et al.* (2009), los activistas digitales, particularmente en países en desarrollo, eran más propensos que la población en general a pagar una subscripción mensual para tener acceso a Internet en casa, a tener la capacidad de pagar una conexión de alta velocidad, y a trabajar en un trabajo de cuello blanco donde Internet también está disponible. En resumen, los activistas digitales en general son más prósperos. Los autores también encontraron que la intensidad de uso, más que el simple acceso, es crítica para determinar si una persona se transforma en activista digital. El uso intensivo solo es posible para personas con la posibilidad de pagar por él. Desde un punto de partida político muy básico, es claro que la posibilidad de formar grupos es crucial para la posibilidad de movilizar: el poder social depende de una coalición de intereses. Algunos grupos (particularmente aquellos que carecen de recursos) son vulnerables a las dificultades de emprender acciones colectivas, y es menos probable que se formen. Mientras que los últimos teléfonos inteligentes han permitido a muchos (particularmente a los jóvenes) involucrarse en la discusión y la acción política, estos teléfonos son más caros que la mayoría y no están disponibles para todos. También, particularmente para los jóvenes, saber cómo aprovechar el poder de Internet para la acción política requiere no solo conocimiento tecnológico, sino también aptitud política. Donde uno está presente, la otra puede estar ausente. Si la movilización política está dominada por las herramientas mediáticas, probablemente será restricta a ciertos estratos de la sociedad que, por su parte, influencian la naturaleza de la política que se desarrolla. La conclusión es simple. Internet puede ser democratizadora pero, las más de las veces, sus efectos se sienten más fuertemente en la clase media global.

Con solo 42 por ciento de la población mundial utilizando Internet (Internet World Stats, 2015a) y con este uso concentrado en las naciones más ricas y las personas más ricas, las consecuencias políticas serán probablemente lo opuesto al progresismo. Como naciones más ricas y más desarrolladas han tenido la posibilidad de utilizar tecnologías modernas de la comunicación para realizar negocios y representar sus intereses económicos y valores culturales en todo el mundo, nos enfrentamos a una hegemonía mundial de ideologías, discursos y actividades corporativas que concuerdan con la preeminencia de la corporación transnacional y el capital corporativo global. Curran (2016) también señala que el dominio de la lengua inglesa en línea, como resultado del legado imperial británico y el poder internacional blando de los Estados Unidos, excluye grandes franjas de la población mundial. Aquellos que pueden comunicarse en inglés tienen acceso a una vasta red, mientras que aquellos que hablan lenguas árabes se comunican solo con el 5 por ciento de los usuarios (Internet World Stats, 2015b). El mundo de habla inglesa tiene más riqueza y más poder, y esto se reproduce en línea.

Ortiz y Cummins (2013) examinaron el impacto de la crisis financiera desde 2007 hasta los pronósticos para 2013-15. Utilizando datos del Fondo Monetario Internacional (FMI) sobre 181 países, encontraron que un cuarto de los países experimentan contracción excesiva (definida como un recorte en el gasto público en el porcentaje del PBI). Esta contracción fiscal es más severa en las naciones en desarrollo que experimentan austeridad aguda. Se proyectaba que sesenta y ocho países en desarrollo recortarían el gasto público en promedio un 3.7 por ciento de su PBI entre 2013 y 2015, comparado con el 2.2 por ciento en veintidós países de altos ingresos. Sassen (2014:25) señala que uno de los principales procesos que alimentan la desigualdad es el "ascenso y transformación de las finanzas, particularmente a través de la securitización, globalización y el desarrollo de nuevas telecomunicaciones y tecnologías de redes de computación". Las tecnologías posibilitan la hipermovilidad del capital en escala global. La desregulación de los mercados permite entonces el máximo desempeño de esta hipermovilidad en la medida en que las invenciones financieras, como la securitización (que genera liquidez a partir de capital no líquido y le permite circular con mayor rapidez), generan ganancias adicionales (o de hecho, pérdidas).

Para comprender las manifestaciones contemporáneas de la política radical y los medios digitales, debemos apreciar cómo esas fuerzas estructurantes afectan tanto la práctica como la consecución de los imaginarios políticos radicales. Si el proceso se asocia con el crecimiento y el crecimiento se atribuye a la imparable dinámica de la competición económica global, entonces debemos considerar lo que se requiere para contrarrestar esta narrativa. Si nuestros sistemas de producción de conocimiento, que incluye sistemas de medios y comunicaciones, perpetúan la lógica neoliberal de diversas maneras, entonces debemos comprender qué se requiere para cambiarlos. Comprender la política radical en el contexto del orden social más amplio es parte de lo que define una aproximación crítica. En tiempos contemporáneos neoliberales, esto significa comprender cómo este orden social impone ciertos límites al cambio político.

Dislocación económica

El principal espacio para las luchas políticas con el objetivo de ganar terreno político práctico continúa localizándose en el nivel nacional. Pero actualmente, en muchos lugares alrededor del mundo, cuando se trata de economía, la soberanía del estado ha sido transferida desde las instituciones nacionales a autoridades supranacionales como el Banco Central Europeo, el FMI y la Organización Mundial del Comercio (OMC). Esto se tornó dolorosamente claro en las postrimerías de la crisis financiera global de 2008, cuando estas organizaciones indicaron a los gobiernos nacionales cómo ordenar sus economías para que los bancos y agencias financieras pudieran recuperar el financiamiento que habían prestado a los gobiernos, de manera que pudieran resolver los problemas que los bancos habían causado en primer lugar al alentar el crecimiento económico a través de la deuda individual (por ejemplo, otorgando crédito a personas que no podían pagarlo). Vimos al capital mundial mostrar sus músculos nuevamente en 2015, cuando Grecia no consiguió pagar sus créditos luego de los paquetes de rescate que había recibido tras la quiebra financiera, a pesar de severas políticas de austeridad que habían visto desplomarse los salarios del sector público. El gobierno griego, dirigido por el partido populista de izquierda Syriza, fue luego informado por los acreedores financieros de la eurozona, no electos y dispensados de prestar cuentas (ver capítulos 3 y 6), sobre cómo debería ser su próximo presupuesto[2] (y de hecho su próximo gobierno), con completo menosprecio de los deseos del pueblo griego y sin siquiera un simulacro de democracia.

Mientras tanto, sus pares de la OMC buscan maximizar el libre flujo del intercambio internacional, sin restricciones de "interferencias" por parte de políticas públicas que buscan proteger el interés público y nacional, a favor de megacorporaciones, que amenazan retirar sus negocios de las costas nacionales si los países individuales no se ajustan a sus demandas. En un pacto corporativo neoliberal, las instituciones democráticas se transforman en económicas, capturadas por los requerimientos de los operadores internacionales e inmediatamente eliminan cualquier sentido de lo político, y por lo tanto de lo público, de algunas de las decisiones más cruciales que gobiernan nuestras vidas (ver capítulo 6).

Como las organizaciones supranacionales como el FMI y la OMC no deben rendir cuentas al público, no debería sorprender que protestas globales sucesi-

---

[2] Como parte de las negociaciones para permanecer en la eurozona, el primer ministro griego fue informado de que debía avanzar hacia la substitución del gobierno griego porque no era del agrado de los banqueros.

vas contra la OMC hayan encontrado un silencio ensordecedor. Esta disyunción política, la manera en que el flujo global ha sido *dis*locado de la política del estado, limita agudamente las posibilidades de ser político con el objetivo de efectuar un cambio social radical y progresista. Si bien la posibilidad de realizar cambios políticos a los sistemas de gobierno continúa estando ligada al estado, los estados han perdido el poder para hacer algo al respecto, porque ya no tienen control sobre sus medios económicos, de modo que el potencial revolucionario de Internet comienza a parecer un poco limitado.

El estado y el mercado

El estado, habiendo renunciado al control sobre la dinámica económica más amplia que opera fuera y sobre su territorio, se ve forzado a una relación de intimidad con el capital corporativo y financiero por cuenta de los efectos desestabilizantes de las fluctuaciones dramáticas de los mercados financieros. Sassen (2014) señala que los años 2000 vieron un implacable aumento del lucro corporativo y una reducción en los impuesto corporativos. Por su parte, esto ha llevado a un crecimiento generalizado de la deuda del gobierno central en relación al PBI en una amplia gama de sistemas estatales: en el gobierno central de Alemania se elevó desde el 13 por ciento del PBI en 1980 al 44 por ciento en 2010; la deuda del gobierno de los Estados Unidos pasó de un 25.7 por ciento al 61 por ciento en el mismo período, y China pasó de un 1 por ciento en 1984 al 33.5 por ciento en 2010. Los déficits estatales se han exacerbado por un incremento de la evasión impositiva así como de la elusión del pago de impuestos locales por las corporaciones globales (como Google, Apple, IBM y Twitter). En 2012, el presidente de Google, Eric Schmidt, fue citado diciendo que estaba "orgulloso" de la manera en que su compañía evita pagar impuestos: "Se llama capitalismo. Somos orgullosamente capitalistas (...) Estoy muy orgulloso de la estructura que hemos creado. Lo hicimos basados en los incentivos que los gobiernos nos ofrecieron para operar" (*Huffington Post*, 13 de diciembre de 2012). La política y el mercado se combinan bajo la lógica económica de que la tributación de las corporaciones globales es anticompetitivo para los estados nacionales –un incremento en la tributación corporativa simplemente significa que las corporaciones globales llevan sus negocios a otra parte–.

En la medida en que la deuda del gobierno aumenta, hay cada vez menos recursos para distribuir y contrarrestar los efectos del desempleo, los bajos salarios y la desigualdad en aumento. Habiendo perdido poder económico, el estado ha aumentado su poder en otras maneras en buena parte a través de estos roles disciplinadores y policiales. Este análisis no ofrece consuelo –el estado, habiendo perdido control, debe intentar resolver los problemas que esto ha causado–. Wacquant sostiene que, así como ha privatizado sus provisiones previsionales (en interés del capital corporativo), el estado ha fortalecido su "puño penal" (2009:289) pues intenta contener a aquellos que no pueden trabajar y disciplina a aquellos que pueden, debilitando así la capacidad de acción política de grupos subordinados. Estas políticas existen en consonancia con un enorme incremento de otras políticas diseñadas para impedir el disenso, incluyendo la vigilancia, la legislación antisindical, la criminalización de la protesta y el encarcelamiento. Por ejemplo, en España, donde el movimiento de los Indignados ha realizado campañas intensivas contra la austeridad desde 2011, una nueva ley denominada "ley mordaza" se ha implementado para tornar ilegales las protestas públicas frente al parlamento y otros edificios del gobierno y punibles por una multa de 30.000 euros. Las personas que se suman a las protestas espontáneas cerca de instituciones, centros de transporte, plantas nucleares o dependencias similares corren el riesgo de una multa increíble de 600.000 euros. El uso no autorizado de imágenes de autoridades de la ley o la policía (muchas veces tomadas con teléfonos celulares por manifestantes como forma de protección) también causará una multa de 30.000 euros, haciendo difícil documentar los abusos.

Esto presenta un doble agravante para las organizaciones y movimientos políticos radicales –influenciar aquellas agencias y corporaciones financieras internacionales que ahora controlan nuestras economías en formas que muchas veces se encuentra ocultas a la vista y son principalmente antidemocráticas es increíblemente difícil–. Al mismo tiempo, la creciente criminalización del disenso torna cada vez más difícil lanzar protestas y llevar adelante manifestaciones dentro de la ley en el plano nacional. Y, así como los medios digitales son utilizados para fines liberadores, también son utilizados para suprimir el disenso a través de la censura del estado, filtros de Internet y vigilancia, como se muestra en el capítulo 2 (Calingaert, 2012; Diamond, 2012). Deibert y Rohozinski (2012) revelan cómo tanto los gobiernos democráticos como los autoritarios se involucran voluntariamente en una gama de actividades, entre las cuales se encuentran la restricción y la intimidación de ciertas formas de contenido en línea, presionando a los proveedores de Internet para monitorear y retirar ciertos tipos de contenidos y organizaciones consideradas problemáticas, y emplear bloqueos "en el momento", a través de ataques diseminados de negación de servicio de distribución (DDoS), con el objetivo de congelar organizaciones opositoras en momentos políticos vitales, así como vigilancia dirigida y general. Durante los levantamientos en Túnez, una serie de usuarios de Facebook dentro del país descubrieron que sus cuentas estaban siendo pirateadas por el gobierno. Elkin (2011) señala cómo la agencia tunecina de Internet modificaba páginas web interviniéndolas con Java Script para robar nombres de usuarios y contraseñas en sitios como Google, Yahoo y Facebook. Se robaba información sensible de acceso a las personas que se conectaban a estos sitios sin saberlo. El gobierno entonces pasó rápidamente a borrar cuentas y grupos de Facebook. Las compañías de redes sociales no son espectadores inocentes en lo que respecta a la censura y la restricción de formas de disenso (Hintz, 2015) a través del intercambio de datos de ciudadanos con autoridades estatales y agencias de inteligencia. Las corporaciones propietarias de plataformas también detentan el poder de desconectar usuarios de las redes o desconectar redes enteras. Esto puede ser poco frecuente, pero puede ser utilizado con buenos resultados. Tales prácticas son bien conocidas en regímenes autoritarios, donde la desactivación de servicios de mensajes instantáneos durante períodos de disturbios, y el rastreo, arresto y tortura de manifestantes activos en línea es práctica común (Morozov, 2011; Mackinnon, 2012; Deibert, 2012). Pero, Elmer (2015) muestra cómo la vigilancia preventiva también prevalece en Canadá, donde los datos de redes sociales se utilizan para planear cómo limitar el tamaño, la duración y el impacto de las protestas. Canadá no es el único.

Este tipo de limitaciones ilustran el contexto más amplio en el que debe llevarse adelante una política radical, aunque facilitada por las redes sociales globales de resistencia. Una política radical adecuada para contrarrestar las desigualdades materiales y agravios estructurales del capitalismo financiero global requiere acceso a, y redistribución de la riqueza. Necesita proteger la democracia de la lógica sin fronteras del mercado o, por lo menos, encausar la dinámica del mercado capitalista internacional a las necesidades e intereses de la mayoría de los ciudadanos en una comunidad política dada. Hasta que no nos ocupemos de estos temas y problemas en nuestros análisis y evaluaciones de la política radical y los medios digitales, nuestra comprensión de la política de transformación en la era digital se verá severamente limitada.

Esquema de capítulos

Los argumentos sobre la extensión y la reinvención del activismo a través de los medios digitales deben ser considerados en el contexto del mundo político, material y social de la desigualdad, la injusticia, el dominio corporativo y la financiarización de todo. Esto significa considerar las formaciones neoliberales del sujeto, el estado, lo social y lo económico. Si es cierto que se está desarrollando una sociedad civil global en la red, se trata de una sociedad segmentada por el interés y estructurada por la desigualdad. Los principales usuarios de las redes globales de comunicación continúan siendo las corporaciones y los gobiernos que intentan fortalecer el orden económico dominante. El mundo en línea está firmemente anclado en el mundo fuera de la red en términos de las limitaciones sociales a las que están sujetos todos los participantes. Prevalecen los problemas del capital económico y cultural. Así, aunque las crecientes divisiones socioeconómicas, la presión continua sobre los recursos globales y el desplome financiero han contribuido al cuestionamiento del capitalismo global por parte de la gente, y la sabiduría y la sustentabilidad del neoliberalismo se discute en línea y en las calles, esto ocurre en medio a una cultura del estado neoliberal comprometido con la mayor mercantilización y desregulación de los medios, que también impacta sobre la formación de identidades políticas. Ambos contribuyen a la experiencia percibida y a las contradicciones de ser político en el neoliberalismo contemporáneo. A través de una aproximación crítica y holística que reflexiona sobre la estructura y la agencia, la economía política y la teoría cultural, el resto de este libro intentara interrogar la complejidad de las relaciones entre el estado, el individuo, los objetivos colectivos compartidos y el rol de los medios en ese ámbito.

El capítulo dos comienza discutiendo algunas de las características tecnológicas principales que se dice han señalado a la Internet como particularmente adecuada para el activismo político trasnacional contemporáneo. Relevando un abanico de literatura, el capítulo organiza las aproximaciones al activismo y a la política radical en línea en tres temáticas duales e interconectadas —velocidad y espacio; conectividad y participación; diversidad y horizontalidad— que, sostenemos, corresponden a una afinidad integral entre la tecnología interactiva global de la Internet y el desarrollo de una forma de política radical más internacionalista, descentrada y participativa considerada en los moldes del movimiento Occupy, que se supone que lleva a nuevos *medios de* y un nuevo *sentido de* ser político. Una evaluación crítica de estos temas requiere una aproximación que pueda dar cuenta de cuestiones estructurales de poder, opresión, inclusión y exclusión al mismo tiempo que aprecia y da cuenta de la estética y la realización, de la dimensión afectiva de la política radical. Esta perspectiva holística y críticamente contextual es rara, muchas veces llevando a un mal entendido sobre la naturaleza y el impacto de Internet en los contornos políticos de la vida contemporánea y, consecuentemente de la naturaleza de lo político y de la complejidad del poder que lo habita.

Cualquier debate que toma ideas relacionadas a la participación política, la ciudadanía y los medios inevitablemente retomará criterios proferidos por Habermas en relación con el rol de los medios en una esfera pública completamente funcional. Recientemente, con la explosión del espacio en línea y las posibilidades interactivas que abre Internet, estos debates han visto un resurgimiento. Pero, el uso de todo marco conceptual debe ocuparse de la diferencia en el tiempo, el espacio y la política desde su origen hasta su aplicación contemporánea. Es demasiado fácil defender un incremento del pluralismo con la abundancia de información en línea, y de libertad comunicativa con la facilidad del uso de las redes sociales en la era digital, y luego moverse de alguna manera sin dificultades a la defensa de que esto lleva a beneficios políticos a través de la intensificación de la participación. El capítulo tres discute las dificultades de esta perspectiva y cómo una cierta perspectiva habermasiana que depende de la noción de democracia liberal puede resultar inapropiada para las varias formas de política radical de la era digital contemporánea.

De la teoría critica de Habermas situada en la tradición política económica, me desplazaré hacia las ramificaciones culturales de la política mediante la consideración de la experiencia subjetiva de la política radical y su teorización en términos de pasión política y del deseo de democracia (capítulos 4 y 5). Una consideración del sujeto en la política, fuerza al teórico a ocuparse de lo político. Si nuevos sujetos políticos están emergiendo en la era digital, ¿qué define su política? Si hay una nueva política que emerge en los nuevos medios, es una política de no-representación, una política de afecto y antagonismo. Incluye una multiplicidad de experiencias que son contradictorias y contingentes. Es este abrazo de la diferencia y la negativa a aceptar que una perspectiva pueda abarcarlas todas —un rechazo de la base de la política representativa— lo que distingue a muchas actividades similares a las de Occupy. La política es pasional. No hay política sin sentimientos de injusticia, enojo, desigualdad y esperanza. Es lo que llamo "la política del ser" (capitulo 6). Los marcos teoréticos que se rehúsan a dar cuenta de la pasión en la política simplemente no pueden comprender qué es la política radical. Pero, así como el sujeto político expresa su activismo afectivamente también somos sometidos a la mecánica del neoliberalismo. El capítulo 4 sostiene que el macropesimismo de buena parte de la economía política puede y debe ser combinado con el microoptimismo de buena parte de la teoría cultural. Ambos son vitales para comprender los nuevos medios y la política radical, aunque frecuentemente uno domina y bloquea al otro, y frecuentemente esta es la razón por la que nos encontramos estancados en oposiciones binarias de las consecuencias buenas, malas o directamente desagradables de la nueva tecnología.

El capítulo 5 discute qué significa poner en práctica nuestras pasiones políticas con otros. Se ocupa de la noción de organización de políticas y debates que rodean las nociones de la multitud y la noción paralela de autonomía creativa individual. Este capítulo comienza a abordar la noción de una política viable, las posibilidades de alcanzar una nueva hegemonía y de transformar el orden político existente. Se pregunta qué formas de organización tienen probabilidades de perdurar y desarrollar un programa para el cambio social que pueda ser traducido en prácticas cotidianas. ¿Cuáles son las condiciones requeridas (incluyendo las condiciones comunicativas) para la perdurabilidad y la construcción de la capacidad de las organizaciones políticas? El deseo comprensible de organización sin líderes ¿ha fetichizado la multiplicidad y la diferencia al punto de tornarse un obstáculo político? ¿Cómo podemos "ser radicalmente políticos"?

A través de la discusión de "ser políticos y la política del ser", el capítulo 6 intenta reunir una política que avanza y es sostenida por la pasión, con el duro trabajo diario de ser político y organizarse para el cambio. Estos dos debates polarizados, que sufren de las tendencias centrífugas de aproximaciones que tratan o de la estructura o de la agencia, son consideradas a través de la lente de una política radicalmente mediada que defiende una comprensión mayor y más profunda de lo que significa "lo político" y el contexto necesario para una evaluación adecuada de los términos de su mediación. El capítulo termina con un argumento arriesgado a favor de la necesidad de repolitizar la economía y resociabilizar lo político para que una política radical pueda instalarse. Este argumento se desarrolla con mayor profundidad en la conclusión, donde se exploran las consecuencias para los estudios de medios más generalmente.

Así, a través de la revisión y la evaluación crítica de investigaciones empíricas y teorías clave de la política y la sociología, así como de los estudios sobre medios y los estudios culturales, el libro construye un argumento respecto de los problemas de conceptualizar la política radical en la era digital y las maneras en que hablamos sobre esta mediación y la práctica que puede, en última instancia, actuar para restringir tanto nuestras cavilaciones teóricas como nuestras imaginaciones políticas. Los capítulos trabajan iterativamente, desarrollando un argumento en la medida en que transcurren e intentando entretejer debates sobre estructura y agencia, economía política, estudios culturales y teoría política y social para fortalecer nuestra comprensión de la política radical contemporánea. La dificultad es cómo mapear estos debates teóricos en una complejidad y contradicción como la del mundo mediado contemporáneo. Allí es donde este libro se despide. Espero contribuir al debate político sobre las (re)configuraciones contemporáneas de la política progresista radical a través de la consideración de cómo experimentamos la política en la era digital y como esto puede influenciar nuestro ser político.

Conclusión: ¿excluido? Recuperando la política radical

Della Porta, escribiendo sobre las relaciones entre los movimientos sociales y los medios, señala el punto importante de que tanto los estudios sobre medios como la teoría de los movimientos sociales "consideran tanto a las instituciones políticas como a los medios masivos como estructuras dadas" (2013:28) cuando, en realidad, han sido moldeados por intereses poderosos para parecer así "deseables" e "inmutables". Al hacerlo, identificó un problema capital de buena parte de las investigaciones y análisis que se ocupan de los medios digitales y el activismo, la protesta y la movilización –no pueden abordar adecuadamente temas de cambio social pues los temas de cambio social son frecuentemente el objetivo de estas actividades en primer lugar–. Solo puede esperarse que estos estudios sean superficiales. Este problema se ha presentado en parte mediante la evasión de lo político[3].

Espero, entonces, que este libro actúe como un desafío directo a los estudiosos de esta área, para que se involucren más francamente con lo político. ¿Cómo podemos comenzar a tratar los desafíos que se presentan a las políticas democráticas si no hablamos sobre política real como parte de nuestra investigación? Una política requiere práctica. No podemos comprender la naturaleza de la práctica sin comprender su política; no podemos comprender la política sin apreciar sus procesos y su organización. Sin embargo, muchos estudios hacen justamente esto. Una política fugitiva siempre limitará nuestras habilidades para hacer avanzar al pensamiento progresista y la acción. Y, peor, al ignorar la política real acabamos despolitizando la contrapolítica porque ofrecemos algunas sugerencias preciosas sobre cómo podemos hacer mejor política democrática (tanto en pequeña como en gran escala). Sin una comprensión de cómo puede desarrollarse la política radical, entonces la política continuará siendo difusa y mal definida. ¿Qué podría significar, entonces, poner el desarrollo de la política radical en el centro de nuestros análisis? ¿Cuáles son las condiciones necesarias (incluyendo las condiciones comunicacionales) para que las organizaciones y colectivos políticos radicales persistan, construyan capacidad y logren el cambio social en varios lugares y en

---

[3] Hay, por supuesto, académicos que sí toman una perspectiva crítica y abordan una serie de cuestiones políticas cuando consideran los medios en sus muchas formas y su relación con los nuevos movimientos sociales, movilizaciones políticas y protestas, así como aquellos que se concentran en medios alternativos y comunitarios. Un excelente ejemplo es la colección de artículos en el *Critical perspectives on Social Media Protest* (2015) de Dencik y Leistert, y otro es el *Activism on the web: Everyday struggles against digital capitalism* (2015), de Barassi. Pocos autores, sin embargo, abordan la política en sus dimensiones filosófica y organizacional y, por lo tanto, sus consecuencia para las perspectivas de la transformación política.

momentos particulares? ¿Cuáles son las circunstancias en las que la política se torna abierta a cuestionamientos y revisiones hoy en día?

Este libro espera desafiar los silencios políticos y contestar las complacencias políticas en nuestro campo para exhortar a un redescubrimiento de una política crítica de transformación adecuada a la materialidad de cómo las crecientes desigualdades de las sociedades conducen a democracias vastamente empobrecidas.

El momento es ahora.

2. Activismo digital:
un nuevo medio y un nuevo significado
de ser político

Introducción: en línea y opositor

Sin duda los medios digitales han cambiado la forma en que la política radical alrededor del mundo se comunica, pero, se sostiene además, que han cambiado la naturaleza de la política radical en sí misma (Klein, 2000; Salter, 2003; Castells, 2009, 2015). Este capítulo considera los debates que rodean la relación entre la forma de los medios, en particular en relación a Internet, y la naturaleza del activismo político.

Las formas de mediación, los medios de organizar protestas y manifestaciones y de comunicar las propias pasiones y deseos políticos, se conectan con afirmaciones sobre un renacimiento de la política radical del siglo XXI (por ejemplo Roberts, 2014; Hands, 2011; Alexander, 2011; Juris, 2008; Gerbaudo, 2012; Castells, 2015). Esto tiene que ver en parte con un incremento franco pero dramático en la velocidad y facilidad de las comunicaciones impulsado por la movilización en línea. Pero, las afirmaciones van más allá de la simple premisa de una mejor comunicación que liga la nueva tecnología a cambios en la ontología política –una transformación en la naturaleza y en la práctica de la política–. Así, están aquellos que sostienen que estamos entrando en una era de política posfundacional (Marchart, 2007) que corresponde al hibridismo, la reflexividad, la movilidad y performatividad características de una sociedad interconectada (Dean *et al.*, 2006; Terranova, 2004). Desde tales perspectivas, los medios digitales son vistos como el medio perfecto para una política más fluida, basada en problemas concretos, y desinstitucionalizada, que cruza fronteras tanto identitarias como territoriales. Tales perspectivas critican a aquellos que ven el campo de las prácticas políticas como algo separado de la cultura y la economía, sosteniendo en cambio que las tecnologías interconectadas aceleran, intensifican e hibridizan las prácticas políticas, culturales y económicas para (re)configurar y producir nuevos espacios, frentes y oportunidades políticas, produciendo ensamblajes de poder que se condensan de formas muchas veces impredecibles (Terranova, 2004). Otros han ido más lejos, para afirmar que la naturaleza de Internet como sistema tecnológico ofrece una semántica y una red social compuesta por personas interconectadas y tecnologías que podrían provocar una nueva economía de contribución (Benkler, 2006) con el potencial para un nuevo público y un nuevo bien común (Hardt y Negri, 2004; Castells, 2009).

Este capítulo comienza discutiendo algunas características tecnológicas principales que se supone marcan a Internet como particularmente adecuada para el activismo político radical transnacional contemporáneo. Evaluando una serie de trabajos, organiza las aproximaciones al activismo en línea y la política radical en tres temas duales interconectados:

- *Velocidad y espacio* – se dice que Internet facilita la comunicación internacional entre activistas políticos, organizaciones no-gubernamentales (ONGs), organizaciones de base y otros grupos políticos, permitiendo a los manifestantes responder rápidamente a nivel internacional a eventos locales, requiriendo recursos y burocracia mínima;
- *Conectividad y participación* – Internet se describe como una actividad mediada que busca elevar la consciencia de las personas, dar voz a aquellos que no la tienen, ofrecer empoderamiento social a través de la participación, posibilitar que personas y causas diferentes se organicen y formen alianzas a nivel trasnacional y, finalmente, ser utilizada como herramienta para el cambio social; y
- *Diversidad y horizontalidad* – donde también se dice que Internet es más que una herramienta organizacional. Es un modelo organizacional para una nueva forma de protesta política que no es solo internacional sino también descentralizada, con intereses diversos pero objetivos comunes, aunque esos objetivos puedan ser perpetuamente disputados.

Estos tres temas duales apuntan a una mezcla embriagadora de ingredientes que supuestamente corresponden a una afinidad integral entre la tecnología global e interactiva de Internet y el desarrollo de la forma de política radical descentrada, participativa e internacionalista vista en movimientos similares a Occupy, que en teoría lleva a nuevos *medios de* y nuevos *significados de* ser político. La política radical del momento también se conecta indeleblemente a la historia política de cualquier lugar o contexto. La tecnología se ensambla en fuerzas normativas, sociales, políticas y económicas profundamente arraigadas. Así, el capítulo termina emplazando a la política radical en un contexto radical y no solo preguntando: ¿cuál es la relación entre los medios digitales y la política radical? Sino también, como señala el final del capítulo 1: ¿cuáles son las circunstancias en las que la política se abre a críticas y revisiones hoy en día?

Aumentar la velocidad y expandir el espacio del activismo político

Parece haber pocas dudas de que los espacios para el comprometimiento político se han expandido en el panorama mediático digital y de que Internet es ahora central para comprender la mediación de identidades políticas y la puesta en práctica de las convicciones políticas. Klein (2000) fue una de las primeras que sostuvo que Internet facilita la comunicación internacional entre ONGs y permite a los manifestantes responder a nivel internacional a eventos locales requiriendo recursos y burocracia mínima. Esto se da mediante el intercambio de experiencias y tácticas en base transnacional para informar e incrementar la capacidad de las campañas locales. Según Klein, Internet no es solo una ayuda técnica para la movilización política. Es mucho más que eso. Klein sostiene que Internet ha posibilitado la emergencia de un tipo completamente nuevo de política, basada en formas de protesta que viajan fácilmente a través de fronteras geográficas –una política que es organizacionalmente dispersa y abraza un rango diverso de intereses mientras que retiene un sentido de comunidad en aquello contra lo que se protesta (ver la sección sobre diversidad y horizontalidad más abajo)–. Desde que Klein realizó esa descripción, se han hecho afirmaciones similares respecto del movimiento de los indignados en España (Castells, 2015). Este movimiento se desarrolló a partir de las políticas neoliberales de austeridad aplicadas luego de la crisis financiera de 2008. Llevó a una serie de protestas a lo largo del país que fueron comunicadas vía Internet al resto del mundo. Se ha dicho que estas protestas inspiraron al movimiento Occupy, que comenzó en Wall Street, el corazón del distrito financiero de Nueva York, protestando contra la desigualdad social y económica y luego, vía Internet, se expandió a muchas partes del globo. También se ha atribuido a Internet la proeza revolucionaria que dio origen a la seguidilla de revueltas en el mundo árabe y norteafricano en 2011 (Mason, 2012) –todas las cuales relacionan los nuevos medios a las posibilidades radicales de la manera en que lo designara Diamond (2012: xi-xii)–, en términos de "tecnología de la liberación", que puede "empoderar a individuos, facilitar la comunicación y movilización independiente y fortalecer una sociedad civil emergente".

Se dice que el uso de Internet para tales propósitos contestatarios radicales alerta a las personas sobre problemas que de otra forma no hubieran conocido; proporciona los medios de expresión a aquellos que anteriormente no tenían ninguna manera de tornar conocidos sus disensos; posibilita luego la reunión de esta diversa gama de voces disidentes en una forma conectiva de política, facilitada por Internet, que en última instancia, se afirma, llevará al cambio social. La habilidad de formar redes y construir alianzas con el clic de un *mouse* es percibida como conducente a la construcción de movimientos políticos radicales que pueden expandirse a través de las fronteras nacionales y fusionar una variedad de tópicos bajo temas comunes amplios, aunque esos temas pueden estar sujetos a frecuentes cambios. A veces, tal política radical toma la forma de nuevos movimientos sociales que son ellos mismos muchas veces híbridos, contradictorios y contingentes e incluyen una enorme variedad de voces y experiencias. Otras veces, la política radical en despliegue puede describirse mejor como una alianza de grupos, organizaciones e individuos con una afinidad política que confluye en un momento particular del tiempo.

Internet tiene otra característica que se adecua bien a la política radical –es un medio que se asocia más inmediatamente con la gente joven (por ej. Ester y Vinken, 2003; Livingstone y Bovill, 2002; Loader, 2007) y la gente joven, en particular, se asocia cada vez más con la falta de relación con la política convencional (por ej. Park, 2004; Wilkinson y Mulgan, 1995; Sloam, 2014), y la participación en Internet (Livingstone *et al.*, 2005; Oscomm, 2010)–. La abundante literatura que discute el tema de la juventud y la política se clasifica en general dentro de dos campos: uno que habla de una juventud desafectada y otro que se refiere a un desplazamiento ciudadano (Loader, 2007). En el primero, los estudios hablan de la disminución de votantes jóvenes en elecciones nacionales de política partidaria convencional como índice de su extensiva alienación de las instituciones centrales de la sociedad y advierten en cuanto a los peligros de largo plazo que esto podría acarrear. En el segundo, la participación en la política tradicional basada en un estado-nación soberano es desplazado: "Los jóvenes no están necesariamente menos interesados en la política que las generaciones pasadas, pero (…) la actividad política tradicional ya no parece apropiada para abordar las preocupaciones de las culturas jóvenes contemporáneas" (ibíd.:1).

En cambio, la sociedad civil, o ciertas partes de ella, aparece en un ámbito alternativo de la participación pública (Sloam, 2014). Se afirma que los jóvenes políticamente motivados tienden a dirigirse a ámbitos políticos no tradicionales frecuentemente poblados por organizaciones no-gubernamentales y nuevos movimientos sociales –formas alternativas de activismo político que trabajan en los márgenes de la esfera pública dominante (Roberts, 2014; Sloam, 2013; jahn y Kellner, 2004, 2007; Bennett, 2005; Hill y Hughes, 1998)–, ahora más fácilmente descubiertas en un mundo en línea. En la medida en que se abren estos espacios, también permiten que se exprese una diversidad incrementada de perspectivas. Se sostiene también que estas formas de participación política encajan mejor en la experiencia de la fragmentación e individualización social sentida por los ciudadanos (Loader, 2007), además de ser directamente compatibles con la estructura y naturaleza de las comunicaciones vía Internet –un medio con el que los jóvenes están más familiarizados–. Esto también se relaciona con Internet como, primero y principal, un medio de expresión que permite que la experiencia sentida de la política se transmita sin intermediarios, edición o distorsión por las élites mediáticas (Fenton, 2012b). El espacio dado se percibe en buena medida (y muchas veces ingenuamente) como abierto y libre del control del estado o las corporaciones. Esto atrae a los jóvenes, quienes se sienten excluidos y distorsionados por los noticiarios establecidos pero más en control de su identidad y su política en línea (Wayne *et al.*, 2010; Ofcom, 2007).

Los elementos combinados de la velocidad y el espacio de la tecnología con la política joven y contra-tradicional –cada uno conducente a los otros– señalan a Internet como particularmente adecuada para el activismo político contemporáneo (transnacional). El espacio expandido y la velocidad aumentada comunica las protestas a una extensión geográfica mucho más amplia de personas de lo que jamás había sido posible anteriormente, abriendo un potencial para la formación de una mayor solidaridad nacional e internacional, para la construcción de alianzas, para organizar protestas y para coordinar la acción en el tiempo y en tiempo real. Esto puede sumarse a una atmósfera política intensificada en momentos clave de la protesta, a medida que se desarrollan los eventos, y los medios digitales (incluyendo los teléfonos digitales) permiten a un público más amplio presenciar la experiencia a través de filmaciones y reportajes transmitidos instantáneamente por aquellos que participan activamente de la protesta en las calles. De esta manera, la política radical contemporánea, frecuentemente mediada por los movimientos sociales transnacionales, son una combinación de acción colectiva y respuesta individual.

Hasta cierto punto, nada de esto es nuevo. La política radical siempre ha estado en la vanguardia de las protestas y manifestaciones movilizadoras. Una voluntad y un deseo de participar en tal activismo político es una de las características que definen el "ser radical". Lo que no tiene precedentes es que ahora esto sucede en una base transnacional y a altas velocidades, resultando en redes cada vez más complejas de activismo oposicional intensamente expresivo y muchas veces altamente personalizadas (Bennett y Segerberg, 2013) que también son públicas y deliberativas, alimentadas y sostenidas mediante la capacidad comunicativa de las redes sociales que también puede expandir solidaridad y esperanza (Fenton, 2008a).

Vigilancia y supresión del disenso

Pero, eso es solo una pequeña parte de las historias que forman la era de nuevos medios y la política radical. La otra cara de la velocidad y el espacio es que aquellos que ejercen la administración, y otras élites que ejercen el poder mediante el dominio económico, también pueden capitalizar estas dimensiones y, con más recursos, pueden hacerlo más firmemente. Así como los nuevos medios se utilizan con fines liberadores, también se utilizan para suprimir el disenso a través de la censura estatal, los filtros de Internet y la vigilancia. Un informe de Freedom House de 2011, *Libertad en la Red*, documenta el incremento en la extensión y la diversidad de las restricciones de Internet alrededor del mundo. Calingaert (2012:159) informa que estas incluyen "prohibiciones en aplicaciones de redes sociales, negación del acceso a internet, responsabilización de intermediario para proveedores de servicios, vigilancia en línea y ataques digitales". Deibert y Rohozinski (2012) señalan que se estima ahora que el "malware" (*software* malicioso que puede tomar control de la computadora de usuarios desprevenidos con objetivos criminales, de vigilancia o sabotaje) excede al *software* legítimo (Diamond, 2012). Los autores describen un conjunto de actividades de vigilancia y censura llevadas a cabo tanto por gobiernos autoritarios como democráticos, diseñadas para controlar y administrar el disenso –desde la captura de cantidades hercúleas de información personal de ciudadanos ordinarios en programas de vigilancia digital masiva a vigilancia dirigida de individuos particulares (en escalas enormes), y desde la restricción de ciertos tipos de contenidos en línea hasta el congelamiento de la actividad en línea de organizaciones opositoras en momentos políticos cruciales. Mackinnon (2012:78) describe una situación similar al "autoritarismo en red" en China, con una cantidad estimada de 50.000 policías de Internet, donde está en juego una amplia gama de tácticas represivas, desde ciberataques de escala militar sobre las cuentas de Gmail de activistas de derechos humanos hasta controles de dispositivos y redes, controles de nombres de dominios, desconexión y restricción localizada, y el empleo de cientos de miles de personas como comentadores progobierno en línea.

En su mayoría, muchos de los que vivimos en estados "democráticos" permanecemos "alegremente" ignorantes de la oscura vulnerabilidad de Internet, pero en 2013, Edward Snowden reveló una serie de programas de vigilancia masiva desarrollados por la Agencia de Seguridad Nacional (NSA por sus siglas en inglés) –el especialista en intercepción de teléfonos e Internet de los Estados Unidos– y la Oficina Central de Comunicaciones del Gobierno (GCHQ, por sus siglas en inglés) en el Reino Unido. Snowden reveló la medida en que las compañías privadas como Google, Apple, Microsoft y Facebook cooperan con las agencias de inteligencia (Deibert, 2012) y recolectan vastas cantidades de información personal y metadatos en una operación de espionaje al por mayor. Se afirma que tales acciones son justificables sobre la base de protección contra el terrorismo y la derrota de la cibercriminalidad, pero es fácil ver cómo tales poderes masivos de no-libertad pueden ser explotados para fines no progresistas que socavaran las normas liberales democráticas relacionadas con los derechos individuales y la constitucionalidad. El empuje hacia la securitización del ciberespacio parece ser principalmente defensivo, pero Deibert y Rohozinski (2012) también señalan la búsqueda de capacidades ofensivas, que permitan a los gobiernos de toda persuasión llevar adelante ciberataques con fines políticos, que afirman ser cada vez más frecuentes.

En el Reino Unido, el parlamento se encuentra en proceso de pasar una legislación polémica (abril 2016) que expandirá la legalidad de la recolección de datos bajo el decreto de retención de datos y poderes investigativos de 2014 (DRIPA, por sus siglas en ingles). Bajo la DRIPA, también conocida como "el estatuto de los curiosos", casi cualquier acción digital podría ser legítimamente registrada, interceptada por agencias de inteligencia y sujeta a escrutinio. Propone legalizar el hackeo gubernamental, permitiendo que conjuntos masivos de datos sean recolectados e indagados y que servicios encriptados sean sujetos a restricciones por parte del estado. Ha sido criticada por organizaciones de derechos humanos por su utilización de los ataques terroristas para anular libertades civiles.

¿Nirvana comunicativo o ingenuidad política?

Sería un error enmarcar el debate anterior en términos de represión o liberación. En prácticas mediáticas es muy probable que existan ambas, y existen en contextos diferenciales y emergen de diferentes historias sociales y políticas. Castells (2009) desarrolló los debates propuestos por Klein (2000) relacionando los hechos de protesta más directamente con los procesos de cambio social. Castells (2009:300) sostuvo que los movimientos sociales que participan de la política opositora –"el proceso que tiene por objetivo el cambio social (cambio institucional)"– tiene ahora la posibilidad de entrar en el espacio público desde diferentes fuentes y lograr el cambio. La pregunta que surge es cómo se realiza esto exactamente. No es suficiente afirmar simplemente que el *potencial* de un nuevo nirvana comunicativo ofrecido por Internet *traerá* la transformación política sin considerar las formas en que esta protesta realmente se transforma en realidad política. La movilización de la protesta es fácil de identificar, el cambio político, no tanto.

En el argumento de Castells, los múltiples horizontes de intervención y manipulación, que provienen de una miríada de nodos sociales, se combinan para crear un nuevo contrapoder que puede cambiar las formas dominantes de representación. La respuesta contrapolítica se infla a tales niveles en línea que no puede ser simplemente ignorada *offline* y es, a la vez, retomada por los medios masivos. Al utilizar al mismo tiempo redes de comunicación horizontal y medios tradicionales para transmitir sus imágenes y mensajes, elevan substancialmente sus chances de provocar el cambio social y político – "inclusive si comienzan desde una posición subordinada en el poder institucional, recursos financieros o legitimidad simbólica (Castells, 2009:302)". Incluso cuando Castells modera su pensamiento para dar cuenta de alguna forma de "especificidades culturales e institucionales" (2015:309), así como de "prácticas reales de movimientos y de los actores políticos" para llevar a cabo el cambio social, continúa afirmando "con confianza (…) que el cambio político significativo resultará, en el debido tiempo, de las acciones de los movimientos sociales interconectados (…) Mentes que están siendo abiertas por las mentes de la comunicación libre e inspiran prácticas de empoderamiento llevadas a cabo por la juventud sin miedo" (ibíd.:312).

El argumento establece que la facilidad de comunicación tecnológica lleva a una abundancia de información que automáticamente resulta en avances políticos. Pero, dichos relatos dependen de una presuposición implícita sobre las relaciones de consecuencia entre la comunicación en red y las demandas políticas y luego la traducción institucional de esas demandas en políticas prácticas y deliberativas. Es difícil reconciliar este salto de fe con las realidades perennes de la pobreza y la desigualdad descriptas en el primer capítulo. Dejar el cambio a la simple suerte predicada por los medios de comunicación es riesgoso en la medida en que rechaza una interrogación profunda y amplia sobre las condiciones necesarias para que el poder popular tome el poder corporativo y estatal y produzca el cambio social y político dentro del que florece la democracia, llevando en cambio a un énfasis excesivo en la tecnología como solución, en detrimento del contexto social, económico y político. Si el contexto –las condiciones que provocan una respuesta política radical y bajo la cual puede emerger y ganar legitimidad una política progresista– se disuelve en el trasfondo, quedamos con una concepción de política radical sin base o substancia. Dichos relatos frecuentemente consiguen evitar el marco más amplio de una política dominante y por ese medio descuidan el tema crucial de qué se considera posible en términos de alternativa social y transformaciones políticas y en qué circunstancias.

Más aún, se ha sostenido que la auténtica abundancia de espacio e información disponible para todos causa la desinformación y la falta de comprensión (Patterson, 2010) porque los hábitos y rituales diarios de búsqueda de noticias han cambiado. Las personas ya no necesitan estar en frente a la televisión por un periodo determinado de tiempo cada día o leer el diario durante el desayuno. En cambio, consumimos la información en bocadillos. Pero, hay tantos otros bocadillos tentadores en oferta que el consumo de noticias "saludables" es rápidamente remplazado por las delicias más inmediatamente gratificantes del entretenimiento. Más preocupante aún, Patterson identifica un patrón según el cual en un entorno de numerosas opciones de medios, los menos informados tienden a optar por el entretenimiento mientras que los mejor informados incluyen a los adictos a las noticias, llevando a una creciente desigualdad de conocimiento entre los más informados y los menos informados. Patterson (2010:20) también sostiene que la velocidad "eleva la sensación pero disminuye la educación", señalando que aproximadamente el 60 por ciento de aquellos que leen regularmente un periódico diario pasan por lo menos media hora haciéndolo, comparados con solo el 40 por ciento de aquellos que leen un periódico en línea.

De modo que argumentos como los de Castells se concentran en los medios de la comunicación de la política radical en la era digital como algo liberador, pero ofrecen poca comprensión sobre cómo el uso comunicativo general se transforma en una cultura política cotidiana. Así como relatos como el de Castells (2009, 2015) ofrecen poco análisis sobre el uso real de los medios y sobre cómo puede esto transformarse en cambios en la cultura política, tampoco abordan la cuestión del *contexto*. En particular, logran evadir el marco más amplio de una política dominante y así, qué es lo que se considera que cae dentro de lo posible como forma de política radical y en qué circunstancias. Mientras que el dominio económico de las corporaciones multinacionales es discutido con provecho y en profundidad en la obra de Castells, hay pocas críticas sobre cómo tal dominancia puede sostener los mitos más amplios del "orden" social (Wrong, 1994). Identificando el dominio económico, pero al mismo tiempo eludiendo la importancia de interrogar al discurso neoliberal como una tentativa poderosa y en buena medida exitosa de rediseñar las formas en que se interpreta lo político y continúa siendo poderoso en su fuerza en los valores individualistas que saturan buena parte de la vida y la acción en línea, incluyendo las maneras en que la protesta misma se ha vuelto extremamente personalizada (Bennett y Segerberg, 2013; Papacharissi, 2010b), hace a la teoría del cambio social un poco deficiente.

Diversidad y horizontalidad

La naturaleza de muchas de las luchas políticas radicales contemporáneas reside en la personificación de la diversidad de las relaciones sociales que abarcan. También se dice de la horizontalidad y diversidad de Internet que refuerzan el potencial liberador de los movimientos de política opositora que se encuentran en línea. Estas formas de política radical, que circulan vía una red de redes, abrazan una política de no-representación, donde ninguna persona habla por otra y las diferencias son abiertamente bienvenidas. Se basan en redes de acción más fluidas e informales que la clase y la política de partidos del pasado. La naturaleza de tales luchas reside en la encarnación política de la diversidad de las relaciones sociales que abrazan –una posición explícita de resistir el dogma percibido de las narrativas políticas de la política de izquierda tradicional que, algunos activistas profetizan, son comprensiones y valores obsoletos–.

En este sentido, las formas de la política radical en línea muchas veces profesan no tener líderes, no ser jerárquicas, tener protocolos abiertos, comunicaciones abiertas e información e identidades autogeneradas. Se dice que las movilizaciones que se organizan en línea reflejan esta fluidez e informalidad: frecuentemente presentan una alianza multicolor de ONGs, nuevos movimientos sociales, gremios, agrupaciones eclesiásticas, y una gama de activistas políticos de diferentes trasfondos. Las diferencias dentro y entre las varias aproximaciones a la política en discusión y las decisiones sobre una respuesta unificada colectiva a una causa o preocupación particular muchas veces generan dilemas políticos para los activistas. Sin embargo, son elementales para comprender la vitalidad de una forma de política que prefiere operar con una variedad de posiciones y perspectivas, muchas veces desde una perspectiva altamente personalizada, al contrario de la clase política del pasado, que puede apoyarse sobre doctrinas políticas establecidas. En repetidas ocasiones estas redes son incondicionalmente antiburocráticas y anticentralistas, y pretenden evitar lo que conciben como errores de aquellos modelos en la política que practican. Estas elogiadas características también hablan de la naturaleza de la política en línea, que ha sido asociada a la protesta más que a un proyecto político establecido de largo plazo (Fenton, 2006) –una apuesta por compromiso y voz junto con el rechazo a determinar e incluso presumir una aproximación singular o un resultado u objetivo político directo que pueda marcar la exclusión y/o jerarquías dentro de cualquier grupo o alianza–. Y, se considera que la arquitectura de Internet ha permitido que emerja y florezca una política horizontal diversa y sin líderes.

Un ejemplo datado pero muy citado es el movimiento antiglobalización (también conocido como justicia social o alterglobalización) que alcanzó el reconocimiento público en lo que hoy conocemos como "la batalla de Seattle" –una protesta que se conoce como el principio del activismo global de Internet–. El 30 de noviembre de 1999 una alianza entre activistas del medio ambiente y trabajadores se congregó en Seattle en un intento por impedir que los delegados de la Organización Internacional del Comercio se encontraran. A ellos se sumaron abogados, anticapitalistas, y una serie de otros movimientos de base. Simultáneamente, se dice que cerca de mil doscientas ONGs en ochenta y siete países llamaron a una reforma completa de la Organización Internacional del Comercio, muchas de ellas realizando sus propias protestas en sus propios países (*The Guardian*, 25 de noviembre de 1999, p.4). Los grupos integraron internet en su estrategia. El sitio de la Sociedad Civil Internacional ofreció actualizaciones a cada hora sobre las mayores manifestaciones en Seattle a una red de casi setecientas ONGs en aproximadamente ochenta países (Norris, 2002). El Centro de Medios Independientes (www.indimedia.org), establecido por varias organizaciones de medios independientes y activistas con el objetivo de proporcionar cobertura de base, actuó como centro de coordinación para periodistas y proporcionó reportes minuto a minuto, fotos, audios y registros en video. También produjo su propio periódico distribuido a lo largo de Seattle y en otras ciudades mediante Internet, así como cientos de segmentos de audio transmitidos a través de la red y estaciones de radio de Internet basadas en Seattle. Durante la protesta, el sitio, que utiliza un sistema de publicación abierta, registró más de dos millones de clicks fue levantado en América En línea, Yahoo, CNN y BBC en línea, entre otros. La manifestación de Seattle fue uno de los primeros indicadores de la manera en que la política radical podía movilizar participantes en la era de Internet y fue saludada como un éxito para el activismo trasnacional de Internet. A continuación, cientos de activistas de medios instalaron centros de medios independientes (IMCs) en Londres, Canadá, Ciudad de México, Pragam Bélgica, Francia e Italia durante el año siguiente. Desde entonces se han establecido IMCs en todos los continentes con éxito variable. Una década y media más tarde, muchos de estos centros han cerrado, pero lo han hecho en medio al florecimiento de otros sitios alternativos de Internet, o sitios orientados más hacia la organización y movilización de la política radical. Los IMCs también proporcionaron un modelo para las actividades de medios el movimiento Occupy, aparecido una década más tarde (Costanza-Chuck, 2012).

Natalie Fenton

¿Diversidad, o más de lo mismo?

Sin embargo, por más tentadores que sean la horizontalidad y la diversidad como nociones de la política radical futura, no es necesario escarbar muy profundo para percibir que la aparentemente ilimitada diversidad de lo que se ofrece en línea no es tan abarcadora como muchos asumen. La investigación sobre la división digital señala que los usuarios de Internet son más jóvenes, con más educación y más ricos que los no usuarios, más frecuentemente hombres que mujeres, y más proclives a vivir en ciudades (Norris, 2001; Warschauer, 2003; Haight, Quan Haase y Corbett, 2014). Como señala el capítulo 1, estas preocupaciones mapean disparidades masivas de la actividad en línea entre el norte global y el sur, así como dentro de las Naciones desarrolladas. Internet no sortea inequidades establecidas entre la clase media bien educada que domina el discurso público y aquellos de las periferias o totalmente excluidos (Hindman, 2008). Lejos de eso, la horizontalidad, parece, queda reservada para los privilegiados.

Los patrones de privilegio se repiten en el activismo digital. Brodock *et al.* (2009) muestran cómo los activistas digitales particularmente en los países en desarrollo poseen buenos recursos y muchas veces tienen la ventaja de Internet de alta velocidad en casa y en el trabajo, en empleos de cuello blanco donde Internet está disponible. El activismo digital tiene su precio. Los entrevistados con más funciones en sus aparatos móviles –como Internet, videos y GPS–. Este es otro indicador de la importancia de los recursos financieros para aquellos políticamente comprometidos tanto cuantitativamente en términos de mayor acceso a la tecnología como cualitativamente en términos de mejor *hardware* móvil. La conclusión es simple. Puede ser que Internet democratice, pero casi siempre sus efectos se sienten más fuertemente en la clase media global.

Sin embargo, se sostiene que la supuesta diversidad de comunicación está conectada con un sentido emergente de lo político que reside en múltiples pertenencias (personas con membresías solapadas conectadas a través de redes policéntricas) e identidades flexibles (caracterizadas por la inclusividad y un énfasis positivo en la diversidad y la fertilización cruzada) (Tarrow y della Porta, 2005), que solo comenzamos a apreciar (ver capítulo 3). Luego de la Batalla de Seattle y la marea de protestas transnacionales que inspiró, el trabajo de Hardt y Negri (2004) tomó la noción de "red" y resaltó su significación como un espacio de política siempre abierto. Desde esta perspectiva, la red no es simplemente la expresión de individuos interconectados sino la manifestación de relaciones auto constituidas no jerárquicas y basadas en la afinidad, que se extienden más allá de las fronteras de los estados y tienen su núcleo en las nociones combinadas de "autonomía" (el derecho de cada uno para expresar su propia identidad política) y "solidaridad" (para superar el poder/neoliberalismo) (Graeber, 2002:68). En tales relatos, no solo se considera que Internet es el heraldo de la aurora de un tipo diferente de comunicación, sino que también ha contribuido a la emergencia de una forma diferente de política radical de izquierda basada en la horizontalidad y la diversidad. Aquí, el espacio de nuevos medios permite que se comunique un rango más amplio de voces y tipos de material a una audiencia más amplia sin las limitaciones de la necesidad de adecuarse a, o seguir una fe o dirección política particular además de la expresión de la afinidad con una causa particular. Es una forma de política que no puede identificarse con el nombre de un partido o una ideología definitiva y muchas veces expuesta a cambios rápidos en su forma, perspectiva y misión –que pulsa enérgica, errática e incontrolablemente por naturaleza–. Muchos extienden esta proposición para sostener que las metanarrativas de la política de antes, organizadas alrededor de ideologías unificadoras como el socialismo y el comunismo, están siendo reemplazadas con una clase de política posfundacional (Marchart, 2007)[1]. Las perspectivas que defienden el carácter posfundacional de la política radical contemporánea no solo hablan sobre la materialización de los nuevos sujetos políticos que operan dentro de diferentes tipos de espacios políticos sino que también sostienen que el "contenido" material de la política ha cambiado en el proceso, en la medida en que la política se transforma desde la participación formal en sistemas representativos tradicionales a acciones interconectadas, como se ejemplifica en la sociología crítica de Castells (2005). Estos son grandes argumentos que tratan de dar sentido al *zeitgeist* político de un momento particular en el contexto de un cambio tecnológico acelerado. Lo que tienden a perder de vista es que el disenso, las manifestaciones y las acciones para el cambio social democrático son raramente, si alguna vez, producto de Internet, sino que emanan de la existencia material de las personas, enraizada en historias concretas de opresión y lucha. Será útil dedicarnos a otro tipo de pensamiento político posfundacional –la teoría del discurso posmarxista– para profundizar sobre este punto.

---

[1] Marchart (2012) utiliza el término "posfundacional" para referirse a una gama de tradiciones teoréticas bastante diferentes. Aquí el término se utiliza de manera más acotada para referirse a una tradición autonomista/horizontalista particular, que es hostil a las nociones de universalismo y representación, prefiriendo una micropolítica "interrelacionada".

Teorías posmarxistas

La teoría del discurso posmarxista es central para comprender la conexión entre la política radical y la diversidad. En particular, el antiesencialismo que se popularizó con *Hegemonía y estrategia socialista* (Laclau y Mouffe, 1985) desafió la noción de que existía algo así como una realidad absoluta, objetiva, para las identidades sociales y políticas. Al contrario, los autores sostenían que estas identidades siempre eran contingentes con el resultado de las luchas políticas. Las identidades unitarias como "el trabajador" o "la mujer" pasaron a ser vistas como posiciones provisionales dentro del discurso, basadas en las relaciones siempre cambiantes con otras identidades. De esta manera, se entendía que proporcionaban un marco a partir del cual comprender el desarrollo titubeante de las identidades políticas tradicionales pos-1968 y la experiencia de la emergencia de nuevos movimientos sociales (NMSs) en las décadas subsecuentes, junto con el decrecimiento de la organización sindical y las formas del socialismo asociados a ella (Nash, 2000). Es una historia que es importante apreciar y que nos ayuda a entender muchas configuraciones contemporáneas de la política radical.

Los nuevos movimientos sociales exhiben una política que ha crecido a partir de la fragmentación de la cultura política alimentada por el ascenso de una política de la identidad que reconoce la diversidad y permite diferentes nociones de ciudadanía en diversos contrapúblicos. Es una política que se define por los sentidos múltiples, cambiantes y solapados que se atribuyen a ciertas identidades y las varias luchas que los definen más que por las características particulares de la tecnología que utilizan para mediar sus causas. Puede sostenerse que los nuevos movimientos sociales son la materialización más parecida que tenemos hasta la fecha de la formulación de Laclau y Mouffe (1985) sobre la política y las identidades políticas. Al mismo tiempo en que los teóricos del discurso posmarxista propusieron que ninguna identidad singular y ninguna situación social perdura para siempre, y por lo tanto no necesitamos permanecer atados a la política marxista revolucionaria tradicional del pasado, lo vemos reflejado en la política radical de la era digital, en que muchos tipos de actividad política son abrazados inmediatamente, incluyendo las coaliciones de diversos grupos e individuos. La noción de diversidad en relación a la política radical y sus manifestaciones en línea se refiere, entonces, al contenido y al molde de la política y no simplemente a sus formas de mediación. El espacio de los nuevos medios puede permitir la comunicación de un rango más amplio de voces y tipos de material a una audiencia más amplia sin las restricciones de la necesidad de adaptarse o de seguir una creencia política o una dirección particular, además de la extensión de la afinidad por una causa particular. Pero, la política radical también tiene una historia política anterior a Internet.

La recuperación de la filosofía posestructuralista de Laclau y Mouffe(1985), particularmente proveniente de Derrida y Lacan, procura rechazar el autoritarismo, el centralismo y la homogeneidad de formas más tradicionales de la política de izquierda basadas en concepciones esencialistas de la clase y proponer una respuesta a los problemas psicológicos que se relacionan con la política de la identidad que el marxismo en buena medida ignora. Pero, también buscan diferenciarse de las perspectivas más distintivamente posmodernas de la diferencia y la dispersión a través de un énfasis en la hegemonía desarrollada desde Gramsci. En su formulación posmarxista, una nueva forma radical de hegemonía se considera necesaria para unir todas las luchas dispersas de los nuevos movimientos sociales y de los trabajadores. Laclau y Mouffe reconocieron que la política no solo se ocupa de las luchas entre las clases sociales. Antes bien, se ocupa de las luchas entre complejos de prácticas sociales significativas o discursos. Sin embargo, el discurso aquí no son simplemente ideas o palabras sino *prácticas* sociales basadas en parte sobre condiciones materiales y en parte sobre la identidad y la intersubjetividad. Como tal, es una política que se resiste a la política esencialista y abraza la diferencia, pues no hay conexiones naturales inherentes entre varias formas de identidad (raza, sexo, género, clase, etc.) y diferentes conjuntos de demandas políticas. Aunque Lacan y Mouffe (1985) liberan a la formulación de Gramsci de la hegemonía de su anclaje en las estructuras de clase, aceptan la idea de la noción de identidades como sujetas a cambio a través del proceso hegemónico en sí mismo que crea una voluntad colectiva. Su acento en la contingencia, la multiplicidad de identidades, la compleja naturaleza psicológica del deseo humano, y la profundidad del antagonismo humano, asegura que la apertura a nuevas formas de lucha puede mantenerse dentro de la formulación de un marco democrático radical y plural.

Sin embargo, la horizontalidad y la política de los nuevos movimientos sociales también puede verse como la materialización de otras teorías posmarxistas, particularmente la teoría de la poshegemonía inspirada en Deleuze (incluida la de los marxistas autonomistas –ver capítulo 5–), que expresa un tipo de política muy diferente a la que propusieran Laclau y Mouffe (1985). La política que se concibe en la teoría poshegemónica (Day, 2005; Graeber, 2002), y que se aprecia en la práctica de los nuevos movimientos sociales, es altamente porosa y más orgánica que la política radical de antes y opera horizontalmente más que verticalmente (Tormey, 2006), creando redes de resistencia. Es una política caracterizada por fases de visibilidad y fases de invisibilidad relativa con personas que se mueven frecuentemente dentro y entre diferentes manifestaciones como si entraran y salieran de foco, con una negativa persistente a subsumir la diversidad que reside en su núcleo en una identidad política general. Así, permiten que las potenciales diferencias en las ideologías políticas sean contorneadas en favor de la inclusividad, de la importancia de la protesta y la lucha. Tormey se refiere a esto, siguiendo a Deleuze, como una forma rizomática de la política que no tiene un centro y puede expandirse indefinidamente:

> Desde este punto de vista la horizontalidad no es cuestión de unirse a un partido sino de disolver lo axiomático en los partidos en la búsqueda por combinaciones que expresen por completo la disponibilidad de autonomía y modos auténticos de compromiso unívoco con y junto a otros (...), las estrategias horizontalistas (...), evitan de forma consciente la captura del poder en favor de estrategias alternativas que mantienen la integridad y autonomía de las singularidades que la constituyen (Tormey, 2006:221.2)

Laclau y Mouffe no "evitan la captura del poder"; antes bien y al contrario de los autonomistas marxistas y deleuzianos, y a través del concepto de hegemonía, enfatizan la necesidad de las relaciones verticales para la identidad y representación así como a las formas horizontales de participación política en la búsqueda por la *articulación* de términos y demandas. Aquí, articulación significa juntar los términos comunes de referencia para crear un frente unido. Al insistir sobre la necesidad para un frente unificado, un universalismo de tipos, aceptan que los grupos con diferentes tipos de demandas atravesarán un proceso de transformación parcial en la medida en que todos los que participan de la coalición se ajustan a las problemáticas de los otros con el objetivo de ocupar y reclamar un terreno común. Esta forma de hegemonía crea un "punto nodal" de "democracia radical y plural" basada sobre "la lucha por la maximización de esferas sobre la base de la generalización de la lógica equivalente igualitaria" (Laclau y Mouffe, 1985:167). La creación y el mantenimiento de este terreno común también se ve como dependiente en parte de los "significantes vacíos" –símbolos o términos compartidos por una comunidad radical que tienen poco significado, pero que significan la coalición como comunidad–. Mouffe (2000) sostiene que lo que distingue a la comunidad democrática radical es la habilidad para reconocer públicamente el vacío de tales significantes mientras que, al mismo tiempo, reconoce que sus significados son formados por comprensiones sedimentadas y articulaciones históricas, y así pueden entrar en un debate abierto sobre cómo la comunidad debería ser definida. En esta formulación el peor escenario posible sería que una visión ideal de la comunidad y su futuro político se fijara o naturalizara, excluyendo la posibilidad de cuestionamientos que se consideran como el núcleo de la democracia. Antes bien, cada agrupación sería igualmente válida y recíprocamente libre para permitir que se desarrollaran nuevas utopías. De esta manera, la diversidad y la equivalencia de la autonomía individual se combinan para revelar un espacio donde renegociar las "lógicas" hegemónicas de completa identidad y diferencia (Laclau y Mouffe, 1985:188).

¿Cuáles son, entonces, las implicaciones de tal política hegemónica para la democracia y la función de la diversidad? La democracia radical del tipo propuesto por Laclau y Mouffe (1985) procura oponerse persistentemente al dominio de la mayoría que es la conclusión lógica de la democracia liberal deliberativa a través de la constante lucha para maximizar la diferencia de la identidad y de las luchas. En otro nivel, la manera en que la democracia liberal debe ser revitalizada es a través de la lucha hegemónica que comprende, en un punto, la trascendencia de la lucha particular de cualquiera de los grupos en una forma de universalismo expresado como voluntad colectiva, aunque esta se reconozca como estratégica y discursivamente constituida. Así, hay una tención por la teoría del discurso entre las prácticas de la diversidad y el concepto de hegemonía. Esta tensión continúa en el presente y es evidente en los debates dentro de los nuevos partidos políticos de izquierda, Podemos en España y Syriza en Grecia (ver capítulo 6), que han rechazado en buena medida las políticas autonomistas marxistas poshegemónicas (ver capítulo 5) en favor de una aproximación mucho más a tono con las ideas propuestas por Laclau y Mouffe (1985).

Lo político olvidado

Las afirmaciones en favor de una política radical que abrace la horizontalidad y las identidades diversas en el marco poshegemónico también son objeto de contraargumentos por parte de aquellos que interpretan que tal horizontalidad y universidad no es pluralismo político sino disipación política y fragmentación (Habermas, 1998). Como señala Diamond (2012:14), "existen límites estrechos entre el pluralismo y la cacofonía, entre la promoción y la intolerancia, y entre la expansión de la esfera pública y su fragmentación sin solución". Aquellos que impugnan la eficacia política de la política oposicional en línea se refieren a la sociedad interconectada como un producto localizado, desagregado, fragmentado, diversificado y dividido de identidades políticas (trabajos anteriores de Castells (1996) también se enmarcan en esta categoría). Tomando la edición anterior de Castells, la naturaleza fragmentada de los nuevos medios limita la capacidad de nuevos movimientos sociales para crear estrategias coherentes como resultado de la individualización creciente del trabajo. Problemas de cantidad y caos de información desafían la manera en que el análisis y la acción se integran en el proceso de toma de decisiones. Por lo tanto, resulta difícil imaginar el cambio político, y más aún su realización. Escribiendo en relación al uso de los medios sociales en la Revolución Verde de Irán, Yahyanejad y Gheytanchi (2012:151) apoyan esta postura, afirmando que, "aunque las redes sociales pueden ampliar las bases de los movimientos sociales, tales redes (con su naturaleza abierta y horizontal) también pueden generar confusión donde hay una necesidad de lidiar con asuntos complejos y tácticas que requieren disciplina, estrategia y un grado de liderazgo central".

Más aún, en su análisis del movimiento Violeta (Popolo Viola) en Italia y su uso extensivo de Facebook, Coretti (2014) demuestra que, si bien el mito de la red como algo abierto e inclusivo persiste, también actúa como un disfraz para los protocolos de comunicación de las plataformas comerciales de redes sociales que pueden permitir grandes movilizaciones sociales, pero, en última instancia, a través de su propia funcionalidad, estimular la centralización organizacional y la fragmentación en los movimientos sociales. Popolo Viola fue planeado y organizado a través de Facebook en 2009 en oposición a la política del gobierno de Silvio Berlusconi. Junto con sus 460.000 miembros en su página, miles de otras páginas y grupos dentro de Italia y más allá fueron establecidos en Facebook para apoyar el objetivo principal de la renuncia del Primer Ministro de Italia. Facebook tanto galvanizó como dañó el movimiento. Aunque es una plataforma de redes sociales, Facebook está diseñado sobre la base de la autopromoción individual (ver capítulo 5) y concebido para maximizar el gasto del consumidor (Leistert, 2015). Los algoritmos que emplea operan dentro de un modelo de negocios diseñado sobre la base de extraer valor de los individuos a través de la venta de mercancías y datos. La falta de habilidad para manejar páginas y grupos de Facebook según valores acordados comunitariamente promovió estructuras de poder vertical dentro del movimiento Violeta que llevaron a divisiones internas y a la desaparición de la solidaridad. Si bien tal fragmentación no puede atribuirse solamente a la tecnología y refleja los valores e intereses de los actores políticos, la tecnología no ayudó. El liderazgo y la jerarquía no se eliminan en línea si hay otras fuerzas (estructurales) de control en juego. Por supuesto, si la organización política tiene una tendencia hacia la política no dialógica, entonces es altamente improbable que cualquier capacidad de manejo de redes pueda cambiarla. La política y las organizaciones políticas emergen de historias que no se evaporan frente a la tecnología. De hecho, la tecnología está verdaderamente impregnada de políticas que operan en oposición directa a los ideales emancipadores de muchos movimientos sociales.

Habermas nos advertía sobre esto cuando registraba sus titubeos frente a las nuevas tecnologías de información y comunicación como potencial fuente de comunicación igualitaria e inclusiva, argumentando que Internet podría contribuir a la fragmentación de la sociedad civil, así como de la movilización y participación política:

> Si bien el crecimiento de los sistemas y las redes multiplica los contactos posibles y los intercambios de información, no conduce *per se* a la expansión de un mundo intersubjetivamente compartido y al entramado de concepciones de relevancia, temas y contradicciones de las cuales surge la esfera pública política. La conciencia de los sujetos que planean, comunican y actúan parece estar simultáneamente expandida y fragmentada. Los públicos producidos por internet permanecen cerrados unos a otros como aldeas globales. Hasta el momento, sigue sin ser claro si una conciencia pública en expansión, aunque centrada en el mundo de la vida, tiene sin embargo la habilidad de abarcar contextos sistemáticamente diferenciados, o si los procesos sistémicos, al haberse tornado independientes, han cortado hace mucho sus lazos con todos los contextos producidos por la comunicación política (Habermas, 1998:120-1)

Habermas ve al mayor pluralismo como un riesgo para la democracia deliberativa más que como su salvador. Esta preocupación se repite en Sunstein, quien sostiene que Internet ha engendrado grandes cantidades de sitios radicales y grupos de discusión permitiendo al público saltearse expresiones de opinión más equilibradas y moderadas en los medios masivos (que también, sostiene, son sujetos de la fragmentación por razones esencialmente tecnológicas). Más aún, estos sitios tienden a relacionarse solo con sitios que tienen posiciones similares (Sunstein, 2001:59). Tales opiniones son apoyadas por otros trabajos empíricos, como el de Hill y Hughes (1998). Sunstein sostiene que una consecuencia de esto es que observamos la polarización de grupos (2001:65), y es probable que esto se vuelva más extremo con el tiempo. De esta manera, Sunstein sostiene que dos precondiciones para una democracia deliberativa con buena salud son amenazados por el crecimiento de Internet y el advenimiento de las transmisiones multicanales. Primero, las personas deberían ser expuestas a materiales que no han elegido con anticipación. Esto resulta en una reconsideración de los problemas y muchas veces en el reconocimiento de la vanidad parcial de los puntos de vista opuestos. Segundo, las personas deberían tener un rango de experiencias comunes de manera que puedan ponerse de acuerdo respecto a temas particulares (Downey y Fenton, 2003). En franco contraste con los análisis de Bohman (2004) y Benkler (2006), estos argumentos se enmarcan en una comprensión particular de la democracia que acepta las estructuras institucionales de la política representacional y se aplica al modelo de pluralismo liberal de la práctica democrática inherente al pensamiento habermasiano. Argumentos como este se basan en una comprensión de la democracia participativa que funciona a través del consenso colectivo y los proyectos políticos que son problemáticos para la política contemporánea de la multitud. Los capítulos 3 y 5 se dedicarán a este debate con más detalle.

Como señalaba en el capítulo 1, la premisa teorética de cualquier discusión sobre los medios digitales y la política radical es una interpretación de qué significa "lo político" –un asunto simple, pero muchas veces olvidado–. Lo político se refiere tanto a las formas de prácticas políticas institucionales como no institucionales, a una sociedad civil pulsante con organizaciones no gubernamentales, grupos de presión y activistas; se refiere a los proyectos políticos consciente y cuidadosamente planeados así como a la política de la protesta apasionada y reactiva; se refiere a la economía y a las emociones. Todos estos están implicados en las prácticas mediadas.

Conectividad y participación

Los temas duales de velocidad y espacio, horizontalidad y diversidad que discutimos más arriba también se articulan con las alabadas capacidades técnicas de conectividad permitidas por la era de las redes. La conectividad de Internet puede impactar sobre la estructura interna de la organización de los movimientos sociales a través de la celebración de alianzas y coaliciones entre diferentes movimientos para compartir las mejores prácticas y las técnicas de campañas más eficientes, lo que puede transformar la manera en que los grupos se organizan y operan. En enero de 2001, Joseph Estrada, presidente de Filipinas, se transformó en el primer jefe de estado que perdiera el poder a manos de una multitud inteligente (Deibert *et al.*, 2010) cuando más de un millón de filipinos se movilizaron a través de las redes sociales durante cuatro días para reunirse en un sitio histórico de Manila. Desde entonces, las movilizaciones digitales masivas se han tornado un lugar relativamente común, participando prominentemente en la Revolución Naranja de Ucrania 2004, la Revolución de Cedro en Líbano en 2005, y el Movimiento Verde de Irán en 2009 (Curran *et al.*, 2012), sin mencionar la denominada Primavera árabe (ver abajo).

De manera similar, las actividades y las alianzas para la protesta de los movimientos sociales en el terreno pueden afectar la manera en que Internet se utiliza y se estructura en los múltiples y variados sitios *web*. La participación cívica y política se comprenden frecuentemente como prerrequisitos para el desarrollo de las democracias basadas en la ciudadanía. Pero, no solo la conectividad está en juego. La dinámica interactiva de buena parte de la *web* 2.0 y más allá también se relaciona con el concepto más directamente político de participación. Carpentier (2011:10) señala que el concepto de participación "tiene una conexión íntima con lo político, lo ideológico y lo democrático (...), que está intrínsecamente relacionado al poder". La facilitación de la participación se ve como un factor crucial en el activismo transnacional de Internet, sobre todo porque se comprende en que buena parte coloca a todos los usuarios de Internet en un mismo nivel, permitiendo así la realización de una política horizontal y asegurando que todos tengan voz y puedan participar del movimiento. En estas posiciones radicales en línea, la capacidad para maximizar la conectividad y la interacción se ve como un acto político. Esto refleja un énfasis más profundo en la toma participativa de decisiones y en la demanda por la fragmentación de las concentraciones de poder (Gilbert, 2008). El acto de la participación –y el compromiso con un asunto particular–, más que la reforma social o el impacto directo en las políticas, se afirma frecuentemente como el propósito político.

Esto se explica en parte a través de una apreciación de la participación en nuevos movimientos sociales como ligada a una retirada del compromiso con la política tradicional de partidos. En sus extensivas entrevistas con, y cuestionarios a activistas, della Porta (2005) descubre una relación entre la falta de confianza en los partidos y las instituciones representativas, junto a una alta confianza y participación en los movimientos sociales. La distinción entre la política institucional y los movimientos sociales descansa sobre la actuación de los primeros como burocracias fundadas sobre la delegación de la representación y de los segundos, fundados en la participación y el compromiso directo. Esto refleja mayor énfasis en la toma participativa de decisiones y en la demanda de fragmentación de las concentraciones de poder (Gilbert, 2008). De manera similar, para Benkler (2006), Internet posee el potencial para cambiar la práctica de la democracia radicalmente, debido a sus atributos participativos, permite a todos los ciudadanos alterar su relación con la esfera pública, transformarse en actores y principalmente en sujetos, y comprometerse en la producción social. En este sentido, se atribuyen a Internet poderes de democratización. Sin embargo, la conectividad y la participación en línea también han sido severamente criticadas por debilitar la política radical y ofrecer una seudoparticipación que es ilusoria más que real (Dean, 2009). En otras palabras, más que señalar una nueva cultura política de oposición por causa de Internet, somos testigos de una epoca de la política del "facil viene, fácil se va", donde estamos siempre a un click de distancia de una petición (clickactivismo), una forma tecnológica que fomenta la deriva de temas, donde la atención de los individuos se desplaza desde un tema hacia el otro o desde un sitio *web* hacia el otro con poco compromiso, o incluso reflexión (holgazanactivismo), donde la identidad política colectiva tiene memoria corta y se borra con facilidad. La solidaridad colectiva es reemplazada por una política de la visibilidad que depende de "hashtags", "likes" y posteos compulsivos de actualizaciones que dependen de la autorrepresentación como prueba del activismo individual (Milan, 2015). Las organizaciones de campañas en línea, como Avaaz, muchas veces son objeto de estas críticas.

Avaaz se describe a sí mismo como "un movimiento global para traer a la política impulsada por la gente a la toma de decisiones en todos los lugares" (www. avaaz.org/en/abput.php). Avaaz, que significa "voz" en muchos idiomas europeos, asiáticos y de oriente medio, fue lanzado en 2007 y tiene un equipo nuclear en seis continentes y millones de voluntarios. En agosto de 2012 tenía 15.378.229 miembros al rededor del mundo en 194 países y había organizado 87.772.473 acciones. Avaaz es reconocido principalmente por organizar peticiones en línea que pueden recibir apoyo global masivo con increíble rapidez, pero su actividad también se extiende a financiar campañas mediáticas, dirigir acciones, enviar mails, llamar y cabildear en los gobiernos, organizar protestas y eventos *offline*, todo con la intención de hacer valer los puntos de vista y los valores de la población en general frente a los tomadores de decisiones. Sostiene ser extraordinariamente ágil y flexible en su trabajo de campaña, concentrándose en momentos cruciales de crisis y oportunidad. Avaaz define en cuáles asuntos enfocarse a través de sondeos de todos sus miembros. Cada semana se sondean las ideas para las campañas y se someten a prueba a través de muestras de 10,000 miembros al azar. Las campañas que reciben apoyo contundente son luego puestas en acción, donde participan cientos de miles de miembros, muchas veces en cuestión de horas o días. En enero de 2012, se recolectaron más de tres millones de firmas para una petición mundial que se oponía a la ley de censura de Internet en Estados Unidos. Avaaz organizó una reunión con oficiales de la Casa Blanca para entregar la petición y sostiene que, como resultado, la Casa Blanca condenó la ley y retiró su apoyo. En agosto de 2012, Avaaz se encontraba trabajando con la dirigencia del movimiento democrático en Siria, Yemen y Libia para conseguir los teléfonos de alta tecnología y módems de Internet satelital y para conectarnos con los portales mediáticos más importantes del mundo, así como para proporcionar consejos sobre comunicación. No posee ninguna misión o visión general además de una idea vaga en general de que todos somos humanos y deberíamos respetarnos y actuar con responsabilidad hacia el planeta. No intenta alcanzar el consenso sobre temas entre su variada membresía, afirmando que esto ha llevado muchas veces a la fractura de movimientos, organizaciones y coaliciones. Simplemente pide a sus miembros que apoyen las campañas con las que concuerdan.

38 Grados, una organización similar en el Reino Unido, posee más de 3 millones de miembros (*The Guardian*, 24 de septiembre de 2014, p.42). 38 Grados es el ángulo en el que se produce una avalancha. La esperanza es que, a través del poder de Internet, pueda provocarse una avalancha de cambio. Es más conocida por su activismo en línea, como peticiones electrónicas y correos electrónicos a miembros del parlamento, pero también utiliza un abanico de tácticas, desde el financiamiento de publicidad en periódicos sobre sus campañas a la organización de reuniones con miembros del parlamento y la organización de discusiones. 38 Grados utiliza su página de Facebook, Twitter, su *blog* y su sitio *web* para discutir y votar por ideas de campañas, que luego son votadas en sondeos por todos sus miembros. Es importante tomar en serio este proceso de consulta, en la medida en que la organización se financia solamente por donaciones de sus miembros. Resulta interesante que una de las cosas que sus miembros piden son más campañas *offline*. La campaña contra la venta de las propiedades de la Comisión Forestal –tierras de propiedad del estado nacional– generó una petición con fuerza de medio millón, cientos de correos electrónicos a miembros del parlamento, publicidad en periódicos nacionales, y posters en todo el país. Luego de solo algunas semanas el gobierno abandonó sus planes. 38 Grados se esfuerza por señalar que "no existe ningún manifiesto y ninguna dirección central de la campaña (...) Es una herramienta de campaña no un movimiento" (ibíd.). Nuevamente, sus objetivos son amplios: "proveemos herramientas simples y efectivas para que cientos de miles de nosotros podamos influenciar las decisiones que nos afectan a todos. Trabajamos juntos para defender lo que es justo, proteger los derechos constitucionales, promover la paz, preservar el planeta y profundizar la democracia" (www.38degrees.org.uk/pages/faq/). La organización sostiene que alcanza un éxito de más del 50 por ciento, pues 800 de las 1500 peticiones comenzadas en el Reino Unido cada mes alcanzan sus objetivos iniciales, aunque los políticos han comenzado a quejarse sobre los volúmenes de tráfico en sus casillas de correo electrónico e informan una tendencia a desconectarse de las peticiones en línea como resultado de ello (*The Guardian*, 24 de septiembre de 2014 p. 42).

Otros grupos como MoveOn.org, Change.org en los Estados Unidos y GetUp! en Australia, operan de manera similar. Todos focalizan un solo tema, campañas fácilmente identificables, y fáciles de ganar. Esto significa que debe tratarse de temas que puedan ser rápidamente comprendidos en un solo párrafo o dos en un correo electrónico y que tengan un final realizable. No fue difícil persuadir a los cickactivistas para que respondieran a la idea de privatizar bosques de madera en beneficio de desarrolladores de tierra codiciosos. Pero, ¿dónde deja esto a las campañas sobre temas que son más confusos, más complicados y no tan fácilmente identificables o gratificantes? El populismo de campaña es una trampa difícil de evitar para muchas de estas organizaciones, que sin duda están desafiando a los poderosos y haciendo que se escuchen las preocupaciones públicas, pero sin embargo, corren el riesgo de producir una forma de política radical que favorece la reacción intuitiva y las soluciones fáciles en detrimento de la lucha de largo plazo. Se trata de una política que trabaja con el referéndum corto, agudo —una política de casillero que prefiere evitar la evaluación complicada y extensa de los sistemas sociales y políticos y sus consecuencias, y que es más proclive a conducir a soluciones de parches más que a alternativas políticas genuinas—. ¿Por cuánto tiempo darán atención los políticos a aquello que puede ser desechado como *spam* político carente de autenticidad e indigno de consideración? ¿Contribuyen estas formas de activismo en línea a una atmósfera de cambio y posibilidades que inspira y alienta a aquellos de nosotros que deseamos un mundo mejor a continuar nuestras luchas y nuestras campañas largamente libradas? ¿O contribuyen a una política basada en el consumismo y la elección, que privilegia lo ya privilegiado alcanzando poco más que la autosatisfacción de que un clic es todo lo que hace falta para salvar la propia conciencia política?

Los temas de conectividad y participación que inundan la literatura sobre los nuevos medios y el compromiso político también demuestran otra carencia importante. La conectividad y la participación a la que se refieren tienden a enfocarse en una localización en línea y evitar o ignorar la dinámica social de las prácticas mediadas. Este "ausente social" ha sido bien ilustrado por muchos de los comentarios que se han escrito en relación a la Primavera árabe.

El ausente social

Una de las discusiones perennes sobre el rol de los medios digitales en la revolución se relaciona con las manifestaciones y levantamientos que comenzaron en el mundo árabe (aunque no se limitó a las naciones árabes) en Túnez en 2010, mientras otras revueltas se sucedían una tras otra en Argelia, Jordania, Egipto, Libia, Yemen, Siria y Bahrein. La tecnología disponible para los activistas en 2010 era muy diferente de la tecnología disponible para los activistas 10 años antes en la Batalla de Seattle. En particular, las redes sociales habían explotado dentro de la escena digital. Meier (2012) señala como, en Egipto, las redes sociales permitieron a los jóvenes comprometerse en el debate político en una manera que no había sido posible anteriormente. Howard y Hussain (2012:11) van más lejos, afirmando que las redes sociales significaron que las personas interesadas en la democracia podían "construir redes extensivas, crear capital social y organizar la acción política con una velocidad y en una escala nunca vista antes", y eso hizo toda la diferencia. Howard y Hussain señalan como la esfera contrapública en línea de Egipto fue influenciada por desarrollos en Túnez y por un grupo de Facebook, "Todos somos Khaled Said", construido en memoria de un joven arrastrado de un café de internet y golpeado hasta la muerte por la policía luego de que expusiera su corrupción, que se transformó en un foco de disenso y solidaridad colectivos. Las redes sociales permitieron la expresión de la alienación y la opresión que luego fue canalizada en estrategias y objetivos de un movimiento estructurado.

Barnett (2011) desentraña con elocuencia buena parte de la retórica extática que ha circulado alrededor de los levantamientos en lo que se tornó conocido como la Primavera árabe. Habla sobre estos eventos políticos notables como un conjuro de la imagen mítica de la "Revolución" con R mayúscula, emprendida por la figura utópica del "Pueblo" con P mayúscula, que oscureció la cuestión de quiénes eran efectivamente los sujetos vivientes de estos eventos y, en consecuencia, evadió lo que cada contexto político y cultural era en realidad, prefiriendo evocar en cambio el salvador tecnológico de Internet. Esto significa disminuir el uso que puede darse al alcance comunicativo de Internet para la movilización política opositora. Miladi (2011: 4), refiriéndose a la revolución de Túnez en 2011, sostiene que

> La plétora de redes sociales en facebook y Twitter fue por lejos el factor más instrumental en la escalada [de las protestas]. Decenas de miles se unieron a grupos de Facebook, se enteraron sobre los nuevos desarrollos y se movilizaron para nuevas acciones (...) los blogueros han probado que pueden desafiar no solo los medios del estado y otros periódicos independientes (autocensurados) y estaciones de radio, sino también el discurso del gobierno sobre lo que realmente está sucediendo.

De hecho, hemos presenciado muchas de las así llamadas revoluciones de Twitter, sea en Irán, Moldavia, Túnez o Egipto. Cada una de ellas es efectivamente un levantamiento social facilitado (pero no personificado) por la tecnología (Diamond, 2012). Pero, al colapsar todos estos eventos impresionantes en algo llamado "revoluciones de Twitter", caemos presa de lo que Barnett (2011) llama "un no-sé-nadaísmo" sobre el que se apoya este universalismo revolucionario.

Esto ha recibido su expresión más clara en la interpretación de Žižek sobre el levantamiento en Egipto:

> El levantamiento fue universal: fue inmediatamente posible para todos alrededor del mundo identificarse con, reconocer de qué se trataba, sin ninguna necesidad de análisis cultural de los rasgos de la sociedad egipcia. En contraste con la revolución de Khomeini en Irán (donde los izquierdistas tenían que contrabandear su mensaje dentro del marco predominantemente islámico), aquí el marco es claramente el del grito de libertad y justicia universal secular, de modo que la Hermandad Musulmana tuvo que adoptar un lenguaje de demandas seculares (Žižek, 2011).

La imputación contundente de Barnett es que "hay algo maravillosamente autoenaltecedor en esta afirmación, que arroga autoridad interpretativa a un plantel de universalistas filosóficos bombásticos que no necesitan preocuparse por lo que hacen y sobre lo que no saben sobre otros lugares" (2011:266). En cambio, señala que el trabajo del antropólogo (Hirschkind, 2009) ha proporcionado un relato etnográfico profundo sobre la compleja relación entre el Islam, el discurso político y el nacionalismo. A través de detallada documentación sobre los sermones que tuvieron lugar durante el período de gobierno autoritario en Egipto, revela cómo las formas de prácticas sociales como la circulación de sermones grabados contribuyeron hacia la formación de esferas contrapúblicas islámicas. Muestra cómo el contenido político de esas cintas muchas veces contenía críticas a los regímenes de Medio Oriente por su negativa a implementar derechos democráticos, y hacia los Estados Unidos por imponer una camisa de fuerza política y económica sobre la región. El *cassette*, con su portabilidad, reproductibilidad y facilidad de evadir el control del gobierno, permitió la circulación del discurso contestatario. Localizando la importancia contemporánea de los medios tecnológicos en una historia más larga del cambio cultural y social, la investigación de Hirschkind considera la significatividad de los nuevos medios, como *blogs*, por su capacidad de abrir nuevos espacios de pluralismo que lograron romper viejos antagonismos entre discursos seculares y fundamentalistas fomentados por el régimen de Mubarak, y ofrecer nuevas condiciones de organización alrededor de una demanda común por el fin de la presidencia de aquel, pero señala de qué manera el rol de las prácticas mediáticas en cambios políticos dramáticos necesita ser comprendido dentro de una compleja historia de protesta y transformación social y política.

En este mismo sentido, Barnett (2011) también señala el trabajo de Bayat (2010), quien ha escrito sobre los así llamados nuevos movimientos sociales políticos posislámicos y el día a día de la acción política en Medio Oriente. Más que pensar en la Primavera árabe como un conjunto de eventos completamente sin precedentes e inesperados, el trabajo de Bayat sugiere la necesidad de considerar los factores contextuales, las condiciones y los procesos causales. Para Bayat, los eventos de Túnez, Egipto y más allá, son indicaciones de un proceso de rápida urbanización y desarrollos socioculturales asociados como una mayor alfabetización, mayores niveles de educación, profesionalización, cambiantes relaciones de género, la emergencia de una clase media pobre y de otras formas de desigualdad, y sí, el desarrollo de nuevas culturas mediáticas. Desde esta perspectiva la "calle árabe" (Bayat, 2011) es una compleja configuración de ideas y prácticas sobre la fuerza de la opinión popular, la fragilidad del poder estatal y la calibración de los procesos de la política formal en función de las condiciones materiales de la vida. Faris (2013) también señala que, mientras que el blogueo y el activismo digital jugaron su parte, también había habido una historia del movimiento de protesta sostenido en Egipto, así como el desarrollo de una prensa independiente que proporcionó el escenario político para que se produjera el levantamiento. Los trabajos de Bayat y Faris consiguen evitar la ponderación de la política rupturista como el único medio para el cambio social y enfocar su atención sobre luchas más complejas e intersticiales que emergen a través del tiempo y proporcionan la arquitectura política de la cual puede surgir un levantamiento.

Comprender la dimensión social de la vida política —aquello que reúne a las personas y por lo que buscan solidaridad— es crucial para comprender la vida política mediada. Lo político no puede ser comprendido fuera de las relaciones de poder, o de lo social. Solo cuando adquirimos un sentido de lo que puede constituir lo político —económica, social y tecnológicamente— junto con una mejor comprensión de la naturaleza del poder en ese campo, podemos interpretar estos factores contingentes a través de una lente sociogeográfica particular. Entonces, y solo entonces, podemos comenzar a investigar el papel jugado por Internet y su rol en la complejidad de la vida moderna.

Conclusión

Este capítulo ha sostenido que no es suficiente celebrar la resistencia a través del vehículo de Internet y la veneración del potencial de algunas de sus capacidades tecnológicas. Así como las nuevas tecnologías de la comunicación permiten a grupos separados de protesta forjar alianzas transnacionales y afinidades, también podemos ser enfrentados a una nueva política marcada por las características de la velocidad y el espacio, la horizontalidad y la diversidad, y la conectividad y la participación que demanda una nueva manera de pensar sobre *los medios y sobre el sentido de ser político*. Puede ser que Internet haya marcado el inicio de una nueva forma de activismo político, pero sus consecuencias pueden no ser las que esperábamos o no necesariamente proveer los beneficios democráticos que hubiésemos esperado. Las redes no son *inherentemente* liberadoras, Internet no contiene la esencia de la apertura que nos llevará directamente a la democracia.

El creciente "descompromiso cívico" de los jóvenes respecto de la política de estado –clase de política que ha sido desarrollada a través de la historia moderna para encajar y servir a la integración política de los "estados-nación"– junto con el desarrollo de nuevas tecnologías de la comunicación ha desplazado los intereses políticos y las esperanzas a nuevos terrenos que son ilimitados y globales –una clase de política que se ajusta bien a Internet–. Los nuevos movimientos sociales magnificaron las características de Internet con el cambio a una política más fluida basada en temas puntuales, con menos coherencia institucional, donde el compromiso político vía Internet ofrece expresiones atomizadas de activismo social que se mueven dentro y fuera de foco, reflejando un movimiento hacia la forma de la protesta política más que hacia la realización de un proyecto político. Estas formas de protesta en línea y movilización tienen un apelo importante para nosotros, aunque hay signos de que otras formas de política radical orientadas a proyectos e impulsadas por demandas están emergiendo (ver capítulo 6). Los medios digitales e Internet en particular han expandido dramáticamente el espacio comunicativo disponible para la política radical, para organizar y para hacer campañas. Pero, tener una voz en un espacio que es ocupado por muchos millones de otras voces no garantiza ser oído. Particularmente si faltan los recursos y se lucha por acompañar la tiranía de la nueva tecnología que demanda estar siempre conectado y contribuyendo constantemente al flujo de material en una variedad de plataformas que maximizará el potencial de crear redes y posiblemente pueda empujarlas hacia el tope de la lista de búsqueda. Y, si bien se logra ser audible sobre el eterno zumbido de los múltiples murmullos digitales, no hay, por supuesto, garantías de que se será realmente escuchado y se logrará la respuesta que se esperaba.

La tecnología está empapada, desde su concepción hasta su realización y su práctica, en el contexto económico y político del que es parte. Está enredada en los sistemas de poder dentro de los que existe –como sostiene Feenberg (1995, 2002)–, la tecnología y el capitalismo se han desarrollado juntos. Asimismo, las prácticas de los nuevos medios *pueden* ser liberadores para el usuario pero no necesariamente democratizadoras para la sociedad. Cualquier argumento en favor del rol liberador de las nuevas tecnologías y el realce de la política radical necesita ser evaluado en el contexto más amplio de la creciente securitizacion del ciberespacio, que tiene implicaciones potencialmente serias para las libertades básicas (Morozov, 2012). La política radical es, por supuesto, más que la comunicación, más que la participación en la comunicación y más que la protesta: se refiere a la transformación social política y económica.

Al intentar comprender la diversidad y horizontalidad de la política radical en la era digital, también debemos estar preparados para hacer un balance de la política representativa –¿cómo puede un individuo representar igualmente a una multiplicidad de visiones diferentes? (Fenton, 2011)–, una vez que nos hacemos esta pregunta también somos enfrentados a la interrogación sobre las presuposiciones incorporadas dentro de la noción de democracia liberal. Si se considera que la democracia liberal está fallando en lugares cruciales debido a la inhabilidad de algunos representantes electos para dar cuenta de las decisiones de muchos, entonces no debería sorprendernos que emerja una política radical que busca cuestionar estas presuposiciones. La interrogación de los principios democráticos liberales sobre los cuales se basa la noción de la esfera pública es el tema de los dos capítulos siguientes.

3. Medios digitales, política radical y esferas contrapúblicas

Cualquier discusión sobre el papel de los medios en el potenciamiento de la democracia y la participación política frecuentemente recae en el concepto de esfera pública de Habermas (1989). Esto es comprensible pues se trata de uno de los pocos marcos teóricos prominentes que relacionan los medios y sus prácticas directamente con el ejercicio de la democracia. Este marco conceptual se ha incrementado en años recientes (Lunt y Livingstone, 2013), particularmente con el hecho de que Internet se presta a las discusiones sobre si el espacio disponible en línea para el uso masivo podría constituir una esfera pública propiamente dicha o no –un espacio donde pueden ventilarse todos los debates y pueden discutirse todos los temas de manera deliberativa y racional–. El beneficio democrático de una esfera pública ideal habermasiana reside en alcanzar una interpretación basada en una visión de consenso en el proceso deliberativo al que luego responden los hacedores de políticas a través de formas de gobierno. Por supuesto, las democracias efectivamente existentes no alcanzan ese ideal, con sociedades caracterizadas más por la desafección política (Streeck, 2014) que por una ciudadanía satisfecha con su comprensión de todos los temas sobre los que votan y que, cuando votan, sientan que sus posiciones son consideradas por los representantes electos. Como sostiene Raymond Williams en *Democracia y parlamento*, nos encontramos enfrentados con demasiada frecuencia con "la coexistencia de una representación y participación política y un sistema económico que no admite tales derechos, procedimientos o reclamos" (1982:19).

Más aún, cuando el crecimiento de las movilizaciones populares parece ganar mucha influencia (como se discute en el capítulo 2), los argumentos a favor de la legitimidad de los sistemas electorales establecidos frecuentemente han apostado por la reforma y la democracia burguesa como forma de temperar el hambre revolucionario. El peligro es que, entonces, mediante el constante recurso al marco democrático liberal, en la democracia parlamentaria y en otras formas de democracia donde la representación y el gobierno se encuentran entremezcladas, y donde la participación pública es mínima, no somos capaces de percibir hasta qué punto las estructuras contemporáneas de la democracia pueden haberse tornado parte del problema, debilitando de esta manera la capacidad crítica de la teoría de la esfera pública. La cita de Williams reproducida más arriba alude a la manera en que las formas contemporáneas de la democracia se desvinculan frecuentemente de la economía –la democracia liberal depende del "voto" más que de la distribución equitativa de los recursos económicos y sociales, lo que representa una de las razones para la falta de compromiso de los ciudadanos–. Crouch ha denominado acertadamente nuestra decadencia democrática actual como un proceso continuo de disolución hacia una "posdemocracia", un estado en que las "formas de la democracia permanecen en su lugar", pero sin embargo "la política y el gobierno pasan a ser controlados por las élites privilegiadas de una manera que era característica de los tiempos predemocráticos" (2004:6). ¿Son las interpretaciones de la teoría de la esfera pública capturadas entonces por un marco democrático liberal hasta el punto en que no pueden imaginar un mundo más allá de las formas y estructura de la democracia liberal? ¿Puede una política radical contemporánea que evita la funcionalidad del sistema democrático liberal ser entendida a través de una lente habermasiana que parte desde una posición normativa en la que la democracia liberal es el objetivo último? El resto de este capítulo se dedica a estos problemas.

La democracia liberal desmontada

En una entrevista del año 2006, Stewart Hall articulaba la experiencia sentida en una democracia fallida debido a la falta de comunidad política y la manera en que lo social ha sido transpuesto en individual y la sociedad en mercado:

> Por primera vez me siento como un dinosaurio. No respecto a las cosas particulares o a los programas particulares en los que creo. Pero ha habido un cambio. Los puntos de referencia que organizaban mi mundo político y mis esperanzas políticas ya no están. La idea misma de "lo social" y de "lo público" ha sido liquidada específicamente por el Nuevo Laborismo. Pero lo que torna todo más complicado es que hay muchas referencias en el Nuevo Laborismo para construir una comunidad. Han comprado el lenguaje y lo han vaciado. La política progresista está en su boca todos los días. La comunidad está en su boca todos los días. La reforma ha sido absorbida por ellos y reutilizada en una forma muy diferente. Es esa transformación de todos los términos clave, esa movida lingüística que el nuevo laborismo ha realizado y que presenta a cualquiera que intente realizar una aproximación crítica con un tremendo problema. ¿Qué términos se pueden utilizar para hablar sobre nuestras objeciones? (...) Por supuesto

que hay sitios web de resistencia, pero no veo cómo pueden cuestionarse en un programa político, como filosofía o incluso como una declaración (…) No veo a nadie que piense que podrían intentar articular tal declaración (...) No estoy tan desilusionado como para pensar que es el fin de la historia. Pero sí pienso que lo que Gramsci llamaría el "equilibrio de las fuerzas sociales" está poderosamente contra la esperanza (citado en Taylor, 2006).

La tesis a la que apunta Hall es compleja, y se refiere a la privatización la desregulación y la individualización – algunos de los hechos distintivos del neoliberalismo–. Es un debate en el que resuena el pesimismo de algunos de los trabajos de la escuela de Frankfurt al tratar de comprender el surgimiento de las comunicaciones y de la cultura masiva dentro del capitalismo y su impacto en la práctica democrática (por ejemplo Adorno y Horkheimer 1973). A este pesimismo intentaba oponerse Habermas inicialmente al sostener que la expansión masiva de la cultura impresa, y particularmente de la prensa, podía traer un incremento de la autonomía ciudadana y de la deliberación, y así mayor compromiso político con, y participación en la esfera pública política. El núcleo del pesimismo de Hall en la cita indica lo opuesto –que el modo de la comunicación política mediada contemporánea contribuye a disipar la alienación de los ciudadanos de la política–. Se trata de un argumento que Habermas ha adoptado crecientemente (1992, 2006) en respuesta al desarrollo de la prensa dentro del capitalismo como sostén y base de las relaciones políticas establecidas, relacionando sus trabajos anteriores sobre la esfera pública a las condiciones contemporáneas del capitalismo tardío en las que

La intrusión de los imperativos funcionales de la economía de mercado dentro de la lógica interna de la producción y presentación de mensajes que lleva a… que [t]emas del discurso político sean asimilados y absorbidos por los modos y contenidos del entretenimiento. Además de la personalización, la dramatización de eventos, la simplificación de asuntos complejos, y la polarización vívida de conflictos, promueven el privatismo cívico y un ánimo antipolítico (Habermas, 2006:27).

Esta es ahora una cantinela común en la comunicación política, que la comunicación ha pasado estar distorsionada por el dominio de las fuerzas del mercado en el cual el análisis es subsumido en el entretenimiento, y en el cual el lenguaje del compromiso político de los ciudadanos ha sido eliminado del discurso contemporáneo. Este debate generalmente comienza con la naturaleza misma de la democracia. Dentro de las democracias liberales, el poder se gana al ganar las elecciones. Ganar las elecciones requiere persuasión, lo que significa dedicarse al gerenciamiento de imagen en beneficio de los actores políticos de la elite. Los medios, hambrientos de nuevos forrajes, acceden cotidianamente y privilegian las definiciones de la realidad de la élite, y se afirma que sirven a los intereses hegemónicos dominantes, legitiman la desigualdad social, e impiden la democracia participativa.

Hay muchos otros factores que contribuyen a esta enfermedad política. Cottle (2003) sostiene que los noticiarios de televisión comercial son primariamente una empresa de mercancías dirigida por gerentes orientados al mercado, que colocan el objetivo de superar a la competencia por sobre la responsabilidad periodística y la integridad. Son acusados de ser parte del negocio del entretenimiento, intentando atraer a sus audiencias más por razones comerciales que periodísticas, dejando de lado los valores del periodismo profesional para permitirse la presentación de espectáculos gratuitos e imágenes que crean superficialidad mientras trafican con trivialidades y comercian con un emocionalismo cuestionable. En otras palabras, los noticiarios establecidos han socavado sistemáticamente el acuerdo crucial que se supone que opera entre la democracia y sus ciudadanos. Se afirma que esto ha contribuido forzosamente a nuestro desencantamiento político.

Esta línea argumentativa ha encontrado más materiales en un mundo en línea, donde los medios de noticias, y la prensa en particular, tienen que llenar más espacio (en línea y *offline*) con muchos menos periodistas, lo que lleva a una forma de "periodismo de estereotipos" (Davis, 2008) caracterizado por el cortar y pegar, una práctica administrativa periodística que conduce a noticias más rápidas y más superficiales, y en el límite, a un mayor deterioro de la esfera pública (Fenton, 2010; Lee-Wright *et al.* 2011). Las nuevas tecnologías y la lucha de la industria de la prensa para encontrar un nuevo modelo de negocios adecuado para la era de Internet, donde se espera generalmente que el contenido sea gratuito y la publicidad es menos lucrativa, proporcionan un espacio donde las perspectivas del fortalecimiento de la esfera pública mediante la tecnología han sido analizadas y se han encontrado deficientes (Phillips, 2014).

Sin embargo, tales perspectivas críticas generalmente son precedidas por el optimismo y el entusiasmo frívolo cada vez que una nueva tecnología entra en el dominio público, y la posibilidad de hacerse con esa tecnología para beneficio de la política progresista es anunciada como una nueva oportunidad para reclamar una esfera pública nuevamente vigorizada. De esta manera, se dice que los medios digitales provocan una revitalización de la esfera pública proporcionando nuevos canales de comunicación entre ciudadanos e instituciones del gobierno.[1]

---

[1] Para una gama de ensayos clave en esta área, véase William Dutton (ed.) (2013) *Politics and the Internet: critical concepts in political science* (Londres, Routledge).

En tales instancias, como sucediera con la introducción de la radio y luego la televisión (Curran *et al.*, 2012, 2016), la reorganización de los espacios de mediación política nos fuerzan a reconceptualizar nuestra concepción de qué es lo político y lo público político en términos contemporáneos. En un contexto de disminución de la participación electoral en las elecciones nacionales (Sloam, 2014), aumento de la protesta política (Norris, 2002), satisfacción política disminuida (Hansard Society, 2013; van Deth, 2011), Internet sigue el camino bien conocido de las nuevas tecnologías que han pasado antes de ella como la esperanza y los sueños de nuevas oportunidades para la participación política a través de la apertura de nuevos espacios interactivos y deliberativos. De hecho, el sentido de optimismo con el que Internet ha sido imbuido es muchas veces tan extremo que ofrece trascender de alguna manera la política de mercado y la lógica del capitalismo tardío.[2] En este sentido, se sostiene que los nuevos medios digitales han reinventado el activismo transnacional y prometen el renacimiento de una política radical global y participativa (ver capítulo 2). Internet, con su forma interconectada, aditiva, interactiva y policéntrica, puede albergar formas radicalmente diferentes de práctica política de diferentes lugares y diferentes tiempos, ofreciendo un nuevo tipo de compromiso político y posibilidades para el realineamiento político transnacional en una esfera pública masivamente expandida.

Este capítulo se ocupa de algunos de estos problemas en relación a las interpretaciones reductivistas de la teoría de la esfera pública y aquellas partes de la sociedad civil pobladas por la política radical y por los nuevos movimientos sociales. Toma como punto de partida la centralidad de nociones clave dentro de la teoría de la esfera pública que, sostengo, se han vuelto crecientemente problemáticas para la supervivencia y florecimiento de cualquier concepción de política radical, particularmente si son extraídas de la teoría habermasiana y aplicadas aisladamente.

Muchas de estas problemáticas se relacionan con la interpretación del pluralismo de la información, ligado (aunque raramente se explique cómo) a la deliberación aumentada que luego se transforma en una mejor democracia (Shane, 2004. Tapscot y Williams, 2008). Esta asociación del pluralismo con la competencia comunicativa y la libertad comunicativa, que proporcionará, según se dice, beneficios políticos sin dificultades, frecuentemente no logra dar cuenta de los muchos actores que todavía y cada vez más delimitan, restringen y socavan las esferas públicas en una era digital: la vigilancia y el *malware* (ver capítulo 2), la censura y el bloqueo, la explotación corporativa y el dominio (ver capítulo 5).

---

[2] Para una crítica de esta perspectiva, véase capítulo 1 en: Curran, Fenton y Freedman, 2012 y 2016.

Más aún, el argumento de que una esfera pluralista puede engendrar formas de política radical precisamente porque es capaz de abarcar la diferencia y la diversidad, de diseminar redes que cruzan fronteras geográficas y resisten las narrativas universalizantes, niega las historias políticas profundas y los contextos socioeconómicos. Una aproximación que sostiene que todo lo que la democracia requiere para funcionar mejor es un ámbito comunicativo abierto, efectivamente niega las historias sociales y políticas de las cuales ciertas políticas han surgido, junto con el contexto social político y económico actual en el que existen, y nos lleva, en cambio, a calles tecnocráticas sin salida como soluciones para todas las enfermedades sociales y políticas –una Internet mejor y más rápida; más libertad de comunicación alcanzable a través de la tecnología; un incremento de la educación mediática y, en un abrir y cerrar de ojos, mejor democracia–. Una esfera pública pluralista como la solución para los problemas políticos cubre surcos más profundos, como la política de austeridad en juego desde la crisis financiera global de 2008, una crisis donde:

> se espera que aquellos que se encuentran en la base paguen desproporcionadamente por un problema creado por aquellos que se encuentran en la cumbre. Y, cuando aquellos que se encuentran en la cumbre evitan activamente cualquier responsabilidad por el problema culpando al estado por sus errores, no solo apretar a la base no producirá suficientes retornos para arreglar las cosas, sino que producirá una sociedad inclusive más polarizada y politizada en la cual son socavadas las condiciones para una política sustentable para dar cuenta de mayores deudas y menor crecimiento. El populismo, el nacionalismo y las demandas por el retorno de "Dios y el oro" en igual dosis son el resultado de una austeridad desigual de la que nadie, ni siquiera aquellos en la cumbre, pueden beneficiarse (Blyth, 2013:17-18).

Si tomamos seriamente el argumento de Blyth, entonces la deliberación está bajo sitio no simplemente desde una esfera pública empobrecida, sino también desde una política de austeridad particular diseñada para tratar con lo que Streeck (2011) llama "las contradicciones fundamentales de la democracia capitalista de posguerra", en donde se requiere estructuralmente que los estados equilibren las necesidades de dos soberanos –"'su pueblo' por debajo y los 'mercados' internacionales arriba"–. Este equilibrio se ha tornado drásticamente desigual en una dirección llevando a que "la dialéctica de la democracia y el capitalismo (...) se desarrolla a una velocidad abrumadora". Entonces, cualquier discusión sobre las posibilidades de la tecnología debe ser situada dentro de la economía política a la que pertenece. Ciertamente, en Europa las políticas de austeridad desde 2008 se han transformado en programas de rescate económico, con condiciones impuestas externamente, diseñadas para restaurar y asegurar la confianza de los inversores a través de un papel estatal minimizado constantemente, llevando a Streeck a afirmar que "hoy más que nunca, el poder económico parece haberse vuelto poder político, mientras que los ciudadanos parecen estar casi completamente despojados de sus defensas democráticas y sus capacidades para imprimir sus intereses y demandas sobre los intereses de la economía política, pues son inconmensurables con aquellos de los dueños del capital" (2011:29).[3]

Lejos de Internet y su gloriosa abundancia de información, que ofrece crear una esfera pública siempre aumentada, vemos la capacidad despreciativa de los mercados financieros para dictar las políticas sociales y económicas y, a través de una serie de tecnologías performativas e instituciones mediáticas, disciplinar a los gobiernos nacionales (con Grecia como el mejor ejemplo –ver capítulo 6–), que ha sido en parte responsable por las formas de vaciamiento y transformación de significados a las que se refiere Hall. Pero, no solo debemos preocuparnos por los tentáculos del mercado capitalista; también debemos ocuparnos por la naturaleza y estructura de los ecosistemas políticos que contribuyen al desencanto y la enajenación política. Eso no quiere decir que el vaciamiento sea total. Lejos de eso, las esferas contrapúblicas llevan adelante luchas constantes sobre el significado, experimentan con, y ensayan formas de recuperación democrática. Es desde estas simientes que la esperanza florece eternamente.

La política del pluralismo se relaciona estrechamente con la importancia de las esferas contrapúblicas y con la necesidad de comprender la política de la multitud. Los nuevos movimientos sociales de la última década y media, más recientemente según el formato de Occupy, han sido marcados por compromisos de deliberación y trazan el mapa hacia la trayectoria clave de renovación de la teoría de la esfera pública, que demanda fundamentar la "democracia deliberativa en una teoría crítica fuerte de la acción comunicativa y [realzar] a la sociedad civil oposicional y a las esferas públicas como fuentes de crítica y renovación democrática" (Dryzek, 2000:3). Pero, aquellos movimientos similares a Occupy también han llamado la atención de la crítica a la relación entre la acción comunicativa y el proceso democrático más amplio, buscando descubrir, en sus propias deliberaciones, una forma mejor de democracia que sea horizontal más que vertical, inclusiva, y responsable. Una política de la multitud pone más profundamente de relieve la deficiencia de una política (neo)liberal que se complace en

---

[3] Para una elaboración más profunda de este argumento, véase Fenton y Titley (2015).
Estoy en deuda con Gavan Titley por su significativo aporte a mis pensamientos en estos temas y el debate de este capítulo.

una mitología del pluralismo ciego a las relaciones de poder y las distorsiones de los intereses privados. Cuando esta forma de pluralismo no logra cumplir las promesas del liberalismo, no debería sorprendernos que la desafección política sea el resultado. Si la democracia liberal es capturada por la interpretación neoliberal, entonces seguramente sea tiempo de reconsiderar el mérito de las teorías que dependen de ella.

Concentrándonos en Habermas: movilización política y esferas contrapúblicas

La discusión de Habermas sobre la esfera pública es frecuentemente invocada en la comunicación política como un horizonte ético, algo que ha sido perdido y debería ser recuperado. Se ha sostenido que las esferas públicas que Habermas había concebido operando principalmente dentro de los confines del estado-nación, habían reemplazado al feudalismo, que se basaba en la jerarquía, a través del debate racional que puede crear una comprensión deliberativa. Uno de los aspectos claves de la comprensión habermasiana de la democracia es el derecho de los ciudadanos para involucrarse libremente en el debate y llegar a su propia interpretación racional y crítica. La extensión de este acto de deliberación en una democracia es que las perspectivas de los ciudadanos son tomadas en cuenta en el gobierno político. El principio es que la participación en el debate público lleva a la deliberación por parte de la ciudadanía, que puede impactar sobre la toma de decisiones políticas. Habermas describe los cambios estructurales en la sociedad que llevaron al desarrollo de la esfera pública, pero, en sus primeras publicaciones, menosprecia el rol jugado por los movimientos sociales, la acción colectiva, y el conflicto político en el cambio del terreno del debate político y la política social (Fenton y Downey, 2003; Yla-Anttila, 2006), además ha sido criticado por la falta de atención a las relaciones de poder en el género, la clase y las estructuras de raza (Downey y Fenton, 2007; Mouffe, 2005).

Otros análisis del concepto de la esfera pública resaltan la relación competitiva entre la esfera pública dominante (o común), generalmente interpretada como los medios masivos, y las esferas contrapúblicas (las esferas de la reivindicación), vistas hoy en día como sinónimos de los medios alternativos o la contrapublicidad que existe fuera de los medios establecidos (ver Dahlberg y Siapera, 2007). Mientras que la esfera pública dominante y los ámbitos reivindicativos pueden existir uno junto a otro en un sistema liberal y contribuir a la resolución de intereses contrapuestos, la contrapublicidad debería ser pensada como un desafío a la legitimidad de la esfera pública dominante, pues presenta una manera alternativa de ordenar la sociedad, como se reconoce en el trabajo de Negt y Kluge (1972). Parte de esta contrapublicidad está en el acto propio de resistencia. A través de boicots, peticiones y manifestaciones, los problemas políticos pueden ser empujados a la agenda pública:

> La formación de esferas públicas en el nivel nacional ha requerido la formación de movimientos sociales nacionales, con su repertorio de acciones colectivas, redes asociativas, y marcos culturales de problemas políticos (...) la acción colectiva puede entonces ser vista como la continuación del debate por otros medios. Boicots, peticiones, manifestaciones y otros medios de acción colectiva coordinadas a nivel nacional desarrolladas en tándem con las instituciones y normas del debate público (Yla-Anttila, 2006:425).

Habermas sigue una línea similar de pensamiento en *Entre hechos y normas* (1996). Aquí adapta su marco conceptual para concluir que las esferas contrapúblicas pueden adquirir influencia en la esfera pública de los medios masivos bajo ciertas condiciones –a saber, periodos de crisis: "en periodos de movilización las estructuras que realmente sostienen la autoridad de un público críticamente comprometido comienzan a vibrar. El equilibrio de poder entre la sociedad civil y el sistema político entonces cambia" (1996:379)–. En estas circunstancias, Habermas acepta que las esferas contrapúblicas pueden proporcionar fuentes vitales de información y experiencia que son contrarias, o por lo menos adicionales, a la esfera pública dominante, profundizando la construcción de la sociedad civil y así ofreciendo un impulso vital a la democracia (Fenton y Downey, 2003). Pero, existe una brecha sustantiva entre alimentar el impulso democrático y establecer cambios en la cultura política.

En su reseña de trabajos sobre la esfera pública, Lunt y Livingstone (2013) examinan el impacto de las críticas arriba citadas, enfatizando en primer lugar la sincronización de la traducción del libro de Habermas al inglés, que coincidió con la retracción normativa en la importancia de las instituciones de medios públicos bajo las condiciones del ataque Thatcherita (Garnham, 1992), y luego con la incipiente influencia de las ideas foucaultianas sobre los dispersos y múltiples efectos y consecuencias del poder. Sostienen que "su análisis de los medios ciertamente se adecuaba mejor en el contexto de las reconstrucciones sociales de posguerra y de la política de la Guerra Fría en América y Europa que a los complejos escenarios multimedia que ahora habitamos" (Lunt y Livingstone, 2013:90). Esto puede ilustrarse retornando al papel de las instituciones mediáticas en la esfera pública de Habermas. En su formulación, las acciones mediáticas hacen circular la información y son por lo tanto un insumo vital para la esfera pública. Medios más libres y más plurales llevan a una mejor democracia. Habermas muestra cómo la propagación geográfica del comercio resultó en una circulación de la información a través de boletines que evolucionaron hacia la prensa política discutida en los cafés de la burguesía. Lo que no considera es el papel jugado por el conflicto político y la acción colectiva en el desarrollo de las instituciones mediáticas –en otras palabras, cómo la práctica democrática promueve el pluralismo desde las bases–. Como señala Yla-Anttila (2006), antes de la Revolución Francesa de 1789 había 184 periódicos publicados. Un año más tarde, el número había crecido a 335. Las revoluciones que recorrieron Europa en 1848 también llevaron a un crecimiento de la prensa a través del continente (Tarrow, 1994). No es irracional sugerir que, donde existe conflicto político, los medios de circulación de la información siempre serán un objetivo primario – esto era evidente en el ahora infame caso del Ejército Zapatista de Liberación Nacional (EZLN) en México en la década de 1990 y el uso de Internet para diseminar información y construir solidaridad a nivel internacional (ver capítulo 5)–. Muchos de los nuevos movimientos transnacionales se inspiraron en los zapatistas, que a su vez inspiraron las demostraciones de 1999 contra la Organización Mundial del Comercio en Seattle, que por su parte llevaron al desarrollo de la red Indymedia en todo el mundo (ver capítulo 2). El movimiento Occupy utilizó las redes sociales como Twitter y YouTube junto con una serie de sitios *web* para organizar y documentar sus actividades, como lo hizo el movimiento 15M en España (ver capítulo 6).

La contrapublicidad muchas veces emerge de las luchas políticas más que lo contrario, haciendo que el papel de las esferas contrapúblicas sea bastante diferente del papel que juegan las esferas públicas dominantes. Estas últimas, generalmente caracterizadas como medios tradicionales de una forma u otra, pueden informar sobre conflictos y problemas sociales y, con suerte, incluyen una serie de voces en el proceso, pero en última instancia son parte de un sistema conectado estrechamente con los sistemas políticos de los cuales emergen y las élites institucionales que los dominan. En consecuencia, en circunstancias normales, la esfera pública dominante es más proclive a sostener (aunque no siempre lo haga) el *estatus quo*, o sus elementos clave, más que a socavarlo. Los medios masivos, entonces, pueden no ser el lugar para buscar mayor pluralismo. De hecho, esta es una de las razones por las cuales Internet, en tanto espacio abierto, accesible a fuentes y producciones no tradicionales, ha sido causa de tanto optimismo en relación a la proliferación de la contrapublicidad. Pero, esas perspectivas también apuntan a otras advertencias de salud.

Los límites del pluralismo y los problemas con el liberalismo

Como discutimos en el capítulo 2 en el tema de la diversidad y horizontalidad, las teorizaciones de las redes de medios y los nuevos movimientos sociales muchas veces pivotean sobre nociones de pluralismo (tanto la forma como los contenidos de los medios) donde nuevos (contra)públicos son materializados a través de nuevas esferas públicas mediadas pluralmente, que llevan a mayor participación y, por lo tanto, a una mejor democracia. Teóricos como Castells (2009) y Benkler (2006), por ejemplo, proponen diferentes versiones de una proposición en última instancia similar, según la cual la promesa de pluralismo que Internet presenta se destaca como el medio para la libertad comunicativa y democrática. En el análisis de Benkler (2006), Internet tiene el potencial para cambiar radicalmente la práctica de la democracia debido a sus atributos participativos e interactivos, que engendran una esfera pública más pluralista y mayor compromiso cívico. Se sostiene que la mayor capacidad de acceder a Internet y de producir y diseminar contenidos mediáticos dentro de redes que se expanden y se extienden, transforma las relaciones entre los productores y la audiencia y permite a todos los ciudadanos alterar su relación con la esfera pública, transformarse en creadores y en sujetos primarios comprometidos en la producción social. En otras palabras, los ciudadanos ganan libertad comunicativa, y cuanto más ganan, más se expande la esfera pública. En palabras de Benkler, "los elevados costos de capital que eran prerrequisito para reunir, trabajar y comunicar información, conocimiento y cultura, han sido ahora extensamente distribuidos en la sociedad (...) de modo que (...) Tenemos la oportunidad de cambiar la manera en que creamos e intercambiamos información, conocimiento y cultura" (2006: 473). Se sostiene que la consecuencia de esta sociabilidad interconectada siempre en expansión representa un incremento de la democratización donde el flujo de información y posibilidades de participación expanden radicalmente el acceso al poder de los medios e incrementan el pluralismo de la información, lo cual, por su parte, es la base del pluralismo político y el medio para la libertad comunicativa.

De manera similar, Castells sostiene que los movimientos sociales que se involucran en la política oposicional –"el proceso que tiene por objetivo el cambio político (el cambio institucional) en discontinuidad con la lógica integrada en las instituciones políticas" (2009: 300)– ahora pueden ingresar en el espacio público desde fuentes y posiciones múltiples, elevando la posibilidad de un cambio político social sustantivo: "¿será posible que la transformación tecnológica y organizacional de la sociedad interconectada proporcione el material y la base cultural para que la utopía anarquista de un auto gerenciamiento interconectado *se transforme en una práctica social*?" (Ibíd: 346, énfasis en el original). En el argumento de Castells, la multiplicidad de escenarios para la intervención y la creatividad que provienen de una miríada de nodos sociales, se combinan para crear una nueva contrafuerza simbólica que puede transformar la práctica social. Al utilizar tanto las redes horizontales de comunicación como los medios dominantes para transmitir sus imágenes y sus mensajes, los movimientos sociales aumentan sus chances de alcanzar el cambio social y político –"inclusive si comienzan desde una posición subordinada en el poder institucional, los recursos financieros o la legitimidad simbólica" (ibíd., 302)–. Una vez más, pluralismo y libertad comunicativa trabajan en tándem y en círculos expansivos: mientras más libertad se posee, más pluralidad se produce. A mayor pluralidad, mayor libertad.

Así, aunque Castells reconoce que la pluralidad aparentemente sin límites que ofrece Internet es limitada, contrarrestada, y desafiada por otros factores políticos y socioeconómicos, en última instancia sostiene que el poder para superar estos desafíos se ve significativamente incrementado. Pero, es difícil ver de qué manera la naturaleza cambiante pero resistente de las "divisiones digitales", no solo en términos de acceso a Internet entre el norte global y el sur, sino también en términos de disparidades dentro de las naciones, entre la clase media bien educada, capaz de dirigir y contribuir al debate público y aquellos que constantemente luchan por ser oídos o que están por completo ausentes el discurso público (Hindman, 2008; Tyler, 2013), marcan un balance tan positivo. Los nuevos paradigmas del pluralismo solo pueden ser evaluados cuando se integran en una evaluación de las formas intersectadas de las desigualdades sociales, políticas y económicas, el desarrollo del capitalismo, y las consecuencias dramáticas de todas estas dimensiones para los sistemas democráticos representativos (ver Dorling, 2011).

La conjunción del pluralismo con la libertad amenaza saltarse las complejidades del crecimiento del capitalismo y el aumento de las desigualdades y las consecuencias de ambos para la ciudadanía política. Streeck (2014:40) sostiene que

Solo en el mundo de la Guerra Fría el capitalismo y la democracia parecen haberse alineado uno con otro, en la medida en que el progreso económico posibilitó que las mayorías de clase trabajadora aceptaran el libre mercado, el régimen de la propiedad privada, haciendo así parecer que la libertad democrática era inseparable de, y de hecho dependía de, la libertad de los mercados y el lucro.

Ahora bien, la relación entre la democracia y el libre mercado se ve cuestionada, en la medida en que las personas son cada vez más escépticas acerca de las posibilidades de la política para cambiar sus vidas frente a los escándalos políticos, la corrupción, y la incompetencia de una élite política cada vez más alienada. Estos factores, junto con brechas crecientes no solo en la riqueza sino también en la participación política, contribuyen a disminuir la participación electoral, y aumentan la volatilidad de los votantes.

La disminución de la participación electoral es una tendencia generalizada en todos los estados europeos (Mair, 2006). Como señalan Schäfer y Streeck (2013), la participación electoral ha disminuido aún más durante la crisis de la eurozona, y particularmente entre los excluidos socioeconómicos. En el Reino Unido, por ejemplo, pasó de una diferencia del 4 por ciento de participación entre los asalariados de mayores y menores ingresos en la elección general de 1987, a una diferencia del 23 por ciento en 2010; la brecha de participación entre los votantes jóvenes y mayores se extendió aún más, con una diferencia del 32 por ciento de participación entre aquellos mayores de 65 y los menores de 24. Cuando esto se combina con la comparación entre los hábitos electorales de los mayores ricos con los jóvenes pobres, los resultados se tornan lo que Lodge, Gottfried y Birch (2013) llaman "tóxicos". Solo un tercio de aquellos menores de 35 años que ganan 10.000 libras o menos tuvieron a bien votar en 2010[4] comparados con casi el 80 por ciento de aquellos con más de 55 años que ganan 40.000 libras o más.

Añádase esto al dato duro de que el resultado de la elección del año 2010 en el Reino Unido fue decidida por solo el 1.6 por ciento del electorado (Lodge y Gottfried, 2011), y en 2015 un gobierno de mayoría conservadora fue elegido para el parlamento con menos del 37 por ciento de los votantes y con el apoyo del 24 por ciento del electorado (Garland y Terry, 2015), y el pluralismo conferido por la libertad comunicativa en oferta en la era digital y el pluralismo materializado en el proceso democrático representativo divergieron profundamente. El contraargumento de que los jóvenes no están menos interesados en política sino que, antes bien, han rechazado los sistemas electorales tradicionales en favor de una política de protesta no burocratizada y descentrada que responde mejor a sus preocupaciones y a su experiencia de una sociedad interconectada, ciertamente ha vengado (Loader, 2007). Un estudio de 2013 sostenía que el 66 por ciento de los profesores que participaron de la encuesta pensaban que los jóvenes de 16 y

---

[4] Cuando escribo, el análisis de los resultados de la elección 2015 no estaba disponible. Lo que sí sabemos es que la participación electoral en el Reino Unido subió un 1 por ciento, alcanzando el 66.1 por ciento de la población, aunque esto fue ampliamente influenciado por la movilización del voto escocés luego del referéndum por la independencia escocesa.

17 años estaban más comprometidos con cuestiones sociales que las generaciones pasadas (Birdwell y Bani, 2014). Sin embargo, no podemos ignorar las realidades materiales de la pobreza y la desigualdad que agobian a los sujetos imaginados de la libertad comunicacional. Es difícil involucrarse por completo con las posibilidades deliberativas de Internet cuando se está hambriento o sin techo (ver Fenton y Titley, 2015). De manera similar, algunos estudios (por. ej., Blank y Groselj, 2015) muestran ahora que las variadas formas de la participación política en línea tienen un correlato casi exacto con los indicadores de clase social y nivel educativo. En otras palabras, aunque la mitad del mundo puede estar ahora en línea, aquellos que utilizan Internet con fines políticos son en buena medida parte de la clase media bien educada.

En los estados Unidos, un análisis de Hacker y Pierson (2010) revela que el crecimiento masivo de la desigualdad es un resultado de los cambios de política relacionados en buena medida al régimen tributario, que apoya a los muy ricos, a políticas comerciales y reglamentos de negocios que apuntalan el mercado y el debilitamiento de los gremios. Reportan el impresionante cambio en la política tributaria en beneficio de los más ricos de la sociedad, donde los millonarios pagaban el 43.1 por ciento del impuesto a las ganancias en 1961 y solo el 23.1 por ciento en 2011. Los impuestos de las corporaciones cayeron del 47.4 por ciento de las ganancias en 1961 a un 11.1 por ciento en 2011. Stiglitz (2015) señala que el salario promedio de aquellos varones que no terminaron el secundario ha declinado en un 12 por ciento en los últimos 25 años, mientras que la paga de los altos ejecutivos se ha incrementado entre 30 y 300 veces más que la del trabajador. En el Reino Unido, Dorling (2014) reflexiona sobre cómo los impuestos han caído desde la década de 1980 mientras que la desigualdad se ha disparado. Trágicamente, Stiglitz (2015) también relata de qué manera los pronósticos económicos y de empleo de los mejores estudiantes de las familias pobres de Estados Unidos son ahora peores que los de los peores estudiantes de las familias del cuartil más alto. Sin que pueda sorprendernos, las investigaciones (Bartels, 2008) muestran que los pobres no tienen influencia sobre las políticas y los políticos, y que votan menos (McChesney, 2012). La participación electoral se eleva con los ingresos simplemente porque es más probable que se escuche a los más ricos.

Sí, como sostiene Streeck (2014), la legitimidad de la democracia de posguerra se basaba en la premisa de que los estados podían regular los mercados en interés del público para evitar sus peores excesos, entonces los incrementos masivos de la desigualdad han arrojado dudas sobre ella, como lo ha hecho la incapacidad de los gobiernos para prevenir crisis financieras futuras o para encontrar alternativas económicas sustentables al colapso financiero de 2008. Mientras tanto, la transformación de la economía política capitalista desde el keynesianismo de posguerra al hayekianismo liberal ha progresado sin problemas: desde una fórmula política para el crecimiento económico a través de la redistribución desde arriba hacia abajo, a otra que espera el crecimiento a través de la redistribución desde abajo hacia arriba. La democracia igualitaria, concebida desde el keynesianismo como económicamente productiva, se considera un obstáculo para la eficiencia desde el hayekianismo contemporáneo, donde el crecimiento debe derivar del aislamiento de los mercados –y de la ventaja acumulativa que supone– contra las distorsiones de la política redistributiva (Streeck, 2014:40).

La des-democratización del capitalismo europeo se afianza aún más a través del debilitamiento de la membresía gremial y el aumento de poder de las agencias supranacionales como la Comisión Europea y El Banco Central Europeo sobre las políticas económicas nacionales como presupuestos y salarios.

Se sigue de esto que aquellos que buscan ejemplificar la extensión de la esfera pública a través de los medios y las formas de comunicación también deben, si la aspiración normativa que le subyace es democrática, dar cuenta del asalto político y económico concentrado y deliberado sobre las instituciones y los activos del ámbito público. Por ejemplo, la actual y primera revisión presupuestaria del gobierno del Reino Unido en 2010 produjo para los votantes promedio una pérdida del 12 por ciento –1.850 libras–, mientras que los no votantes promedio perdieron un 20 por ciento, o, 2.135 libras (Lodge, Gottfried y Birch, 2013). En un movimiento brutal que eliminó las perspectivas educacionales de los jóvenes desfavorecidos, los subsidios de manutención de la educación fueron eliminados y apoyos como el fondo de la infancia, las asignaciones por hijo, los créditos impositivos, y el transporte económico para los jóvenes fueron reducidos. Mientras tanto, a través de la reintroducción de las tasas de matrícula, se apiló un promedio de 40.000 libras sobre las espaldas de los estudiantes erosionando aún más el pluralismo de nuestras comunidades universitarias (ibíd.). Dorling (2014) estima que el costo total de un préstamo estudiantil de 50.000 libras, basado en un salario inicial de graduados de 26.000 libras, se encuentra cerca de las 166.000 libras. Esto probablemente aumentará con el actual gobierno del Reino Unido, que actualmente considera elevar el tope para las cuotas estudiantiles. En la medida en que el rendimiento educativo está directamente relacionado a la participación política en línea, las consecuencias a largo plazo son calamitosas.

Cuando se elabora sobre este tipo de contextos, queda claro que cualquier examen *crítico* del potencial democrático de las nuevas distribuciones de poder comunicativo deben ocuparse de las consecuencias materiales del crecimiento de las desigualdades en las sociedades y su relación insidiosa con democracias vastamente empobrecidas (Fenton y Titley, 2015). Como sostienen Wilkinson y Pickett (2009:298) –quienes proporcionan evidencias de apoyo sistemático–: "la salud de nuestras democracias, nuestras sociedades y de su gente, depende verdaderamente de la igualdad". Sin embargo, el pluralismo en términos de acceso, y por lo tanto la habilidad de aprovechar el pluralismo en términos de voz y contenidos están, parecería, cada vez más reservados para los privilegiados.

Por supuesto, como señala Nancy Fraser (1995), la desigualdad no es solo socioeconómica, sino que también implica el reconocimiento. Taylor también señala que "el no reconocimiento o el reconocimiento equivocado (...) puede ser una forma de opresión, que encarcela a alguien en una forma de ser falsa, distorsionada o reducida. Más allá de la simple falta de respeto pueden infligir una herida grave, entristeciendo a las personas con un odio paralizante hacia sí mismas. El debido reconocimiento no es solo una cortesía sino una necesidad humana vital" (Taylor, 1994:25). La falta de reconocimiento y el reconocimiento equivocado en los medios tradicionales son de hecho, como señala Nancy Fraser, "injusticias culturales" que impactan sobre nuestros seres sociales y políticos. Del mismo modo, la noción de democracia se conecta tanto con la mediación de la información, como con las personas como públicos pensantes, votantes y actuantes. Michael Forster, el autor del reporte de la OCDE *Divided we Stand* (2011), ha señalado que, en el Reino Unido, el 65 por ciento de las personas dicen que la desigualdad es demasiado alta, pero al mismo tiempo la subestiman considerablemente. La pobreza de los pobres sufre una falta constante de reconocimiento en los medios masivos (Golding y Middelton, 1982; Redden, 2011), y esto conlleva consecuencias políticas deletéreas. Como ha señalado recientemente Tyler, el aumento de la desigualdad ha sido acompañado por una "estigmatización exaltada" en el discurso político de las poblaciones "descartables", hasta el punto de que "la *estigmatización* opera como una forma de gobierno que legitima la reproducción y el afianzamiento de las desigualdades y las injusticias" (2013:231, énfasis en el original). Sin duda, estos procesos de estigmatización son disputados y desestabilizados en línea en diversos modos. Sin embargo, esto no significa argumentar que el pluralismo en línea haya proporcionado una contraposición que pudiera prevalecer frente a la amplia hegemonía neoliberal (Fenton y Titley, 2015).

Es prudente recordar las investigaciones llevadas a cabo en el Reino Unido por Ipsos MORI (2013), que mapeaban las percepciones populares versus la realidad. Según su relevamiento:

-Los ingleses piensan que el embarazo adolescente es 25 veces mayor que las estimativas oficiales;

-El 51 por ciento de las personas piensan que los crímenes violentos van en aumento cuando, de hecho, están decayendo.

-El 29 por ciento de las personas piensa que gastamos más dinero en subsidios de desempleo (una forma de beneficio social) que en pensiones, cuando, de hecho, gastamos 15 veces más en pensiones;

-El público piensa que 24 de cada 100 libras gastadas en subsidios son fraudulentas, cuando en realidad son aproximadamente 70 centavos.

-Más de un cuarto de las personas piensa que la ayuda externa se encuentra entre los dos o tres ítems en los cuales el gobierno gasta la mayoría de su dinero, cuando en realidad constituye 1.1 por ciento del gasto en 2011-2012;

- Existe una creencia de que el 24 por ciento de las personas en el Reino Unido son musulmanas, cuando en realidad el número es de 5 por ciento en Inglaterra y Gales;

- Los ingleses piensan que el 31 por ciento de la población son inmigrantes, cuando el número oficial es de 13 por ciento, y que la población negra y asiática compone el 30 por ciento de la población, cuando en realidad la proporción es del 11 por ciento.

De manera similar, una encuesta global realizada en 2014 en 14 países (Australia, Bélgica, Canadá, Francia, Alemania, Hungría, Italia, Japón, Polonia, Corea del Sur, España, Suecia, Inglaterra y Estados Unidos) encontró que, en promedio, las personas piensan que un 15 por ciento de las adolescentes dan a luz cada año (doce veces más que el promedio oficial estimado en 1.2 por ciento en todos estos países); que todos los países sobreestiman enormemente la proporción de su población musulmana (se estima en promedio 16 por ciento cuando el número real es de un 3 por ciento); que la inmigración es dos veces del nivel que realmente es; que la población es mucho más anciana de lo que realmente es; y que el porcentaje de desempleo en sus países es mucho más alto de lo que realmente es (Ipsos MORI, 2014).

Relatos que descansan sobre la asociación del pluralismo, tanto en términos de acceso como de multiplicidad de contenido y creación de contenido, con la libertad comunicativa como un enriquecimiento de la democracia, dependen de una presuposición implícita sobre las relaciones de consecuencia entre el pluralismo y la comunicación interconectada, la participación y la política. Es crítico introducir la desigualdad —política, económica, cultural, social y tecnológica— en cualquier debate sobre la pluralidad y la libertad. De esto se sigue que las narrativas que excluyen el pluralismo con libertad comunicativa deben dar cuenta más completamente del concepto de poder con el que operan.

En *Comunication power* (2009), Castells dedica un tiempo considerable al análisis del poder corporativo en el contexto en línea. Sostiene que "los medios no son los detentores del poder, pero constituyen en buena medida el espacio en donde reside el poder" (2009: 242). En otras palabras, como señala Freedman (2014), las instituciones mediáticas actúan como anfitrionas de luchas de poder, invitan a los reales detentores del poder de las finanzas internacionales, la política y los negocios a sus plataformas. De esa manera, los medios "constituyen el espacio en el que las relaciones de poder se deciden entre actores políticos y sociales en competencia" (Castells, 2009:194). Por lo tanto, en el argumento de Castells, si este espacio se expande, sin importar si se trata o no del resultado de una mayor concentración de la propiedad de los medios o de una mayor mercantilización de los datos de los usuarios en línea, la competencia entre los actores crecerá y el poder será dispersado, generando un "contrapoder mediático" (Castells, 2009). Esta comprensión del pluralismo puede no proclamar a las fuerzas del mercado como garantes de la libertad pero sí sostiene que Internet, considerando su siempre creciente captura por los medios corporativos, empoderará a las audiencias soberanas a través de la autonomía creativa que les otorga. Sin embargo, si bien se reconoce que el poder siempre existe de formas múltiples, y que sería una equivocación grosera declarar que los proveedores corporativos del capitalismo impiden que emerja un contrapoder, continúa siendo crucial reconocer que diferentes clases de poder tienen influencias diferenciales.

La identificación del pluralismo con la libertad comunicativa

La identificación del pluralismo con la libertad comunicativa es muchas veces la aproximación adoptada en los argumentos que circulan sobre la "libertad de prensa". La necesidad de la "libertad de prensa" para la lozanía de la democracia tiene una larga historia y emana de una diversidad de perspectivas políticas. Su centralidad e importancia se ha visto consagrada en constituciones políticas y en muchos tratados y declaraciones de Derechos Humanos. Tales declaraciones han sido traducidas en "ideales" normativos para los medios y la comunicación pública en democracias bien establecidas (Keane, 1991; Curran, 2002).

> Éstas incluyen la provisión de: una fuente de información pluralista y "objetiva", ampliamente disponible para todos los ciudadanos, que permita a los ciudadanos votar y realizar otras opciones; un control (un papel de "policía") sobre las actividades de la instituciones e individuos poderosos; un "cuarto estado" que equilibre el poder de los tres poderes de gobierno (ejecutivo, legislativo y judicial); un ámbito de deliberación pública y debate sobre los problemas y políticas que afectan a la sociedad en su conjunto; y los medios por los cuales un rango plural de ciudadanos y grupos de intereses puedan proponer sus perspectivas.

La base filosófica para tales ideales fue establecida en un momento que difería radicalmente de las sociedades democráticas desarrolladas contemporáneas. Se trata de un tiempo en que el estado era más poderoso, la sociedad civil era mucho más reducida, y la prensa escrita era la principal forma de comunicación pública. Hoy en día, el escenario es muy diferente. La democracia electoral y el poder estatal encuentran sus influencias diluidas entre la competencia de una serie de otras instituciones poderosas y organizaciones corporativas. Estos cuerpos son generalmente menos responsables que sus estados rivales, pero ejercen una influencia considerable sobre los medios públicos en términos de propiedad y contenido (Miller, 2010). Junto con las complejidades de los emprendimientos multiinstitucionales y corporativos globales, numerosas nuevas formas de medios han fragmentado y diversificado las formas nacionales y públicas de comunicación. En consecuencia, asegurar y mantener una "prensa libre" que pueda cumplir con los ideales detallados arriba frente a las varias y crecientes presiones institucionales, corporativas y de otras clases, no es tarea fácil.

Como señalara Habermas, el ideal de una esfera pública libre de deseos y presiones comerciales es difícil de sostener en el contexto de una prensa de propiedad privada, más propensa a favorecer el "libre mercado" y la "libre elección" de los consumidores como medio de aumentar las ventas y la rentabilidad de los accionistas. Los medios informativos de propiedad de las corporaciones y orientadas a los mercados pueden estar menos inclinadas a responsabilizar a las corporaciones o a cuestionar las políticas del libre mercado. Se ha sostenido que la ausencia de un reporte crítico de la economía y del mercado financiero en el camino hacia el último colapso financiero y la crisis económica global fue ilustrativa de la medida en que los medios principales están relacionados al sistema que se supone que deben criticar (Berry, 2013; Davis, 2005). En otras palabras, los medios comerciales son más propensos a ser guiados por la racionalidad de mercado, llevando a una cobertura informativa más barata y más superficial, que puede incrementar las audiencias, pero en el proceso disminuir y degradar la cobertura decente de una serie de temas públicos.

En el contexto del Reino Unido, durante varias décadas el periodismo de información ha sido forzado constantemente a volverse más productivo, racional y orientado al mercado. El Comité Coordinado para la Reforma Mediática (CCMR, por sus siglas en inglés, 2011:4) (ahora rebautizado como Coalición para la Reforma Mediática) informa que, desde la década de 1970, ha habido una serie de tendencias, todas las cuales apuntan en la misma dirección. Hay una cantidad importante de nuevas noticias pero también mayor competencia y fragmentación con menos consumidores por medio (Tunstall, 1996; Franklin, 1997, 2005;

Curran y Seaton, 2003; Davies, 2008). La competencia global, la segmentación del mercado y las alternativas de entretenimiento han resultado en un descenso sostenido del lucro por publicidad en la mayoría de los medios unitarios, comerciales, de noticias. En consecuencia, los productores nacionales de noticias han presidido un descenso gradual de la audiencia durante ese período. En el esfuerzo por continuar siendo lucrativos, los periódicos han aumentado sus precios mucho más arriba de la inflación y aumentado tanto su salida como sus acciones de noticias mientras que simultáneamente reducen su personal. Tunstall (1996) ha estimado que, entre la década de 1960 y la década de 1990, la producción individual por lo menos se ha doblado. Davies (2002) ha registrado que, entre mediados de la década de 1980 y mediados de la década de 1990, el *Financial Times* y *The Sun* aumentaron su número de páginas en un poco más del 60 por ciento, pero su número de periodistas solo ha aumentado entre el 15 y el 22 por ciento. *The Times* aumentó su tamaño en un 125 por ciento, pero solo aumentó su personal en un 22 por ciento. Más recientemente, Davies (2008) concluyó que los periodistas ahora deben llenar tres veces el espacio que debían llenar en 1985.

El inmenso crecimiento en el número de periódicos, la emergencia de los noticieros televisivos 24 horas y la popularización de las plataformas en línea y móviles, que han visto una migración de los retornos por publicidad hacia los *me gusta* en Craigslist y Ebay, han presentado algunos desafíos a la industria de los periódicos. Mantener los márgenes lucrativos y los retornos de los accionistas depende cada vez más de la utilización de menos periodistas haciendo más trabajo en menos tiempo para tener más espacio que nunca antes. Además, para la mayoría de los reporteros empleados, las condiciones de trabajo se han vuelto claramente más difíciles, en la medida en que ha declinado el reconocimiento gremial, los derechos de los periodistas, que se han erosionado, y se han impuesto nuevas condiciones de trabajo. En 2006 (NUJ, 2006), un 31 por ciento de los periodistas trabajaban media jornada, o tenían horarios flexibles y el 41 por ciento eran "freelancers" (ver Franklin, 1997; Davies, 2008). Un escenario similar se encuentra en el resto del mundo. En los estados Unidos, el Pew Research Center (2012) informaba que la industria de los periódicos ha sufrido una pérdida del 28 por ciento de los periodistas empleados y un 43 por ciento de los periódicos desde 2000, con un promedio de 15 periódicos cayendo en la bancarrota cada año.

Los relevamientos de periodistas empleados y de contenidos de noticias sugieren que tanto la recolección de información como la producción han sufrido en diferentes aspectos. Uno de estos aspectos es la creciente dependencia de los periodistas de la provisión de "subsidios de información" externos, en forma de material de relaciones públicas y copias de cables de noticias. Un estudio de Lewis *et al.* (2008), realizado sobre un total de 2.207 piezas de noticias impresas y 402 transmisiones, mostró que el 19 por ciento de las noticias impresas y el 17 por ciento de las transmisiones eran enteramente o principalmente producidas por materiales de relaciones públicas; 49 por ciento de las noticias impresas dependían entera o principalmente de copias de cables de agencias de noticias, muchas de las cuales además provenían de comunicados de prensa. Las investigaciones basadas en entrevistas de amplio espectro con periodistas (Fenton, 2010; Davis, 2010; Lee-Wright *et al.*, 2011) también mostraron una serie de tendencias preocupantes en la manera en que se recolecta y se reproduce la información, y una serie de atajos en recursos tradicionales. Estas incluían una propensión generalizada a la dependencia de comunicados de prensa y otros materiales de relaciones públicas (muchas veces anónimos); mayor presión para desarrollar habilidades múltiples, y la reproducción de historias en múltiples plataformas mediáticas; crecientes presiones de la sala de redacción y niveles de estrés, y la sustitución de periodistas con experiencia por periodistas novatos y más económicos; implacables dispositivos de eficiencia, que dejan poco tiempo para comunicarse con las fuentes directamente para chequear la información o las citas; una propensión generalizada a monitorear las operaciones de noticias rivales para luego canibalizar tal cobertura; y una merma en las coberturas extranjeras, de investigación, o con otros formatos costosos.

McChesney y Nichols (2010) señalan que entre el 40 y el 50 por ciento de las noticias en los periódicos en los Estados Unidos tienen su origen en comunicados de prensa, con un mero 14 por ciento provenientes de los esfuerzos de los reporteros. Los críticos han denominado el nuevo producto final "Noticias ambiente" [Newszak] (Franklin, 1997), "Entretenoticias" (Delli Carpini y Williams, 2001) y, más recientemente "periodismo reciclado" (Davies, 2008) —una práctica que resulta antitética respecto del compromiso deliberativo y el tipo de valores de interés público sobre los cuales depende la esfera pública democrática—. Si la esfera pública dominante está manchada por los imperativos comerciales, entonces puede presuponerse que la democracia se tambalea.

Sin embargo, como ha sostenido Habermas en las revisiones de su teoría de la esfera pública (1996), bajo tales condiciones la sociedad civil se aproxima a una ruptura, de la que probablemente emerja una contrapublicidad. Podemos aquí señalar la multiplicación de sitios *web* de noticias alternativas, con causas específicas que han aparecido en línea. El problema es que la contrapublicidad tiene menos probabilidades de ser oída y llevada en consideración por las élites políticas. Las esferas contrapúblicas son, por su propia naturaleza, exteriores a, y antagonistas del sistema político dominante en cualquier instancia.

Así, mientras que podemos haber tenido manifestaciones políticas interminables con muchos miles de personas –Norris (2002) señala un incremento importante de las manifestaciones políticas en las democracias liberales de Occidente, y hemos presenciado más contrapublicidad de la que jamás pensamos posible en Internet–, sin embargo tenemos más desigualdad (Piketty, 2013), más vigilancia (Morozov, 2011; Diamond y Plattner, 2012) y más centralización del poder que nunca antes (Jones, 2014). Incluso el reconocimiento de la explosión de la contrapublicidad en la era digital no necesariamente se traduce en esferas contrapúblicas si el punto en el que "el equilibrio de poder entre la sociedad civil y los sistemas políticos [entonces] cambia" (Habermas, 1996:379) nunca es alcanzado. Si nos concentramos en el mejoramiento del proceso y de la calidad de la deliberación, pero la deliberación en cuestión tiene poco o ningún impacto sobre el complejo político administrativo, ¿no se vacía simplemente la esfera pública una vez más? (Fenton y Titley, 2015). Además, las luchas políticas que forman parte de la explosión de la contrapublicidad muchas veces están lejos de ser racionales y estimulan respuestas afectivas más que críticas. La sociedad civil no siempre es civilizada. Se adapta mejor a la descripción de la política del antagonismo descrita por Mouffe (2005) que al pluralismo deliberativo liberal sugerido por Habermas (1989).

Desde esta perspectiva, entonces, identificar una democracia saludable con la multiplicidad de la contrapublicidad parecería severamente fuera de lugar. De hecho, la idea de la democracia liberal enfatiza el pluralismo hasta el extremo de que el punto en el cual el equilibrio cambia y el poder se comparte es frecuentemente ignorado. Se considera suficiente simplemente con exhibir un supermercado de visiones y perspectivas y así presentar una ilusión de alternativas políticas. Como sostiene Tormey (2005:399), más que integrar la multiplicidad y el conflicto en su propia urdimbre, la democracia liberal "fetichiza la diversidad y la pluralidad de objetivos", afirmando la necesidad de que se escuche una multiplicidad de voces, y que se resuelvan a través de las instituciones del estado que no conducen finalmente –en la sociedad neoliberal por lo menos– a ninguna respuesta. De esta manera,

> El contraste de ideas e ideales no está en el corazón del liberalismo. Está en el corazón de la retórica del liberalismo. Puede ser que los valores y los ideales sean disputados; pero esto no significa que podamos disputar significativamente la "libertad" del mercado y la racionalidad de la representación, la naturaleza monopólica de la legislación antimonopolio y la tiranía de la "elección" (Ibíd.: 400).

De forma que parte del problema con el modelo habermasiano es que es simplemente demasiado pulcro, bien cuando se supone que la esfera pública funciona, bien cuando se supone que está fallando. Cuando se supone que funciona bien, aún no puede dar cuenta de las multiplicaciones y complejidades de la compleja vida política moderna mediada. Las democracias realmente existentes raramente siguen los caminos racionales y lógicos que una tesis de la esfera pública sugiere. Cuando no va bien, es similarmente incapaz de dar cuenta de las configuraciones contemporáneas de la vida pública en la era digital. Desde una perspectiva política económica podemos sostener, en sentido habermasiano, que el terreno público siempre está cada vez más bajo amenaza de privatización y mercantilización de los servicios públicos, que trasladan presiones competitivas y consideraciones financieras privadas a las instituciones públicas (Barnett, 2003, 2010). En el Reino Unido, la creciente privatización de la educación superior (Freedman y Bailey, 2011) y del servicio nacional de salud (Leys y Player, 2011) lo ilustran apropiadamente. Como sostenía la cita de Hall en el inicio de este capítulo, es fácil ahogarse en el pesimismo y sostener que la dirección de esta perspectiva político económica particular borra todo a su paso, barriendo los discursos de ciudadanía y reemplazándolos con el discurso del consumidor. Se sostiene que la lógica del mercado coloniza la experiencia humana hasta tal punto que la habilidad para desarrollar contrarrelaciones para pensar más allá de lo que conocemos como capitalismo global es severamente restricta. En este análisis, la esfera pública pierde sentido.

El neoliberalismo y sus prácticas nos dicen que somos todos individuos y deberíamos ser tratados como tales excepto cuando actuamos con otros (generalmente gratuitamente) para relevar al estado en sus deberes. Como individuos se nos otorga derechos que se traducen en la elección basada en el consumo –tenemos el derecho de elegir a qué escuela irán nuestros hijos y el derecho de quejarnos cuando nuestras necesidades individuales no son atendidas–. Por supuesto que estos derechos no son iguales para todos, pero la retórica es la de la igualdad porque cada persona es tratada como un individuo privado (sin importar la clase, el género, la raza, o la religión). Se nos deja, por lo tanto, con la contradicción de que, mientras los discursos de igualdad han crecido bajo el neoliberalismo, la realidad material de la desigualdad de hecho se ha disparado (ver capítulo 1) porque la práctica neoliberal se rehúsa a dar cuenta de las causas socioestructurales de la pobreza.

El punto crucial dentro del marco ideológico neoliberal de la política y sus prácticas vividas es que lo individual, y por lo tanto también la política individual, se define casi enteramente en términos económicos, mientras que la inadecuación de las estructuras económicas es simultáneamente negada –parte de la amnesia selectiva del neoliberalismo–. Por más exacto que esto pueda parecer, abulta el grado hasta el cual lo social ha sido abandonado en pos de lo económico y saltea las muchas contradicciones que componen la experiencia vivida de la vida bajo el neoliberalismo. De esta forma, caemos presas del reduccionismo político-económico, donde lo político solo se construye como una política de control y consenso, que probablemente contribuye a la retórica de la dinámica imparable de la competición global (incluso cuando crea la bancarrota nacional).

El capitalismo y sus contradicciones

Por supuesto, cualquiera que alguna vez se haya involucrado en política de oposición sabrá que estas experiencias muchas veces están marcadas por una negativa a adecuarse a la supuesta lógica del capitalismo. Andrejevic (2013) sostiene que, en una sociedad de la información, la información produce por un lado potenciales que socavan la competencia y, al mismo tiempo, nuevas formas de dominación y competencia. En otras palabras, el capitalismo global informacional produce amenazas y oportunidades. Las oportunidades a disposición pueden contribuir a la realización de la cooperación –la solidaridad forjada a través de la contradicción–. La amenaza es la complicidad con la posición neoliberal basada en la racionalidad del mercado. La realidad frecuentemente se encuentra en un lugar intermedio. Si aceptamos la premisa social constructivista de que todos somos producto de nuestro medioambiente, entonces es simplemente imposible localizar sea una política radical "pura", sin mácula de la marcha del capitalismo, o una política del consumo que reproduzca directamente la lógica del capitalismo sin recurso a una historia de pensamiento y acción política radical progresista. La política de la elección que ha emergido en las últimas dos décadas se basa en temas de consumo, que se traducen en el activismo de los consumidores, que se extienden desde la sustentabilidad y la política medioambiental (Lekakis, 2013) a la política de la sexualidad, a la demanda de cambios en los modos de la provisión de la salud y otros servicios sociales. Estos indican un cambio en la relación entre lo individual, el estado y el mercado. Aunque en buena medida se preocupan con el momento del consumo más que con el punto de producción, no deberían ser mal interpretados como directamente despolitizadores (aunque también puedan serlo). Antes bien, son parte de la repolitización de la distribución de los bienes sociales que emerge de una nueva economía política de la vida pública (Murray, 2014).

Sin embargo, para ser una fuerza para el cambio estructural, los espacios en los cuales tal repolitización puede tomar forma deben ser disputados y creados en forma coordinada y sistemática, de manera a trascender las limitaciones sistemáticas altamente coordinadas y hábilmente administradas de la estructura del capitalismo. En algún nivel, la economía política neoliberal de la vida pública debe ser quebrada para forjar un espacio donde pueda emerger la reimaginación de prácticas sociales cooperativas y colectivas. Y, esto crea un problema. En el mundo mediado en línea de la política progresista radical, donde las esferas contrapúblicas son consideradas como posibilitadoras de la materialización de una democracia deliberativa más expansiva, las posibilidades de una contrapolítica coordinada y hábilmente administrada parecen lejanas.

Incluso si aceptamos que a través del conflicto político pueden emerger redes asociativas, y la sociedad civil puede ser establecida como fuerza para el cambio, el problema continúa: ¿cómo pueden las agrupaciones oposicionales, fragmentadas y múltiples, funcionar juntas en función de un objetivo político? Y, crucialmente, se trata de objetivos políticos en plural. Un punto de llegada puede ser el impulso de la protesta en y por sí misma. Otra podría ser la progresión desde una identidad de resistencia hacia un proyecto político que sea sostenible y que pueda producir el cambio social. Dicho de otro modo, se trata de una concepción de la participación democrática que se adecua a las reglas existentes y las convenciones del debate, o de una que desafía las reglas. Este es el tema de las constantes discusiones dentro de los grupos y de las organizaciones de política radical oposicional. Dicho francamente, ¿deberían ser reformistas que aceptan las reglas de la democracia representativa y las estructuras del estado-nación, o revolucionarios que se rehúsan a jugar de acuerdo con las reglas y convenciones establecidas, prefiriendo desafiar y cuestionar las bases sobre las cuales estas reglas son establecidas y normalizadas?

Esto también puede relacionarse con la relevancia de la esfera pública habermasiana para tales debates. Los reformistas en general se sentirán a gusto en el espacio conceptual de la esfera pública liberal —si se protesta contundentemente nuestra voz será oída y los marcos legales se doblarán para acomodar las demandas que logren mayor apoyo popular—. Pero, si la política oposicional en cuestión abraza un espíritu más anárquico, el modelo liberal democrático no ofrecerá tal confort. La pregunta que estas agrupaciones políticas colocan podría ser: ¿la revolución de quién y las ideas de reforma de quién? Muchas esferas contrapúblicas contemporáneas rechazan la reducción de la acción política a la construcción de un solo objetivo que sugiere una aproximación racional y exclusiva, donde todos los otros objetivos potenciales son desconsiderados o considerados como equivocados. Paradójicamente, entonces, aunque la multiplicidad y el pluralismo se ven como llaves para una esfera pública que funcione, estas concesiones no están garantizadas en la práctica efectiva de la política, dentro del marco democrático liberal habermasiano.

La acción política comprendida simplemente como la realización de un ideal homogéneo (como la esfera pública democrática) elimina la incertidumbre y lo desconocido, y reduce la política a la "administración de las cosas" (Bhabha, 1994). Se considera que elimina la creatividad de la acción política y en última instancia sostiene el *estatus quo*. Los activistas políticos contemporáneos hablan de la construcción de espacios autónomos para la imaginación y la creatividad[5] que son contingentes, abiertos e impredecibles –un intento de escapar a la política ideológica y moverse hacia una política dialógica donde la diferencia se reconoce continuamente y se aprende de otros–. La premisa política es la del antirreduccionismo, que se rehúsa a los procesos o visiones monológicos. Tales formas de resistencia son muchas veces reunidas por la percepción compartida de una percepción compartida de una injusticia, más que por una visión común y determinada del "mundo mejor" que podría venir.

Pero, como han señalado las teóricas feministas (Fenton, 2000; Spivak, 1992; Braidotti, 1991), para la eficacia política se necesita más que la libertad aparente que viene con la aceptación de la diferencia y la diversidad, más que un simple aumento de las instancias de protesta u oposición mediada. Incluso si aceptamos la posibilidad de agrupamientos fragmentados y múltiples que pueden crear sus propias intervenciones políticas a través de Internet, aún debemos avanzar hacia la etapa siguiente: ¿cómo podemos llevar a cabo y sostener una política de solidaridad en la diferencia? La solidaridad social puede ser descrita como una moralidad de la cooperación, la habilidad de los individuos para identificarse unos con otros en un espíritu de mutualidad y reciprocidad, ventajas o compulsiones individuales, que lleve a una red de individuos o de instituciones secundarias que requiere la creación de lazos sociales y políticos como en el movimiento antiglobalización. Debe haber un compromiso con el valor de la diferencia que vaya más allá del simple respeto que implica una política inclusiva de voz y representación. También requiere una conceptualización no esencialista del sujeto político como compuesto de identidades varias y fluidas, que reflejan las múltiples diferenciaciones de los grupos.

---

[5] Esto es particularmente evidente en el Foro Social Mundial (WSF por sus siglas en inglés) y en el Foro Social Europeo (ESF, por sus siglas en inglés).

La solidaridad mediada es evidente en la investigación de los teóricos de los movimientos sociales. Como señalamos en el capítulo 4, Tarrow y della Porta (2005:237) se refieren a las personas y los grupos situados en contextos nacionales específicos pero involucrados en redes transnacionales de contactos y conflictos que operan tanto en línea como *offline*, en términos de "cosmopolitas enraizados" con "múltiples pertenencias" e "identidades flexibles" (Keck y Sikkink, 1998; della Porta y Diani, 1999). Tormey señala que la política que se encuentra aquí en juego favorece una práctica de micro poder y micro política y de vida cotidiana dirigida contra el significador maestro del pensamiento ideológico y, "por extensión, a la coalescencia de la lucha revolucionaria alrededor de algún lugar acordado, que el 'movimiento' tenía la tarea de construir o montar" (Tormey, 2005:403).

Podemos registrar ecos de esta perspectiva en el *Mille plateaux* de Deleuze y Guattari (1988:469-73), que se opone al "mayoritarismo" –la noción de que debe existir algún esquema, proyecto, objetivo o *telos* alrededor del cual "nosotros" podemos unirnos, prefiriendo una posición minoritaria que persigue una univocidad y rechaza la búsqueda inútil, y en última instancia esencialista, de un plan maestro universal–. Con el objetivo de resistir la incorporación dentro del ideal dominante, se presenta la necesidad de generar espacios en los cuales la micropolítica pueda establecerse y prosperar. Tales espacios de afinidad y creatividad, según Deleuze y Guattari, poseen el potencial de desarrollar una rizomática activista –una red de micropolítica que puede converger, multiplicarse y desarrollarse sin ningún tipo de ideología o estrategia–, un espacio que se predica sobre el aprendizaje, la solidaridad y la proliferación. Como respuesta al movimiento antiglobalización, esto ha sido denominado como "enjambre", a través del cual las redes de afinidad y asociación se integran y forman múltiples resistencias y acciones. En otras palabras, el espacio de la actividad política se ensancha y el rizoma se extiende hacia afuera, alimentándose de la diferencia y la pluralidad y abrazando la incertidumbre. La solidaridad se extiende sobre la base del sentido compartido de injusticia más que sobre una visión compartida de un mundo alternativo. De manera similar, Virno (2004), en sus teorizaciones sobre la "multitud", demanda para tales espacios el "derecho de resistencia" –una comunidad que es antagónica en su colectividad–.

Se critica a las redes de resistencia por ser fragmentarias, por no tener proyecto político y, por lo tanto, por ser políticamente poco efectivas –¿dónde podrían llegar sin una narrativa unificada que las guíe?–, cuando muchas veces una narrativa unificada es exactamente lo que tales grupos y alianzas intentan resistir. Estas redes hablan a una pasión por el desacuerdo, el conflicto y el antagonismo –una política posfundacional que profesa una experiencia diferente de ser político, que no se encaja con nuestras interpretaciones estándar, democrático-liberales, de lo que la política debería ser–.

Estos argumentos, muchos de los cuales me despiertan simpatía, sufren de una limitación importantísima: se encuadran en una compresión particular de la democracia que acepta las estructuras institucionales existentes de la política representacional, y aplica un modelo de pluralismo liberal de la práctica democrática inherente en algunas aproximaciones establecidas del pensamiento habermasiano. Argumentos como este se basan en una comprensión de la democracia liberal que funciona principalmente a través de los partidos políticos establecidos, que se oponen diametralmente a la política radical que ha rechazado la política del *establishment*, y que por lo tanto nunca será capaz de explorar sus fortalezas políticas o interpretar adecuadamente sus lecciones.

Los movimientos sociales transnacionales contemporáneos son una combinación de acción colectiva y debate público. Los espacios de acción y debate ocurren en diferentes niveles, con frecuencia todos simultáneamente –desde el hiperlocal, regional y nacional, a las contracumbres "globales"–, todos mediados por Internet (junto con otras formas mediáticas). Como señalamos en el capítulo 2, una de las importantes diferencias entre la contrapublicidad de los movimientos sociales transnacionales contemporáneos y la contrapolítica del estado-nación es la ausencia de una identidad común y el rechazo de las metanarrativas unificadoras de la organización. Es un movimiento de movimientos, una red de redes.

De modo que, ¿cómo podemos comenzar a dar cuenta de la política radical contemporánea de la multitud? ¿Cómo puede la izquierda aprender de estas esperanzas y deseos para repensar las formaciones democráticas? Stengers (2010) apunta a los peligros muy reales de traducir las alegrías y compulsiones de la multiplicidad sea en tolerancia liberal de la diferencia que evita que se manifiesten preguntas sustantivas (como quién sostiene la balanza de poder y qué voces son escuchadas) o en políticas anárquicas, autónomas y en última instancia individualistas que impiden que se produzca un cambio sustantivo porque insisten en existir por fuera de los marcos institucionales y las estructuras constitucionales. La visión de Stengers en su discusión de la ciencia es radicalmente democrática: la ciencia no es una "verdad" trascendental sino uno de los muchos intereses que constantemente necesitan negociar unos con otros. Esto solo puede suceder si todos los intereses en disputa se toman con seriedad (y no son solo tolerados) y son activamente capaces de intervenir con y contra unos y otros en igualdad de condiciones. En esta constelación democrática crítica, la mirada de mediaciones de la política progresista radical puede rehusarse tanto a ofrecer una visión de la colectividad unificada como a posicionarse en favor de la solidaridad basada en peculiaridades y deseos individuales (el reverso de la solidaridad), e insistir, antes, en la lucha pesada y organizada para reclamar el estado como una fuerza que se utilice contra el neoliberalismo y sus beneficiarios corporativos.

Conclusión

Lo que la teoría de la esfera pública puede decirnos es que no deberíamos aislar ningún medio particular (como Internet), con sus propias características técnicas, de todo el contexto social y político y del ámbito de la comunicación. Sin embargo, la tendencia de los marcos de la esfera pública a unificar el pluralismo con la libertad comunicativa, y a establecer una correlación lineal entre libertad de acceso comunicativo/pluralismo y participación política, relega la influencia del "poder sobre" en un abrazo súper entusiasta del "poder para". Con esto se corre el riesgo de reducir el poder a un recurso individual que es puramente relacional y comportamental, que siempre sobreenfatizará la tecnología en detrimento del contexto social político y económico. En su manifestación más pobre esto desciende al "clikactivismo" –la firma de peticiones en línea, la escritura de *blogs* disidentes, y el envío de *tweets* políticos que, como ha sostenido Dean, son completamente recuperables en un contexto donde la "retórica del acceso, la participación y la democracia trabajan ideológicamente para asegurar la infraestructura tecnológica del neoliberalismo, un proyecto político económico odioso y predatorio que concentra recursos y poder en las manos de los muy muy ricos, devastando el planeta y destruyendo la vida de millones de personas" (Dean, 2009:23)–.

Sin embargo, sabemos también de Williams (1971), que la agencia y la intención son aspectos cruciales del cambio de la evolución cultural. La libertad comunicativa expandida, que trabaja de manera no estratificada y difusa, puede desestabilizar y desconcertar las relaciones de poder bajo ciertas condiciones. Estas prácticas múltiples muchas veces contradictorias de la contrapolítica dan testimonio de la micropolítica foucaultiana o de la política rizomática deleuziana enraizada en el conocimiento de que cada persona es una pluralidad, cada grupo una multitud de diferencias, todas operando en niveles variables, en una complejidad de matrices, en cualquier momento. Es fácil ver cómo esto da en la tecla de la política interconectada de la era digital construida sobre el reconocimiento de la diferencia individual, pero con una causa común sin importar cuán laxa sea su articulación. Pero, es difícil imaginar cómo esto convergirá en nuevas formas de pensamiento democrático sin un tratamiento completo e integrado del asalto concomitante sobre el vaciamiento público de la agencia democrática representativa.

Como nos recuerda Norval (2007: 102), debemos evitar "asumir la existencia de un marco político en el cual en principio cada voz puede ser oída, sin dar atención a la propia estructuración de esos marcos y las maneras en las cuales se estructura la visibilidad de los objetos". La autonomía creativa es bastante difícil de expresar bajo condiciones de pobreza material, explotación y opresión. Las particularidades individuales y los deseos políticos en soledad, inclusive cuando son articulados y facilitados por nuevas tecnologías de la comunicación, no reclamarán ni reconstruirán las instituciones necesarias para revelar y sostener un nuevo orden político.

Benkler (2006) apunta a un problema mayor: si bien vemos una expansión en términos de los espacios comunicativos disponibles para la política, también encontramos un alcance y amplitud ideológica extendidos. Al enfocarnos en la política de la identidad y la diferencia que alimenta una miríada de esferas contrapúblicas, podemos fácilmente perder de vista los asuntos más amplios del poder en la sociedad y el mundo, promoviendo una fijación orientada hacia adentro sobre los intereses de los grupos individuales. Más aún, si lo llevamos más lejos, tales patrones amenazan con debilitar una cultura pública compartida; muchos grupos desarrollan poco contacto con –o comprensión de– unos y otros y se vuelven menos capaces de construir alianzas que podrían ser políticamente efectivas resultando en lo que Sunstein (2010) llama el "yo diario", que transforma la esfera pública en algo demasiado personal y debilita su eficacia.

Las aproximaciones que reconocen las muchas maneras en que los individuos son empoderados creativamente y enfatizan una increíble variedad de micropolítica en juego en un determinado momento nos recuerdan que la política del reconocimiento y la importancia de la voz (Couldy, 2010) son críticos para la experiencia percibida de la política. También puede incrementarse el debate a través de la ampliación del rango de contenido conflictivo en línea –un acto político vital–. Pero, reconocer esto no debería llevarnos a la fetichización de nociones de pluralidad y libertad comunicativa que continúan siendo parte de la política más amplia del neoliberalismo. La democracia concebida como el acceso a un rango de comunicación e información solo puede llevarnos a eso. El pluralismo como un valor y como un conjunto de prácticas no representa una amenaza para los discursos neoliberales que pueden ser vistos como un intento poderoso y exitoso en buena medida, de dar nueva forma a la dirección de viaje de lo político para toda una generación, normalizando las subjetividades individualizantes que saturan buena parte de la vida y acción en línea, aunque esto esté constantemente en discusión. El pluralismo no trasciende automáticamente al capitalismo global y la libertad comunicativa no es algo dado, ni siquiera en la era digital.

Las discusiones que retornan a nociones de la esfera pública, al pluralismo y a la libertad comunicativa, deben dar cuenta de las transformaciones contemporáneas en un capitalismo global y en sistemas democráticos representativos. A menos de que estas consecuencias sean nombradas, las pretensiones de intensificar la libertad y apoyar la democracia continúan limitadas al "lado de los medios" de una ecuación que debe ser criticada en su totalidad. Esto no significa que debamos revertir a una forma político-económica de determinismo, sino en cambio, apunta a la necesidad de prestar atención a las relaciones de poder entre las personas y las instituciones del estado, los cuerpos corporativos y los mercados. La retórica de la democracia liberal que insiste en que tenemos más elecciones y más control creativo y que la esfera pública se ha expandido radicalmente debe responder sobre cómo la hegemonía neoliberal organiza "los estados y los sujetos (...) mediante la racionalidad de Mercado" (Brown, 2005) en formas que enfatizan, considerablemente, las imaginaciones ideológicas establecidas. Solo entonces podremos liberarnos de las estructuras de la prédica democrático-liberal que ha sido vaciada de casi cualquier intención democrática, y comenzar el difícil trabajo de traducir las pasiones y deseos de la política progresista radical en nuevos contenidos políticos y formaciones democráticas. Los próximos dos capítulos se refieren a estas pasiones y deseos constantes.

4. Pasión y política: política radical y sujetos mediados

El capítulo anterior sostiene que muchos de los estudios que buscan investigar lo político en relación con los medios han tomado como perspectiva un tipo particular de marco habermasiano. Con esto, tales estudios son limitados por una clase de práctica democrática liberal deliberativa que se toma como el objetivo principal del compromiso político, que establece una limitación sobre las posibilidades para comprender qué significa ser político, y no puede dar cuenta de cualquier política que esté situada fuera del marco democrático liberal. Una aproximación habermasiana sobre la esfera pública descansa sobre el pluralismo liberal como el último objetivo de la política del consenso –un deseo de discutir y deliberar sobre asuntos políticos y alcanzar una comprensión común respecto de la manera de avanzar, basado sobre un "procedimiento con el cual todos se ajustan" (Habermas, 1996:496)–. El proceso implica alcanzar el acuerdo constitucional. Pero, ¿qué sucede si la política que se discute se basa en la noción de que el acuerdo no siempre es posible o incluso deseable?

Este capítulo señala limitaciones mayores en la teoría de la esfera pública, tanto respecto de la conceptualización del sujeto político como individuo racional y del sistema político como proceso racional que funciona sobre la base del consenso, y las presuposiciones de que esto luego resultará en una reforma en las políticas que responde a la voluntad de la mayoría. Mantener el énfasis sobre los múltiples puntos de vista o la pluralidad de culturas políticas o soluciones potenciales (como en buena parte de la política radical contemporánea) no encaja en un modelo de democracia deliberativa. Desde una perspectiva habermasiana, insistir en la multiplicidad de posiciones subjetivas y resistir la socialización en una cultura política común equivale a desarmarse en la fragmentación y disolución de lo político –la política oposicional de un grupo es neutralizada por el otro en una competencia reductiva de activismo–. Para evitar interpretar la multiplicidad como fragmentación y dispersión de la eficacia política y, antes bien, definirla como una política inclusiva de la diferencia y la diversidad, debemos considerar conceptos de democracia y formas de política que pueden ser deliberativas y participativas pero que también son *agonísticas* (ver Mouffe, 2005). Para poder deliberar debemos tener la habilidad de elegir entre diferentes clases de práctica política; para participar completamente debemos tener tanto la capacidad socioeconómica como el capital cultural. Si pensamos que la protesta es un elemento crucial en la deliberación política –la lucha y el agonismo político como el corazón de la política– entonces también podemos comenzar a reimaginar la democracia como un proyecto radical y plural.

Este capítulo discutirá este argumento en detalle y, al hacerlo, no solo desafiará la adecuación de los conceptos liberales deliberativos de democracia para criticar ciertas formas de política radical progresista, sino que también enfatizará la necesidad de comprender la base intersubjetiva para la experiencia de la política como parte integral de una mejor comprensión de la participación democrática. Los capítulos anteriores han resaltado la importancia de un contexto profundo y la necesidad de situar cualquier examen de la política radical en historias socioeconómicas, políticas y tecnológicas. Pero, la política también es pasión. Se refiere a las historias personales de los individuos tanto como al contexto en el que tales trayectorias personales se desarrollan. Como tal, la política es siempre social. Tanto las prácticas de la política tradicional como las de la política radical están ligadas y estructuradas de formas particulares que limitan y acotan la política en juego (esto será discutido en el capítulo 6).

Sin embargo, no podemos dejar de percibir que la política radical está alrededor de nosotros: las protestas por las elecciones democráticas de Hong Kong; el movimiento 15M en España y el crecimiento de la izquierdista Podemos (ver capítulo 6), incluso el referéndum por la independencia escocesa en el Reino Unido y la elección de Jeremy Corbyn (un autodenominado socialista con una plataforma antiausteridad) como líder del partido Laborista. Sabemos que hay muchos intentos de crear espacios protegidos de la colonización del cálculo capitalista –espacios alternativos para las voces políticas progresistas como el movimiento Occupy y las huelgas del sector público–. Y, una buena cantidad de contenido digital también proporciona medios no solo para legitimar, sino también para desafiar, resistir y oponerse a la hegemonía del orden político económico neoliberal. Estas constituyen apuestas alternativas de significado político y valor, nadando contra la corriente del capitalismo global, muchas veces buscan establecer la política en común –la habilidad y la voluntad del "pueblo" para unirse a organizarse y construir una política alternativa por el bien general, contra la agenda corporativa e individualista–. Tales apuestas alternativas son necesariamente afectivas. Remueven pasiones políticas. Las prácticas sociales no pueden ser reducidas a efectos más o menos resistentes de reproducción de la forma en que las moldean

102

los intereses del capital. La frase de Gramsci, "pesimismo del intelecto, optimismo de la voluntad" (1971) se refiere a esta paradoja. Necesitamos comprender dónde y cómo se mantiene este optimismo; si queremos comprender mejor nuestros futuros políticos, necesitamos apreciar la pasión de la política. La clave para comprender la relación entre la política radical y el cambio social, y el rol que cumplen allí los medios, reside en el reconocimiento del rol del individuo y sus respuestas a las motivaciones respecto a la política radical.

El "sujeto" político

La noción del sujeto es parte de un debate filosófico de larga data. La famosa frase de Descartes, "pienso, luego, existo", expresa la idea de un sujeto soberano totalmente transparente para sí mismo y firmemente racional y es uno de los fundamentos de la modernidad y piedra angular del Iluminismo. También está en la base de muchos movimientos emancipadores del siglo XIX, como el liberalismo, el marxismo y el anarquismo, que perciben individuos autónomos, librepensadores y agentes completamente dueños de su independencia como la base de nuestros futuros liberados. Hay, por supuesto, diferencias importantes entre estos movimientos, en la manera en que construyen al sujeto de diferentes formas. En la *Ideología alemana*, Marx proponía que, en la medida en que somos seres históricos, nuestra subjetividad se compone de configuraciones sociales particulares que constituyen nuestras relaciones productivas materiales básicas. En consecuencia, la subjetividad es un proceso dinámico en el que el sujeto toma conciencia de sí desde el compromiso con el medio social externo. Como nuestra conciencia y nuestras sensibilidades como seres morales e intelectuales se constituyen en el medio socioestructural a través del tiempo, toda subjetividad es intersubjetiva (Nelson, 2011) y abierta al cambio. Esto es en parte lo que dota al marxismo de una política transformadora –nuevas clases de sujetos pueden emerger como consecuencia de nuestras condiciones y nuestra experiencia de ellas–.

Otros teóricos del marxismo ven la subjetividad desde una perspectiva ideológica más totalizadora. Dean (2014) señala que para Althusser, la subjetividad es un efecto de la estructura ideológica más amplia. Por lo tanto, para Althusser, el sujeto descansa sobre la concepción de la "identidad' unitaria del individuo" (Hirst, 1976:400), que no reconoce la lucha de clases y, por lo tanto, no puede explicar los conflictos de las identidades y perspectivas políticas. En este sentido, Rancière reclama que a Althusser se le escapa lo que era claro para Marx: las formas ideológicas son "las formas en que se lucha la lucha" (2011b: 149). Althusser también es acusado de ver al sujeto (un ser pensante con la capacidad de actuar basado en sus propias decisiones pero situado en contextos sociales con otros y en estructuras y sistemas que dan forma a su subjetividad) como intercambiable con el "individuo" (también concebido como una persona singular disociada de las condiciones que son sociales y colectivas y no incorporado a las historias de los sistemas de explotación). Esta es la razón por la cual en última instancia, para Althusser, un individuo, frente a las estructuras ideológicas del capitalismo, carece de agencia.

La teorización del liberalismo toma la noción del individuo en buena medida como atomística y ahistórica y la coloca en su centro. El liberalismo decreta la libertad individual y la autonomía personal como prioridades morales fundamentales. Ve la protección y el realce de la libertad del individuo como el problema central de la política y el propósito de gobierno mientras reconoce que el gobierno puede en sí mismo ser una amenaza a la libertad. El nivel de la actuación del gobierno en la protección y el fortalecimiento de la libertad es lo que distingue las varias formas de liberalismo. En un extremo los libertarios creen que menos interferencia del estado es mejor, y hace más libre al individuo, mientras que el liberalismo modernista es más bien intervencionista, entendiendo a la erradicación de la pobreza, la enfermedad, la discriminación y la desigualdad como las claves del papel del gobierno en la promoción de la libertad. Un presupuesto central del pensamiento liberal moderno es que nuestra capacidad para el pensamiento racional nos ha dado la habilidad única de separarnos de nuestras condiciones sociohistóricas. No somos objetos construidos por el contexto sociohistórico, antes bien, somos capaces de realizar elecciones racionales y conscientes como individuos no restrictos por lo que ha sucedido y por lo que ahora sucede.[1]

Para comprender la relación de la gente con cualquier política se debe entonces comprender la base intersubjetiva de significado y racionalidad, en la medida en que esto influenciará cómo concebimos la democracia. Si creemos, por ejemplo, en el sujeto autónomo racional, y creemos que siempre es posible una completa transparencia de sentido, entonces nuestra política puede aceptar la búsqueda del consenso vía representación. Los ciudadanos del mundo leen y analizan toda la información que los rodea y llegan a una visión que es comunicada a sus varios representantes políticos, que luego la toman en cuenta racionalmente. Pero, si aceptamos que, como sujetos políticos, raramente somos autónomos y muchas veces irracionales, y que la transparencia completa del sentido

---

[1] Es importante apreciar, sin embargo, que las nociones de individualismo y agencia en el pensamiento liberal han cambiado con el tiempo según el contexto sociohistórico.

puede ser un objetivo, pero que es constantemente socavado y frecuentemente distorsionado por intereses ocultos, entonces la búsqueda de la política del consenso y el ideal de la política representativa se transforma en algo problemático.

Las teóricas feministas (Ver Scott, 1996) han criticado durante mucho tiempo la noción de la racionalidad como la característica que define al sujeto, en la medida en que encarna un concepto completamente masculino del sujeto y enfatiza la subjetividad individual sobre la subjetividad colectiva (Dean, 2014). Ningún individuo existe aisladamente y la noción de la libertad será diferente para cada uno –el terrorista de algunas personas puede de hecho ser el luchador de la libertad de otras, y el feminismo de una persona puede no ser el preferido por otras–. En otras palabras, no hay un sujeto unitario racional. Adorno y Horkheimer (1973) subrayan este punto ilustrando las muchas maneras en las que la "razón" ha sido cómplice de algunos de los peores crímenes contra la humanidad, como las cámaras de gas de la Segunda Guerra Mundial. De modo que el sujeto como algo que posee una identidad singular y racional ha sido desafiado desde muchas perspectivas.

Un sujeto unitario irracional también ha sido duramente criticado por ser esencialista. En otras palabras por asumir que esta es la manera "natural" de ser y un estado en el cual nacemos en igual medida. El alejamiento de una posición esencialista ha sido inmensamente importante para la teoría feminista en su intento de desnaturalizar el patriarcado (la dominación masculina no es algo dado) y problematizar las concepciones tradicionales de las identidades sexuales. La distinción entre "hombres" y "mujeres" es una construcción histórica que no puede esperar dar cuenta de la complejidad de la situación sexual de cualquier individuo en cualquier momento. Para Judith Butler (1990), todas las identidades sexuales son categorías móviles, flotantes, hasta el punto de que la noción de identidad en sí misma es problemática, en la medida en que, al desnaturalizar algunas identidades, nos vemos muchas veces naturalizando otras. Esto resulta en categorías vejatorias que atrapan a los individuos en identidades y prácticas sexuales que limitan su potencial. Por extensión, una política de la no identidad no puede tener un sujeto unitario. Esto podría ilustrarse mejor refiriendo al desarrollo del feminismo como movimiento que en sus formaciones más tempranas buscaba ser representativo de todas las "mujeres", como una categoría unitaria de opresión. La noción de que la versión de la opresión de una mujer puede representar a todas las mujeres ha sido considerada profundamente problemática y exclusiva, al punto de que Buttler rechaza todas las formas de política representacional (ver capítulo 5), y prefiere enfocarse en el derrocamiento de las estructuras de opresión más que en los sujetos de la política. Por ejemplo, es crítica de las demandas por el casamiento de homosexuales y lesbianas, que amenazan reforzar una institución sobre la cual se basa el patriarcado y excluye a aquellos que pueden ser más oprimidos como resultado de ella. Sostiene, en cambio, que el matrimonio no debería conferir ningún derecho especial civil o fiscal.

Identificar lo político y el sujeto de lo político es en sí mismo un acto profundamente político con consecuencias en la forma en que concebimos los sistemas políticos. El marxismo clásico presentaba una teoría unificada con la clase obrera como *el* sujeto político; esto luego fue desarrollado en la noción de una economía planeada como alternativa al capitalismo (ver capítulo 5). En el extremo posestructuralista no existe un sujeto político unificado, antes bien, encontramos un truismo deleuziano en el que cada persona es una multiplicidad, cada grupo una miríada de diferencias, todos operando en diferentes niveles de una complejidad de matrices simultáneas. En otras palabras, el sujeto se concibe no como racional y singular, sino como múltiple y contradictorio.

Muchas teorizaciones contemporáneas de los movimientos políticos de oposición toman una postura posestructuralista que descentra al sujeto (Terranova, 2004; Day, 2005), que, por su parte, se refleja en su práctica política. Existe, por supuesto, una gran variedad de clases de política radical y activistas políticos. Pero, aquellos al estilo de Occupy (ver capítulo 7) sí evitaron la noción de membresía o ciudadanía, comúnmente asociada con el modelo democrático liberal. De hecho, el movimiento Occupy se basaba en la creencia de que los modelos legislativos de gobierno o el modelo representativo de elección habían fallado. Era en parte el rechazo de los procesos democráticos liberales convencionales lo que atrajo a los activistas –era diferente de la política de estado convencional y también pretendía abrazar la diferencia en sus prácticas y configuraciones (aunque es discutible con cuánto éxito) (Castells, 2015)–. Si hay una política emergente que puede ser identificada con Occupy, sería la política de la no representación, que se negaba a aceptar que la visión de uno podría abarcar a todos y buscaba infundir en sus prácticas de toma de decisiones una multiplicidad de experiencias que era reconocida como contradictoria y contingente.

Sin embargo, el peligro de este abrazo de la multiplicidad es el dilema político posestructuralista de que todas las distinciones amenazan colapsar en "una sopa primitiva sin fronteras de la imposibilidad de conocer nada, o el conocimiento relativista de que todo cuenta" (Hughes, 2011:428). Esto puede permitir que diferentes identidades y organizaciones sociales coexistan, pero no puede explicar cómo y porqué un conjunto particular de normas hegemónicas emerge de tal constelación. Como ha expresado Brown, al dar una interpretación tan sofisticada y elaborada de los poderes que nos estructuran y nos constriñen, Foucault ha hecho más difícil imaginarse cómo podemos democratizar esos poderes, más allá de hacerlo al nivel de la conducta y la ética individual a través de los micropoderes. Si el micropoder está en todas partes, se torna difícil localizarlo en cualquier lugar específico. Como consecuencia, nos encontramos seducidos por el pensamiento foucaultiano, derridiano y levinasiano que ha "desbaratado el pensamiento democrático en la medida en que lo ha empujado hacia un camino de pensamiento sobre cómo debo conducirme a mí mismo, cuál es mi relación con el otro, cuál es mi *ethos* y orientación hacia aquellos que son diferentes de mí" (Brown, en Celikates y Jansen, 2013:5). Sin embargo, tal pensamiento ha proporcionado un ímpetu importante a muchos movimientos sociales contemporáneos ávidos de evitar las tendencias autoritarias de la vieja política de izquierda (Whyte, 2013). Pero, también ha enfurecido a aquellos que están impacientes por el cambio y que ven como políticamente inútil el rechazo de incluso buscar la demanda del poder político a través de procesos electorales, prefiriendo una comunidad saludable desde la cual una sociedad civil fuerte e inclusiva puede influenciar las culturas y decisiones políticas (Holloway, 2012). El micropoder no es rival para el capitalismo corporativo.

En las interpretaciones más extremas de la teoría del micropoder de Foucault, Badiou (2012, 2013) reclama al mismo tiempo un *revival* revolucionario con la marea de protestas, revueltas y levantamientos que estallaron en muchas partes del mundo en 2011 y rápidamente pasa al pesimismo radical, en la medida en que percibe que la resistencia es generada y utilizada por el poder, frente al cual la izquierda, sostiene, es impotente. Esta perspectiva lúgubre es compartida por muchos teóricos radicales, que al principio saludaron la posibilidad de un resurgimiento de la izquierda solo para encontrarse retrocediendo hacia una posición de pesimismo y cinismo a medida que reflexionaban sobre la subsiguiente falta de una transformación política progresista. Žižek (2012:127) escribió que 2011 (el año de los levantamientos de la primavera árabe) "fue el año de soñar peligrosamente (...) ahora, un año más tarde, cada día trae nueva evidencia de lo frágil e inconsistente que había sido ese despertar". Aunque Žižek (2013) procedió a ajustar su evaluación para abrazar una perspectiva un poco más esperanzadora con el éxito del partido griego Syriza (ver capítulo 6) en la elección griega de 2015, su pesimismo inicial hizo eco en la frase concluyente de Caygill (2013:208) en su libro sobre la resistencia: "la resistencia está comprometida en una deslegitimación desafiante de la dominación existente y potencial pero sin ningún prospecto de un resultado final en forma de resultado o solución revolucionaria o reformista (...) la política de la resistencia está desilusionada y desprovista de finalidad".

Este pesimismo generalizado cae en las fuerzas estructurantes del neoliberalismo y la falta de cualquier alternativa política emergente. Rancière (1999) describe las formas posibles en las cuales la política puede deteriorarse. Se refiere a una "archipolítica", en la que las contradicciones internas se invisibilizan, como el totalitarismo (de izquierda o derecha). También habla de una parapolítica, que promueve la despolitización de los asuntos públicos, como en los casos en que las soluciones neoliberales se profieren como la "única" respuesta racional en un intento de remover la dimensión conflictiva de la política y así exprimirla. Un ejemplo sería la respuesta del libre mercado a una crisis económica que es en parte resultado de la propia economía. Una tercera amenaza potencial es la metapolítica —en esta formulación puede haber alguna forma de reconocimiento de la existencia de los conflictos irreductibles de la comunidad, pero estos se sitúan fuera de la política—.

La metapolítica es probablemente la forma más común de degradación política en naciones con capitalismo avanzado. Un ejemplo contemporáneo sería el Tratado Transatlántico para el comercio y la inversión (TTIP, por sus siglas en inglés) —un tratado comprehensivo de libre mercado actualmente en discusión— en secreto —entre la Unión Europea y los Estados Unidos—. El principal objetivo del TTIP es deshacerse de las "barreras" regulatorias que restringen los lucros potenciales que pueden realizarse por corporaciones transnacionales en ambos lados del Atlántico. Estas "barreras" son algunos de nuestros más apreciados estándares sociales y regulaciones medioambientales, como los derechos del trabajo, las reglas de seguridad alimentaria, las reglas sobre la utilización de químicos tóxicos, leyes de privacidad digital, e incluso algunas garantías bancarias introducidas para prevenir que se repita la crisis financiera de 2008. Sin embargo, en un pacto corporativo neoliberal las instituciones democráticas se convierten en instituciones económicas capturadas por los requerimientos de los comerciantes transnacionales e inmediatamente eliminan cualquier sentido de la política, y por lo tanto de lo público, de algunas de las decisiones más cruciales que gobiernan nuestras vidas. En el momento en que se imprime este libro aún no es claro si el TTIP tendrá éxito, pero amenaza con integrar aún más la división estructural entre el poder público del gobierno y el poder privado de la economía.

Como la política es frecuentemente socavada por los procesos descritos arriba, podemos deducir que la política verdadera y la democracia genuina son raras. Pero, mientras que los sujetos siempre estarán sujetos al poder dominante, las subjetividades individuales y colectivas pueden igualmente emerger de las relaciones de poder. Las identidades individuales y colectivas emergen de la resistencia:

Cuando un joven desempleado se da cuenta de que su condición es un síntoma de la enfermedad del sistema socioeconómico y no su propio fracaso, cuando un inmigrante sin papeles se da cuenta de que su problema es el síntoma de un sistema político y jurídico que divide y excluye, cuando una lesbiana se da cuenta de que la supresión de su sexualidad es el síntoma de un sistema de disciplinamiento y control corporal, en este punto emergen los objetos de resistencia (Douzinas, 2015:92).

La emergencia de los sujetos de resistencia generalmente es acompañado de un inmenso sentido de injusticia, de un agravio que debe ser corregido. Está mal que mi familia deba vivir en la pobreza y tener hambre a causa de medidas de austeridad que no tienen nada que ver conmigo, está mal que no pueda tener acceso a la salud pública gratuita, está mal que el estado destruya un parque público o eleve las tarifas de transporte, está mal que me discriminen por causa de mi raza, sexualidad, género, religión, etc. Esto generalmente no se presenta con un plan estructurado formalmente de cómo puede ser reclamada y aplicada la justicia universalmente, aunque puede resultar en reclamos específicos en relación a preocupaciones particulares. De modo que no debería sorprendernos que un frente de izquierda radical unificado no brote inmediatamente. Pero, es solo a través de actos particulares de resistencia a las configuraciones locales de poder, que la semilla de una posición normativa alternativa puede ser cosechada, que puede presentarse la concepción de que "otro mundo es posible", que luego requiere el compromiso de un público más amplio.

La indignación que comienza este proceso de resistencia es la experiencia sentida del sujeto que resiste contra abusos de poder e injusticias del orden existente. Estar fuera del poder, desposeído y excluido es donde podemos encontrar la universalidad agonística, pues muchas y diversas personas se encuentran en tales posiciones. Como afirma Douzinas (2015:96), "la resistencia colectiva se transforma en política y puede tener éxito en cambiar radicalmente el equilibrio de fuerzas cuando condensa diversas causas, una multiplicidad de luchas y quejas locales y regionales, poniéndolas en un lugar y un tiempo común". Condensar diferentes causas y una multiplicidad de luchas siempre implicará disimetría y agonismo. En palabras de Foucault (2004:39), "el sujeto que habla es un sujeto beligerante –ni siquiera diré un sujeto polémico". Pero, esta disimetría y desacuerdo no impiden la subjetividad política colectiva, antes bien, son fundamentales para ella.

Natalie Fenton

La emoción política

Las teorías de la emoción se han tornado crecientemente populares como manera de conceptualizar y analizar la producción interrelacional de las formas de subjetividad (Clough, 2008; Blackman *et al.*, 2008; Venn, 2009; Blackman, 2012), en buena medida por cuenta de las formas en las cuales buscan teorizar las complejas relaciones entre lo social y lo psicológico. Mi propia primera conciencia de la importancia de las emociones vino cuando estudiaba a Ernst Bloch como estudiante de grado. Luego de lo que parecía un eterno pesimismo de la mayoría de la escuela de Frankfurt, aparecía aquí un teórico con esperanza, con el deseo de comprender lo que significaba la esperanza y de dónde venía, y que por lo tanto podía engendrar esperanza en mí. Bloch (1988) veía al sujeto como nunca terminado y siempre en construcción, y en consecuencia, al futuro como algo todavía desconocido. Como un maravilloso antídoto del pesimismo, mi propia respuesta inmediata a Bloch fue la de ser afectada, lo que me llevó a reconocer por primera vez la importancia de los imaginarios sociales y políticos –sueños de lo que podría ser una forma de alentar la disrupción y la transformación de lo que es–.

Bloch distingue entre sueños que no son más que abstractos e inmaduros (la utopía como deseo sin ninguna aplicación voluntaria de cambio) y aquellos que son más concretos y enfocados en las posibilidades reales. Levitas (1998:67) sostiene que "mientras la utopía abstracta puede expresar deseo solo la utopía concreta conlleva esperanza". Para Bloch, el proceso de extraer esperanza concreta de lo abstracto, de transformar voluntariamente la esperanza abstracta en propuestas concretas es lo que llama *docta spes*: un órgano metódico para lo nuevo, una forma agregada objetiva de lo que viene" (Bloch [1959] (1996:157). De forma que, como la esperanza se construye socialmente, tampoco está determinada aún. Este aspecto sin terminar de la esperanza reúne sentimientos y cognición, así como la apertura de la necesidad para la experimentación, y lleva a Levitas a afirmar que "opera como una dialéctica entre la razón y la pasión" (1998:70). Levitas pasa a argumentar que *docta spes* es un concepto altamente normativo, que descansa sobre la noción de la buena sociedad y que debería comprehenderla. Esto tiene sentido, pero entonces buena parte del trabajo de la escuela de Frankfurt reconocía abiertamente la necesidad de la normatividad para realizar teoría crítica (ver capítulo 1). Después de todo, la teoría crítica es evaluativa. Lo que la teoría de Bloch alienta es la atención al *proceso* de pensamiento sobre el cambio social y político en el cual esperar algo desestabiliza el ahora, el aquí, a través de las posibilidades sin fin de lo que podría ser. Emblema frecuentemente afirmado del movimiento antiglobalización/justicia global según el cual "otro mundo es posible", habla claramente de esta esperanza. Como sostiene Giroux: antes que verla como una tendencia individual, debemos ver la esperanza como parte de una política más amplia que reconoce aquellas condiciones sociales, económicas, culturales y espirituales del presente, que hacen posibles ciertas formas de agencia y política democrática (2004:38; citado en Ellis y Tucker, 2011:443).

Claramente, la necesidad de pasar desde la utopía abstracta a una concreta con la aplicación voluntaria de ideas para el cambio ha sido una de las críticas (muchas veces atribuidas injustamente) al movimiento Occupy y al movimiento antiglobalización antes de él. Una manera diferente de aproximarse a esto vía Bloch sería comprender que tales movimientos emergen de configuraciones socioeconómicas particulares que en sí mismas forman un compromiso afectivo con lo que podría ser y ofrecen aumentos de la esperanza en el futuro. Las protestas contienen una mezcla de frustración, enojo y tristeza dentro de una cornucopia de sentimientos de injusticia. Pueden contener momentos de alegría y euforia así como miedo e intimidación. Puede que esto no cambie nada. Pero, pueden señalar otras posibilidades aún no realizadas –así como se dijo que el movimiento zapatista inspiró al movimiento antiglobalización, que se dice que inspiró a los indignados en España, que se dice que inspiraron al movimiento Occupy, que se dice que inspiró los movimientos prodemocráticos a lo largo de Medio Oriente–. Lo que sea que pensemos, es difícil negar que el afecto de alguna manera juega un papel y no puede ser fácilmente descartado.

Hay muchas diferencias entre Bloch y las teorías contemporáneas del afecto (que en sí mismas son muy diferenciadas).[2] La mayoría de las aproximaciones contemporáneas se basan en la noción de que "la actividad se produce a través de fuerzas relacionales que existen entre los cuerpos más que por la fuerza de impulsos internalizados" (Ellis y Tucker, 2011:436). Muchos teóricos se han enfocado en la manera en que este proceso termina en un posicionamiento del sujeto. Massumi (2002), sin embargo, prefiere concentrarse en el movimiento dentro del proceso. Al hacerlo, enfatiza la relación entre las personas como clave, lo "aún no" conocido como apertura de las posibilidades para el cambio dentro del proceso. Bloch intentaba algo similar a través de la propuesta de un proceso orientado, comprendiendo la subjetividad que está abierta y mirando hacia delante –un proceso que involucra tanto a la razón como a la pasión–.

Reconocer que la pasión es un elemento crítico de la política también significa aceptar que la pasión es simultáneamente parte de la razón. Borrar una también borra buena parte de lo que constituye la otra. Las pasiones motivan e infor-

---

[2] Véase Blackman y Cromby (2007) para un excelente panorama sobre las teorías del afecto.

man toda la vida política. Los políticos claramente comprenden esto, y la retórica política se emplea en un intento de maximizar las respuestas políticas afectivas. De hecho, tanto los relatos pesimistas como optimistas de la política radical delineados en este libro se alimentan de sus propias respuestas afectivas, que se alimentan de racionalidades filosóficas. Cuando tratamos con el afecto debemos dar cuenta de manera similar de las muchas maneras en que un registro afectivo se llama para legitimar y sostener la política contemporánea neoliberal de austeridad. Lauren Berlant (2010a: 3) describe cómo:

> El intento de asociar la democracia con la austeridad –un estado de liquidez que se seca igual que el vino seca la lengua– es fundamentalmente antidemocrático. La demanda por austeridad de la gente esconde procesos de distribución desigual del riesgo y de la vulnerabilidad. Se supone que la democracia sostenga la distribución equitativa de la soberanía y el riesgo. Sin embargo, la austeridad suena bien, limpia, ascética; las líneas de austeridad se dibujan alrededor de la polis para incitarla hacia la askesis, hacia manejar sus apetitos y satisfacerse en el autogobierno, en cuyo espejo de performance puede sentirse orgulloso y superior.

Como la capacidad de afectar y de ser afectado se sitúa en la historia, no está igualmente disponible para todos ni distribuida equitativamente. Sin embargo, los teóricos del afecto apuntan a las estructuras de poder como capaces de naturalizar las relaciones sociales y reproducir la dominación –existe el afecto malo así como existe el afecto bueno (Berlant, 2010b; Thrift, 2007)–. Como señala Gilbert (2014:68), aún debemos lidiar con los "problemas del populismo y los hechos del fascismo". Pero, el énfasis dual en el transformarse y en el proceso también apunta a la disrupción, interrupción y suspensión, con la posibilidad de reformar las relaciones de poder. Sin embargo, los peligros no son diferentes de aquellos del pasado –las teorías del afecto pueden ser empleadas de cualquier manera para acomodar cualquier aproximación llevándonos en círculos crecientes sin nunca llegar a ninguna parte–. Así como lo afectivo ha sido utilizado para reproducir el poder, también puede ser utilizado para expresar agencia, pero esta agencia afectiva en y sobre sí misma no transforma los sistemas políticos. Lo que las teorías del afecto pueden hacer es ayudarnos a comprender lo que motiva, acelera y sostiene la actividad política de un tipo particular, para posibilitarnos apreciar mejor la participación política y la naturaleza, forma y consecuencias de la política oposicional contemporánea. Lo que las teorías del afecto no pueden hacer es reformar la democracia extrayendo sus limitaciones liberales, trayendo ideas antiesencialistas, aproximaciones agonísticas y aquello que la interpretación práctica del pluralismo radical pudiera ser.

El mix de las redes sociales: lo político es personal

Uno de los éxitos más resonantes del movimiento feminista ha sido forzar el reconocimiento de que lo personal es político. Esto se relaciona estrechamente con los debates expresados más arriba. Si un sujeto político existe en la esfera pública solo como en las formulaciones tempranas del ideal habermasiano de democracia liberal, entonces excluirá a muchas mujeres. El movimiento feminista luchó arduamente para ganar reconocimiento de que lo que sucede en las vidas domésticas o privadas de los ciudadanos es político –la división del trabajo dentro del hogar, la economía del hogar y el abuso doméstico son unos pocos de los muchos asuntos que contribuyen a la opresión de las mujeres y requieren soluciones políticas–.

La esfera pública también está implicada en los debates que señalamos arriba sobre el ser privado. El sujeto neoliberal es la base para la promoción de y para la búsqueda de la ganancia económica personal. El énfasis sobre el individuo en las teorías del liberalismo erosiona las prácticas y valores de la sociedad y las instituciones no comerciales –aquellas que dependen de la colectividad, la solidaridad, la confianza, la cohesión, la labor social y la responsabilidad–. Una sociedad de mercado, como cualquier otra sociedad, requiere normas, valores y prácticas que la abroquelen, que le provean la estabilidad que se necesita para que el capitalismo prospere. El conflicto entre el individuo público y el privado, entre las esferas públicas y privadas, crea tensión y contribuye a una dinámica política que se relaciona con una reciprocidad difícil entre lo social y lo comunal. En la medida en que las contradicciones del neoliberalismo se vuelven cada vez más profundas, con la creciente contradicción entre los discursos de libertad –cualquiera puede ser una estrella de televisión, cualquiera puede ser un magnate de los negocios o un empresario de Internet– y la realidad de la grosera desigualdad y falta de libertad se vuelve más y más aparente (ver capítulo 1), la tensión entre nuestro yo privado y el colectivo se torna más manifiesta.

Se ha argumentado que Internet y las culturas de convergencia también alimentan la tensión y las contradicciones entre lo privado y lo público. Se sostiene que el solapamiento de símbolos o prácticas que hemos pasado a asociar con los territorios de lo social, cultural, económico y político se mezcla y se torna borroso, de manera que se torna más abierto a la disrupción y al cambio (Andrejevic, 2004; Castells, 2009). El espacio minuciosamente mediado de la ciudadanía es colonizado por actividades que combinan lo social, comercial, político y cultural, pero que no los definen aisladamente. Así, algunos *blogs* pueden ofrecer cobertura política concentrada y enlaces a un conjunto de sitios de compartimiento de videos y/o fotos, pero lo hacen desde una perspectiva altamente personalizada (Papacharissi, 2010b). Es claro que esta tendencia no es nueva, pero se intensifica por la arquitectura del mundo en línea, que hace a estas categorizaciones más fácilmente fluidas y resbaladizas. Lo que alguna vez estuvo reservado para las secciones de noticias duras de ciertos periódicos, ahora contamina nuestras redes sociales.

Los espacios minuciosamente mediados de nuestra ciudadanía contemporánea son colonizados por actividades que combinan lo social, comercial, político y cultural, todo al mismo tiempo. En otras palabras, probablemente no tenga sentido buscar espacios o actividades que sean puramente políticos. Así como ha señalado la teoría feminista, la política está en todas partes y toca todos los aspectos de la vida. Los ambientes mediáticos personalizados típicos de los *blogs* y de los posteos de las redes sociales pueden realizar una contribución limitada a los objetivos del "bien mayor" de la esfera pública. Pero, la contribución única de tales intervenciones mediadas puede residir no en permitir la transformación progresista política, sino antes en desafiar las premisas sobre las cuales descansa la política tradicional. Su función es expresiva en primer lugar y deliberativa por accidente. Como la frontera entre lo público y lo privado sangran, refiguran y reforman, se sostiene que un nuevo conjunto de hábitos sociopolíticos se desarrolla. Esto trae a primer plano una vez más los debates sobre la noción de lo que significa "lo político". Mouffe (en Miessen, 2007:2) sostiene que el pensamiento liberal nunca ha sido capaz de identificar la

> especificidad de lo político. Cuando los liberales quieren hablar de política, piensan en términos de economía –y ese sería definitivamente el modelo agregativo– o en términos de moralidad, y esto representa el modelo deliberativo. Pero lo que es específico de lo político siempre escapa al pensamiento liberal. Considero que esta es una falencia seria, porque para ser capaz de actuar en política se necesita comprender la dinámica de lo político.

Comprender "la dinámica de lo político" ciertamente requiere una comprensión más completa del cambio social. En un intento en este sentido, Bauman (1999, 2000) describe un mundo donde las afiliaciones con discursos del estado, de la religión, la moralidad, etcétera, ya no son estáticos –donde las relaciones con las prácticas sociales son constantemente reexaminadas y reformadas–. En esta modernidad líquida, lo político se torna más huidizo, en la medida en que no existen más sitios que estén anclados a la política. Esto lleva a Bauman a expresar preocupación sobre el narcisismo que implica la política del interés propio. El ciudadano líquido que posee autonomía y flexibilidad está profunda y constantemente insatisfecho porque su autonomía solo se dará sobre una base sin sustento. No se relaciona a nada específico, sino que flota huidizamente alrededor de la siempre cambiante amalgama de todo sin nada donde anclarse. Esta es una autonomía siempre en movimiento sin fundamentos institucionales. El ciudadano con capacidad digital puede haber encontrado nuevas formas de expresión política, que podrían desarrollarse en nuevas formas de conducción política, pero sin lugar de descanso para que su conciencia se establezca y eche raíces. En otras palabras, Bauman desea un ancla donde ningún ancla existe, de manera similar a la denuncia desesperada de Caygill sobre la "falta de objetivos" de la actual política de resistencia (2013:208).

Otros entienden que este ciudadano líquido va adquiriendo capacidad de control en un mundo en línea. Papacharissi (2010a), siguiendo a Benkler (2006), sostiene que existimos en un reino social de imágenes producidas masivamente y símbolos dominados por el consumo, en el que el yo es la única constante que tiene algún control en la formación de estas experiencias. Donath (2007) sostiene que la experiencia comunicativa de las redes sociales se basa en un sentido de participación que supuestamente ofrece un sentido de propiedad que produciría compromiso emocional a través de una comprensión comúnmente compartida del protocolo y de la conducta que marca a las redes y habla a identidades que son reflexivas, móviles y performativas. El compromiso comunicacional es la motivación primera y su objetivo es realizar al yo en cualquier lugar y en cualquier momento. Claramente, la comunicación nunca es solamente sobre el acto de comunicar y los deseos comunicacionales y los requerimientos de información muchas veces se superponen. Pero, se dice que en las redes sociales, la necesidad de estar comunicados, de sentirse al mismo tiempo conectado y en control de sus formas de interacción y medios de autoexpresión, y en última instancia, de promoción creativa del yo, cobran importancia.

Esto es familiar para el conocimiento y la práctica de muchas personas en las redes sociales y trae al primer plano la dimensión afectiva de la comunicación, que es crítica para nuestra comprensión de las experiencias mediadas contemporáneas. Las redes sociales, orientadas por la comunicación más que por el contenido, enfatizan los incentivos psicológicos y personales de la interacción y la participación sobre y por encima de la política del contenido mediático para el consumo público. Se trata de una forma de comunicación que es sobre todo conectiva y que ha tendido a dominar buena parte de lo primero que se ha escrito sobre ella. Al ser social y entenderse que comienza con el usuario individual eligiendo comunicarse con quien quiera que desee, también confiere un alto grado de autonomía al comunicador. Esta sociabilidad aparentemente incrementada pareciera dar lugar a nuevas comprensiones en la medida en que estamos sujetos a un rango más amplio de puntos de vista, y alentados a deliberar libremente dentro de una variedad de redes. La autonomía incrementada supuestamente engendra niveles mejorados de poder y control para el usuario. A su vez, se dice que esto trae a colación una especie de ciudadanía cultural en respuesta a la crisis de pertenencia atribuida a la merma de otras formas tradicionales de compromiso cívico, la erosión de la espera de noticias y la permeabilidad del consumo en todos los aspectos de la vida cotidiana (Miller, 2008).

Si aceptamos el argumento de que los medios digitales trabajan para ensombrecer las fronteras de lo personal y de lo político en la medida en que cliqueamos y enlazamos nuestro camino todos los días, esto trae a colación la posibilidad de que la sociabilidad de la esfera privada se abra a nuevos hábitos cívicos y a nuevos rituales políticos que no pueden ser comprendidos a través de la priorización del discurso deliberativo racional. Las posturas de autorrealización a través de las redes sociales significan que en un ambiente donde la democracia representativa falla, los ciudadanos se retrotraen a la esfera privada y a una forma de comunicación sobre la cual sienten que tienen más control. Estoy enojado, no sé qué hacer, así que escribo en mi *blog*. Se sostiene que esto *no* es indicativo de una falta de interés político sino, antes bien, una señal de la relocalización de este interés hacia ámbitos más íntimos. Esto recuerda el argumento de Sennett según el cual el espacio público muerto (el espacio público que puede ser visible pero ya no es colectivo) es una de las razones por las cuales "la gente busca en un terreno íntimo aquello que se le niega terrenos más extraños" (1974:15). Esto podría explicar por qué las personas han mostrado disfrutar de la participación en encuestas en línea y chistes y caricaturas políticas en circulación más que en los contenidos más tradicionales de los comunicados de noticias (Cornfield, 2004). Esto no significa que lo político se cancele sino que el usuario juega diferentes roles en el mundo del infoentretenimiento político, en el que se juegan roles múltiples. Esto puede ser participativo pero también pasivo, puede ser colectivo pero de la misma forma puede ser introspectivo. Esta es una forma de "lo político" que se resiste a la definición por medio de políticas transferibles de reformulación o deliberación racional.

De modo que sería justo decir que los rituales diarios de Internet de las redes sociales ponen a las personas en contacto con lo político, pero a través de hábitos que no encajan adecuadamente en la estructura de las instituciones democráticas, las funciones de las campañas mediáticas o las tradiciones de la diseminación de información política que ven los usos de la tecnología como demasiado frívolos u orientados al entretenimiento como para ser verdaderamente cívicos. Efectivamente, la democracia representativa y las estructuras y procesos organizacionales y jerárquicos que encarna, simplemente no pueden competir con estas nuevas formas de comunicación social que legitiman la hibridación de objetivos capitalistas y de interés público, que en el análisis habermasiano son responsables por la decadencia de la propia esfera pública. Pero, también podría sugerirse que la esfera pública no es el lente más significativo a través del cual evaluar el potencial democratizador de las tecnologías en línea. Estos modos de compromiso cívico hablan a un modelo de ciudadanía más fluido.

La tendencia a situar cualquier análisis de lo político en relación con los medios en un marco habermasiano de tipo particular representa una limitación de las posibilidades para comprender qué significa lo político. Estas limitaciones están ligadas en particular al requerimiento de ser racional y de alcanzar el consenso, sobre la presuposición de que esto luego resultará en una reforma política acorde a la voluntad de la mayoría. Esto lleva a que nuestro deseo y esperanza de cambio político sea encausado en la noción de democracia liberal que está atrapada dentro de las instituciones de los partidos políticos tradicionales –y entonces es incapaz de ser utilizada para comprender el tipo de actividad política que circula en las redes sociales y que opera frecuentemente fuera del marco deliberativo democrático liberal–. Los demócratas liberales deliberativos habermasianos buscan priorizar las instituciones representativas y los sistemas legales de los estados liberales democráticos como la principal, o incluso la única, morada de la deliberación política, dejándonos con una concepción sospechosamente estrecha tanto de la democracia como de la política. Como el mercado, la globalización y los medios ejercen sus presiones sobre la democracia del estado, la confianza en esta forma de práctica democrática también se vuelve cada vez más insubstancial.

Como he sostenido más arriba, el modelo particular de la esfera pública asumido en buena parte del debate no logra conceptualizar adecuadamente la base intersubjetiva del sentido y la racionalidad, y, por lo tanto, de lo político. En otras palabras, el modelo propone una teoría ingenua del sujeto autónomo racional y la transparencia del sentido, que descansa en última instancia sobre el consenso. La política de movimientos como el movimiento antiglobalización y Occupy, basados en la diferencia y en la diversidad, en redes policéntricas que resisten a la voz universal, que cruzan fronteras geográficas y trabajan contra las narrativas universalizantes –un movimiento de movimientos, una red de redes–, no encaja fácilmente en el marco democrático liberal favorecido por muchos teóricos de la esfera pública (ver capítulo 7).

Papacharissi (2010a, 2010b) sostiene que, junto con el colapso de las fronteras entre lo público y lo privado, también tenemos el colapso de los imaginarios capitalista y creativo. Cita el ejemplo de YouTube, que contiene vastas cantidades de contenido producido independientemente y de contenido comercial presentado en formato amorfo que es casi imposible de monitorear o regular. Una parte de este contenido reproduce material ya registrado por otros, violando potencialmente derechos de autor, retrabaja el material posicionando a la audiencia como productora o promociona una campaña contra las industrias comerciales creativas en favor de la producción independiente con el objetivo último de alcanzar el éxito comercial. Un ejemplo es el de Jon y Tracy Morter, que decidieron montar un grupo de Facebook para promocionar el voto a favor de una canción de la banda de rock metalero *Rage Against The Machine* contra una canción del ganador de la edición 2010 de *The X Factor*, Joe McElderry.

A través de los votos en línea que movilizaron tuvieron éxito en evitar que el primer lugar del ranking fuera tomado por el ganador del show. El cantante de *Rage Against The Machine*, Zack de La Rocha, sostuvo que fue una victoria para la música "real" contra la música "corporativizada" (*The Guardian*, 21 de diciembre de 2009), a través de una "increíble campaña de base que habla sobre la acción espontánea de los jóvenes a lo largo del Reino Unido para derribar este monopolio pop tan estéril. Cuando los jóvenes deciden actuar pueden hacer posible lo que parece imposible" (*BBC News*, 20 de diciembre de 2009).

YouTube también muestra otro contenido político, que va desde los momentos políticos capturados digitalmente hasta la filmación planeada de marchas de protesta. Tales espacios públicos comerciales pueden, en su mayoría, proveer simplemente ruido de fondo. Pero, sí otorgan espacio donde los individuos pueden, si lo desean, realizar interacciones que pueden ser políticas y pueden tener intención cívica. Es importante notar, sin embargo, que también realizan otras tareas en el proceso –entre las cuales el entretenimiento no es menos importante–. Papacharissi (2010a, 2010b) sostiene que estos espacios son esenciales para mantener una conciencia política activa que podría, cuando fuera necesario, facilitar una voz oposicional de peso en respuesta a toda clase de asuntos públicos. Si bien es diferente de la noción habermasiana de la esfera pública, estas tendencias al hibridismo (la mezcla de lo público y lo privado) pueden representar un reflejo más adecuado de la experiencia de los medios sociales públicos contemporáneos.

El argumento de que las redes sociales ofrecen una nueva forma de relato social (Fenton, 2016) que atraviesa lo social, lo cultural y lo político, se alinea estrechamente con el argumento de que la democracia liberal, dependiendo como lo hace de la deliberación racional y del consenso, no ha prestado la suficiente atención y no puede explicar la base intersubjetiva de "lo político" y, por lo tanto, no puede explicar adecuadamente su capacidad transformativa. Lyotard (1984) sostuvo que Habermas sobreenfatizó el acuerdo racional como condición para una esfera pública democrática e insistió en que es la anarquía, la individualidad y el desacuerdo, lo que puede llevar a la emancipación democrática genuina. El desacuerdo de Lyotard se basa en la aproximación deconstructiva de Derrida (1997), que enfatizaba la indecidibilidad como la constante necesaria en cualquier forma de deliberación pública. De manera similar, Mouffe (2000) proponía al pluralismo agonístico como alternativa que mejor da cuenta de la vibrante colisión de posiciones políticas democráticas guiadas por la indecidibilidad y más receptivas a la pluralidad de voces de la sociedad de lo que permite el modelo deliberativo. Específicamente, el modelo agonístico "reconoce la naturaleza real de sus fronteras y las formas de exclusión que pueden implicar, en vez de intentar disfrazarlas bajo el velo de la racionalidad y la moralidad" (2000:105). Esto concuerda mucho mejor con un contexto de política cultural en línea. Se supone que estos espacios cambiantes del discurso público son más hospitalarios a una serie de diversos temas y perspectivas, aproximaciones conflictivas y modos reflexivos de representación (Holt, 2004). Aquí podemos ver plasmada una política de la identidad donde las prioridades pluralistas colectivas e individualistas se superponen, se contradicen y entran en conflicto –todo parte del *mêlée* digital contemporáneo de los espacios públicos y privados–. Al discutir su último libro, Papacharissi sugiere que deberíamos

> No perder el tiempo buscando impactos legislativos, económicos o políticos inmediatos, que pudieran emerger de las maneras en las que ponemos en práctica estas tecnologías. El impacto se encuentra en otro lugar. Para los públicos que se reúnen en línea alrededor de comunidades afectivas el impacto es simbólico, la agencia se proclama discursivamente y es de naturaleza semántica, y el poder al que se accede es liminal (...) el impacto simbólico es importante porque libera la imaginación (entrevista con Jenkins, 2015:1)

Las nociones de "liberar la imaginación" y "agencia discursiva" pueden ser rápidamente criticadas por ser políticamente reductivas y por no traducirse en nada preciso en términos de transformación social y política. Es una especie de política que Gramsci (1971) llamaría apoliticismo y que evita cuestiones de relaciones de poder y de desigualdades materiales. Pero, sin embargo, tales nociones nos alientan a considerar la capacidad transformativa como sugerente de una ampliación de la manera en que pensamos la política y los mecanismos del cambio social. Habla de lo que Bloch llamaría "esperanza abstracta" ([1959] 1996:157). Muchos nuevos movimientos sociales se han enorgullecido de que sus prácticas no tengan fines cerrados. No hay metanarrativas que den forma al comienzo, medio y fin de una aproximación ideológica particular. Como tales, siempre son incompletas, tácitas y experienciales, con énfasis en compartir horizontalmente e intercambiar conocimiento –una manera muy autoconsciente y autorreflexiva de acción y lucha que funciona en una dinámica sinfín de experimentación y búsqueda de síntesis–. Tomando prestado de Raimond Williams (1961), Papacharissi habla de las plataformas de redes sociales como "estructuras de sentimiento" blandas, que reflejan las experiencias sociales –la cultura, sentimiento y estado de ánimo de un momento particular en el tiempo–. Discute la manera en que las narrativas colaborativas que coalescen alrededor de un *hashtag* en Twitter funcionan como estructuras de sentimiento que conectan diferentes tipos de personas alrededor de expresiones e impulsos subjetivos y altamente afectivos. No es la tecnología sino, antes bien, las historias que emergen de estas estructuras de sentimiento lo que nos conecta o nos divide. Aquí es importante que Papacharissi desplaza el énfasis desde la habilidad de la tecnología para forjar nuevas redes hacia el contenido efectivo de las redes sociales en uso. La consideración de quién dice qué a quién viene entonces a colación y nos exige que critiquemos la naturaleza de la narrativa en juego.

Un espacio virtual que puede ampliar la discusión, ¿pero no la democracia? Como hemos discutido más arriba, eso depende de qué modelo de democracia utilicemos como parámetro. A medida que las personas integran los medios en línea en sus hábitos y prácticas diarias, puede ser que la actividad política se exprese y se experimente en una manera que no conduce a la esfera pública de Habermas, construida sobre la deliberación racional, sino que tiene más en común con los impulsos públicos contemporáneos y los deseos de un ciudadano líquido que se mueve a través de contextos fluidos, y que por lo tanto requiere una manera diferente de pensar sobre las condiciones para que se desarrolle la democracia. Pero, inclusive si observamos diferentes clases de renovación democrática, tales como la democracia agonística (Mouffe, 2000), la democracia directa (Fishkin, 2011) o la democracia participativa (Elster, 1998), ver a Internet como una expresión de su realización es aún profundamente problemático. Esto es así en buena parte porque atribuir a cualquier tecnología los poderes para realizar un nirvana democrático extrae a la propia Internet de las ideas, valores, sistemas y estructuras de las cuales es parte. Enfocarse en el contenido de la narrativa social en la era digital es una cosa, pero para comprender el sentido de las historias que se cuentan debemos situarlas en los contextos profundos de los que son parte.

Boltanski y Chiapello (2005) escriben convincentemente sobre un cambio en el "espíritu del capitalismo" contemporáneo que coopta las críticas como fuente de reinvención. Este "nuevo espíritu del capitalismo" ha integrado elementos de la "crítica artística" de la nueva izquierda basada en el deseo contracultural de autonomía y creatividad, y al hacerlo, ha sido capaz de justificar su propósito esencialmente amoral —la acumulación ilimitada de lucro por medios pacíficos— y de motivar administradores que lo apoyen. En ese proceso, descalificó la búsqueda por la igualdad y la seguridad que aquellos que proponen la "crítica social" del capitalismo (por ejemplo los gremios) habían propuesto: la autonomía, en su tesis, había sido cambiada por la seguridad. El nuevo espíritu del capitalismo promueve formas nuevas, e incluso libertarias de lucrar, como realización del yo, a partir de las aspiraciones más personales del individuo. En este universo conexionista, lo que importa sobre todo es establecer buenas relaciones que permitan a los individuos cambiar de un proyecto al otro. Los individuos exitosos están siempre ocupados, siempre activos, sin diferenciar entre el trabajo y el juego, la alienación ha sido superada. Así, igual que la política y la cultura convergen y se superponen en un escenario de YouTube donde la irreverencia y el humor inyectan vitalidad a la conversación política atrapada en fórmulas convencionales, también el juego y el trabajo se combinan y se entremezclan.

Esta convergencia, vista como trabajo lúdico, se ve fácilmente como detentora del potencial para una contracultura creativa. Pero, cuando se ve del lado del reverso, como juego laborioso, nos encontramos con una forma más crítica hacia la ideología de Internet del contenido libre y el trabajo libre. Desde esta perspectiva, el ser autónomo y creativo, más que desafiar el sistema capitalista, ha provisto los medios para sostenerlo y rejuvenecerlo. Las nociones de creatividad y autonomía ahora impregnan las democracias liberales desarrolladas y ya no pertenecen solo a la actividad contracultural. Antes bien, son parte del paradigma dominante de la economía de mercado de hoy en día, los proyectos de trabajo con término fijo, las carreras de *folder*, junto con la necesidad de reformación constante y la creación de redes para retener empleos flexibles e inseguros. La flexibilidad que se demanda de los trabajadores para responder a los cambios en la economía política de los mercados de trabajo puede permitir a los individuos que incrementen su autodesarrollo, que desarrollen una presencia cultural, pero también requiere que estén siempre presentes en la interface. El universo conexionista epitomiza una ética convergente del trabajo-juego, donde para ser exitoso es necesario estar permanentemente en actividad: los blogueros exitosos *postean* constantemente —sobreviven gracias a su habilidad de conectarse y, por lo tanto, siempre deben estar listos y conectados. Visto desde esta perspectiva, las prácticas laborales abrazadas por los activistas de política contracultural, como la alta productividad, la resistencia y los patrones de tiempo no convencionales, refuerzan más de lo que contradicen aquellos idealizados por el nuevo espíritu del capitalismo.

Un ejemplo son las estrategias de administración participativa muchas veces practicadas en las industrias de nuevas tecnologías que alientan la integración del juego en el trabajo. En lugares como Microsoft, el trabajo se construye como diversión –un lugar donde los trabajadores desarrollan nuevas ideas, realizan su creatividad y disfrutan del tiempo libre (productivo) dentro del lugar de trabajo–. Las fronteras entre el tiempo del trabajo y el tiempo libre, entre trabajo y juego, se borran. El trabajo adquiere las cualidades del juego, y el entretenimiento en el tiempo libre adquiere características de trabajo. El tiempo del trabajo y el tiempo libre se vuelven inseparables. Al mismo tiempo, en la medida en que el trabajo atraviesa todo el tiempo y monopoliza nuestros rituales diarios y nuestro espacio mental, se intensifica el estrés relacionado al trabajo. Microsoft ha sido llamado un "*sweatshop* de terciopelo" como resultado de las largas horas y frecuentes *burnout* experimentados por los empleados (Andrews, 1989).

De manera similar, Dean (2009) sugiere que más que entregar mensajes, Internet crea un círculo de circulación interminable que atrapa a aquellos que la utilizan en constantes *me gusta*, reenviar, guardar, comentar, y contribuir sin ninguna expectativa de respuesta. El círculo de circulación nos seduce constantemente para buscar información que se encuentra perpetuamente fuera de alcance. Esto puede significar que siempre estamos involucrados en altos niveles de productividad que confirman nuestra creatividad, pero en un contexto en el cual nuestra capacidad de trabajo probablemente sea explotada por el capital y la resistencia sea mínima. De esta manera caemos presas del capitalismo comunicativo.

A pesar del potencial para la democracia participativa, nuestra existencia digital está enredada en el capitalismo global. El potencial emancipador de Internet es al mismo tiempo subsumido bajo el capital. La paradoja es que, mientras crea e incorpora formas de capitalismo, también levanta la perspectiva de nuevas formas de poscapitalismo. No es ni totalmente uno ni totalmente lo otro. El *potencial* para la resistencia es evidente y cuando las condiciones son correctas puede ayudar a la emergencia de movimientos políticos radicales. Pero, las más de las veces las personas sobreestiman su potencial de resistencia y se olvidan del hecho de que también pertenece al capitalismo global. Hay potenciales positivos y proyectos para una Internet participativa alternativa, pero la Internet contemporánea está mayormente moldeada por corporaciones poderosas que obtienen beneficios materiales a expensas de los usuarios de Internet, mercantilizan la Internet y se apropian del patrimonio de Internet. Internet produce más dominación de grandes corporaciones y más competencias en un mercado capitalista (Freedman, 2014). Pero, también produce información y cooperación que puede potencialmente socavar la competencia. Si los desarrollos tecnológicos de las últimas décadas están transformando la experiencia social, lo que podemos decir sin duda es que lo están haciendo de maneras múltiples y muchas veces contradictorias.

Por supuesto que toda actividad creativa humana tiene el potencial para la capacidad política transformadora, pero comprender cómo este potencial puede traducirse en realidad requiere una apreciación de las relaciones sociales y políticas que persisten, que rodean y preexisten a ciertos individuos y sus relaciones con otros. Dicho de manera más simple, necesitamos una contextualización profunda y radical de nuestras mediaciones en línea para alcanzar una comprensión crítica de los cambios de los medios y de la ontología política en el nuevo escenario mediático. Solo cuando logremos alcanzar una apreciación completa de nuestras mediaciones en línea y sus relaciones contingentes y múltiples con la *estructura* y la *agencia*, podremos evaluar la *factibilidad* de alcanzar una nueva hegemonía, de transformar el orden político existente, sea parcial o radicalmente, y el papel de la mediación en ese contexto.

Conclusión

Este capítulo comenzó proponiendo que la política implica pasión. He sostenido que para comprender los nuevos medios y la política radical también debemos comprender las motivaciones y las barreras del ser político. También he sostenido que si nos restringimos puramente a un análisis político económico que tiende a comprender el mundo desde la perspectiva de la reproducción de la lógica del capital, entonces nos arriesgamos a no reconocer o a no comprender mucho de lo que es político. Negar la pasión en la política es no comprender qué es la política. No hay política sin enfrentamiento, no hay enfrentamientos sin sentimientos de injusticia, desigualdad, tristeza y enojo. La política radical no puede sobrevivir y florecer sin pasión que le provea su *momentum*. Por lo tanto, los marcos teoréticos se agrupan alrededor de concepciones de democracia que no pueden dar cuenta de esto y que sobreenfatizan la racionalidad, no pueden comprender de ninguna manera la política radical.

Pero, en nuestro apuro por abrazar una política apasionada, visualizarla con amor y alegría, en el entusiasmo que proviene de alejarse del adusto comportamiento de buena parte de la política económica, también debemos evitar desplazarnos demasiado lejos hacia el otro lado y darnos la cara contra la pared. Lo que he intentado argumentar en este capítulo es que el macropesimismo que se encuentra en buena parte de la economía política puede y debería ser combinado con el microoptimismo de buena parte de la teoría cultural (algo similar a lo que Deleuze designa como lo molar y lo molecular). Ambos son cruciales para comprender en su extensión las relaciones entre los nuevos medios y la política radical. Sin embargo, demasiadas veces uno domina en detrimento del otro, dejándonos trabados en surcos demasiado simplistas de las consecuencias buenas, malas, o simplemente desagradables de la nueva tecnología. Aceptar que ambos son relevantes no nos absuelve de las difíciles preguntas políticas que subsisten. De hecho, las trae a la discusión. ¿Cómo se generan realmente los públicos multifacéticos que podrían constituir una comunidad política? ¿Cómo se reúnen y provocan cambios sociales cuando operan junto con "la lógica individualizadora de la cultura del consumo contemporánea (...) y la mecánica del neoliberalismo [que] trabaja para inhibir la emergencia de cualquier colectividad política? (Gilbert, 2014:28).

Dahlgren (2009) señala que las culturas cívicas se forman por un complejo de factores: familias y escuelas, características de grupo, relaciones de poder (incluyendo la clase social, el género y la etnia), la economía, el sistema legal y las posibilidades organizacionales, todas son relevantes, y los recursos a los que las personas pueden recurrir son más abundantes entre los más privilegiados. Dahlgren describe cómo los medios directa y rutinariamente impactan sobre el carácter de la cultura cívica a través de su forma, contenido, lógica y modos de uso. En términos de Internet, señala que su significatividad se encuentra no simplemente en el nivel de las instituciones sociales sino también en la experiencia vivida. La experiencia vivida es desordenada y contradictoria.

Si la pasión es el corazón de la subjetividad política, también es parte de la organización política (Amin y Thrift, 2013). Así como no podemos comprender los nuevos medios y la política radical sin una apreciación del sujeto político, tampoco podemos comprender cualquier tipo de política o sistema político sin atender a la dinámica organizacional. Es a esta faceta de la política radical en la era digital que atiende el próximo capítulo.

5. Política radical y forma organizacional en la teoría y en la práctica

En el capítulo 2 se describían las características principales de los medios digitales, en particular de Internet, relacionadas con una política radical, en términos de velocidad y espacio, conectividad y participación, y horizontalidad y diversidad. Las nociones de espacio comunicativo, participación ciudadana y activismo político en esos espacios, y la diversidad comunicacional que producen, hablan de la noción subyacente que establece que, en la era digital, existe una abundancia de fuentes de información profundamente diversas, que una amplia gama de ciudadanos/activistas puede utilizar y a las cuales puede contribuir. A su vez, se dice que esto conduce a una clase particular de política posfundacional. El capítulo 2 describe las muchas maneras en las que dichas afirmaciones son refutadas. Las afirmaciones sobre una multiplicidad de voces en espacios mediados transnacionales también se relacionan con el debate más amplio sobre la naturaleza de la esfera pública que fue discutido en el capítulo 3, un debate que emana de la historia del pensamiento liberal. Al interrogar la naturaleza de la esfera pública, hemos subrayado la necesidad de criticar las presuposiciones que rodean a la democracia liberal –en particular la noción de la deliberación racional que le es inherente (ver capítulo 4)– en la que buena parte de la política radical ha perdido la fe y contra la que se ha levantado. Este capítulo retoma esa discusión para preguntar: si el modelo deliberativo racional de la democracia liberal no puede dar cuenta de las nuevas formas de la política radical que emergen en la era digital, entonces ¿cómo podemos entenderlas mejor? Para eso, retornamos a la noción de multiplicidad y al concepto de multitud.

Una de las diferencias más importantes entre la contrapublicidad de los movimientos sociales transnacionales y la contrapolítica del estado-nación es la ausencia de una identidad común y el rechazo de metanarrativas organizacionales unificadoras. Este capítulo desarrolla la manera en que se ha gestado el rechazo de metanarrativas de las ideas y valores políticos como el socialismo y el comunismo, y cómo se relaciona esto con la noción de multiplicidad en las configuraciones contemporáneas de la política radical. Si bien esta discusión espera proporcionar comprensión sobre ciertas corrientes de contrapolítica radical contemporáneas, también levanta cuestionamientos sobre nuevos problemas que salen a la superficie a través de la promoción paralela de la noción de autonomía creativa individual.

La primera aparte de este capítulo vuelve sobre las características que definen Internet, discutidas en el capítulo 2 y retomadas arriba –horizontalidad y diversidad y conectividad y participación–. Desarrolla luego esta discusión en relación a los debates del capítulo 4 sobre las preocupaciones políticas de las afinidades y diferencias respecto de los medios digitales y la política radical. ¿Puede una política oposicional basada en la multiplicidad y la diferencia ser concebida o percibida como universal? Aunque cada uno de nosotros pueda tener una identidad política diferente, ¿podemos tener una política en común?, ¿puede una política basada en la diferencia, que abarca puntos de vista múltiples y una variedad de identidades políticas, forjar una solidaridad lo suficientemente poderosa como para provocar el cambio social?

La naturaleza de la lucha en línea y la diversidad de las relaciones sociales que encarna revelan una multiplicidad de relaciones de subordinación y oposición. Pero, ¿en qué momento esas multiplicidades dejan de ser una política inclusiva de diferencia, y pasan a ser una política de fragmentación y dispersión de la eficiencia política? ¿Qué significa, en la práctica, defender un sujeto político que se compone de identidades múltiples y fluidas que reflejan las múltiples diferenciaciones de los grupos? ¿Cómo puede realizarse y sostenerse una política de la solidaridad en la diferencia? ¿Debilitamos nuestras diferentes luchas y diluimos nuestra solidaridad a través del constante recurso a la multitud? ¿O son tales espacios disputados, como sostiene Virno (2004) en sus teorizaciones de la "multitud", el "derecho de resistencia" para comunidades que son necesariamente antagónicas en su colectividad?

Interactividad, participación y autonomía

La participación cívica y política se comprende en general como prerrequisito para que las democracias basadas en la ciudadanía funcionen. La facilitación de la participación es un factor crucial en el activismo transnacional en Internet. Se ha sostenido que la capacidad interactiva y participativa de Internet para acelerar y elevar la circulación de la lucha es crucial para el éxito de algunas campañas, como el movimiento antiglobalización (Cleaver, 1999), así como la propagación de protestas prodemocráticas en Oriente Medio en 2011 (Ghannam, 2011; Milady, 2011). La naturaleza de la participación promovida por muchas formas contemporáneas de movilización política radical en línea se construye sobre una noción particular de la autonomía individual, conectada directamente con la celebración de la multiplicidad y la diferencia: la habilidad de actuar y hablar por uno mismo, mientras que también se es parte de un movimiento colectivo, no controlado por ningún individuo o jerarquía central.

Esta multiplicidad también es modificada por otro concepto: autonomía; el principio de que nadie habla por el colectivo, de que cada uno asume el control de su propio activismo político. El surgimiento de la noción de autonomía para los sujetos comunicativos en la era digital está en el corazón de la política de redes de muchos grupos/movimientos sociales radicales. Ocupándose de las cuestiones políticas levantadas por la multiplicidad de voces en los espacios mediados transnacionales y el rechazo de metanarrativas de ideas políticas en favor de sujetos políticos y valores autónomos, este capítulo discute de qué manera estas características principales de la política radical de grupos/movimientos radicales y progresistas se relacionan con el concepto de representaciones y hegemonía (política).

El principio de que nadie habla en nombre del colectivo, de que cada uno asume el control de su propio activismo político, de que cada activista es autónomo, se ha tornado cada vez más prominente en la nueva ola de movimientos políticos radicales que comenzó con el movimiento antiglobalización –aunque este tiene una historia que lo precede–[1]. Uno de los primeros movimientos sociales que abrazó y apoyó explícitamente tal aproximación a través del uso de los medios digitales fue el Ejército Zapatista de Liberación Nacional (EZLN) en su rebelión política contra el capitalismo neoliberal y, en particular, contra el Acuerdo Norte Americano de Libre Comercio (NAFTA) en pos de la liberación de Chiapas en México. Desde el comienzo, la lucha de los zapatistas, establecida en 1994 y liderada por el Subcomandante Marcos, se diferenció de movimientos políticos anteriores debido a su desinterés en el poder estatal y en las estructuras jerárquicas, sumado a un claro foco en la autonomía y la democracia directa (Klein, 2002; Graeber, 2002). La democracia directa en este contexto enfatiza la autonomía horizontal, el liderazgo indígena y la organización colectiva, lo que significa escuchar cada una de las voces de la comunidad para construir sistemas sociales que se adecuen a las necesidades de todos. De acuerdo con estos principios, los zapatistas niegan la identificación con un partido político y rechazan la noción de tomar el poder a través del ejercicio del gobierno estatal que, sostienen, no haría

---

[1] La autonomía y la democracia participativa como ideología política fueron aprte de las luchas sociales de las décadas de 1960 y 1970 (particularmente en Italia y Alemania) (Véase Katsiaficas, 2006).

más que perpetuar un sistema que repudian (Marcos, 2001). En consecuencia, también dan importancia a la interconectividad y a las redes, utilizando Internet para crear una identidad política colectiva que se ha extendido mundialmente (Atton, 2007; Castells, 1997; Kowal, 2002; Ribeiro, 1998). El Subcomandante Marcos se resistió deliberadamente al estatus de líder y rechazó cualquier nombre que pudiera identificarlo como individuo. El conflicto en Chiapas dio lugar a la *People´s Global Action Network* (PGA), que llevó a las manifestaciones de Seattle en 1999 y a la creación del movimiento por la justicia global (Day, 2005; Graeber, 2002; Holloway, 2002), que Internet cementó como parte del repertorio de la acción política (Traugott, 1995; Fenton y Barassi, 2011). Internet también fue considerada como evidencia de que la política radical puede levantarse horizontalmente y tomar la forma de redes, más que de hegemonías jerárquicas como en la política gremial tradicional del trabajo.

La noción de la "red" como un espacio siempre abierto de la política ha recibido una significación destacada a través del trabajo de Hardt y Negri (2004, 2009). Ellos presentan a la red como mucho más que la dinámica de conexión de individuos relacionados. Para ellos, confiere relaciones autoconstituidas, no-jerárquicas, transnacionales, basadas en la afinidad, con la premisa de la "autonomía" (el derecho de todos a expresar su propia identidad política) y la "solidaridad" (para superar al poder/neoliberalismo) (Graeber, 2002:68). Como discutimos en el capítulo 2, esto se explica parcialmente mediante la apreciación de una relación entre la participación en la política radical contemporánea y el descompromiso y la desilusión con los partidos políticos tradicionales (della Porta, 2005). Aquellos que desconfían de los partidos políticos y las instituciones representativas tradicionales son más propensos a confiar y participar en movimientos sociales. Las primeras son vistas como burocráticas, delegando el proceso democrático en los representantes electos, mientras que los segundos se basan en la participación y el compromiso directo. Todas las democracias occidentales siguen algún tipo de sistema de política representativa. Pero, cualquier democracia representativa liberal pluralista siempre trae a colación el tema de quién habla por quién (y de quién no habla por quién). La política representativa otorga mucho poder a un pequeño número de individuos que se supone que representa los intereses del resto y, al hacerlo, necesariamente homogeneiza la situación particular de cada uno. La crítica radical de Badiou coloca a la democracia liberal en una relación directa con el capitalismo, a través de la cual todo en el mercado es igual en valor a todo lo demás: "si la democracia es representación, es representación primero y principalmente del sistema general que lleva su forma. En otras palabras, la democracia electoral no es representativa excepto en el punto en que es representación consensual del capitalismo, hoy renombrado como 'economía de mercado'" (Badiou, 2010: 122). Para Rancière, "la representación es una forma completa y abiertamente oligárquica" y "el exacto opuesto de la democracia" (2011a:60). Es representación por parte de una minoría dotada con el título de custodio de nuestros asuntos. Douzinas (2015:81) recuerda una entrevista en el periódico con Badiou en 2014, donde él también afirma que:

> la izquierda es parte de una "impostura estructural" (...) La izquierda, una idea creada en y por el estado, ha establecido un acuerdo con la oligarquía, con la cual quiere alternarse en el poder. Ha abandonado su compromiso con el cambio radical y promueve el mito de que las elecciones parlamentarias pueden ser utilizadas con objetivos "revolucionarios".

Por otro lado, la noción de una democracia más participativa o incluso directa nos impulsa a pensar en términos de una democracia descentrada que rechaza la versión modernista del proyecto político con un único objetivo coherente de reforma social decidido por consenso (ver capítulo 3); esto posibilitaría el surgimiento de un orden más fluido y negociable, "con estructuras plurales de autoridad, junto con un número de dimensiones diferentes, más que una sola localización para la autoridad y el poder públicos" (Bohman, 2004:148). Esto requiere repensar radicalmente la teoría y la práctica de la política. Se sostiene que, como consecuencia de sus atributos participativos e interactivos, los medios digitales —e Internet en particular— que permiten que los ciudadanos estén conectados, siendo al mismo tiempo creativos y autónomos, son adecuados para la extensión de tal proyecto democrático.

¿Desorganización o fragmentación?

Pero, la participación que se entronca en la autonomía es ardientemente criticada con base en su eficacia política, pues se percibe que la sociedad interconectada produce identidades localizadas, desagregadas, fragmentadas, diversificadas y divididas. Trabajos anteriores de Castells (1996) veían la naturaleza fragmentaria de los medios digitales como un límite para la capacidad de los nuevos movimientos políticos para crear estrategias coherentes, debido a la creciente individualización de los activistas. De manera similar, desde una aproximación basada en la *des*organización, los problemas de cantidad y el caos de información desafían la manera en que se integran el análisis y la acción en los procesos de toma de decisiones —cómo se debaten los temas y cómo se alcanzan las decisiones puede ser, en el mejor de los casos, poco claro, y en el peor, imposible de imaginar–. Si, como Castells (1996), percibimos la aproximación inclusiva a la diversidad de perspectivas dentro de una respuesta política particular como nada más que fragmentación y disolución de la solidaridad, seremos llevados en última instancia a la conclusión de que esta es una forma de política que carece de dirección y de agencia política. No queda claro por qué Castells cambió de opinión en 2009, pero es probable que tuviera relación con el incremento en volumen e intensidad de tal actividad.

Pero, inclusive si aceptamos que la democracia representativa ha fallado (ver capítulo 1) y que, a través del conflicto político pueden emerger redes asociativas, establecerse la sociedad civil y ocurrir el cambio social (ver capítulo 2), el problema persiste: ¿cómo pueden trabajar en conjunto, en función de objetivos políticos, agrupamientos oposicionales que son fragmentarios y múltiples? La clave para comprender esta aproximación a lo que ha sido denominado política radical "posfundacional" (Marchart, 2007) es mantener en mente que cualquier objetivo tiene múltiples posibilidades de realización y que existen muchas rutas diferentes para alcanzar cada una de ellas. La reducción de la acción política a la construcción de un solo objetivo, que implica una aproximación racional exclusiva por la cual todos los otros objetivos potenciales son desechados como mal concebidos o equivocados, es considerada por muchos como inaceptable. ¿Por qué alguien participaría de una política que se establece según los términos de otra persona y que intenta allanar el desacuerdo y sofocar el disenso –los hacedores de una política representativa fallida y rancia–? La participación según los términos de otra persona se comprende como la realización equivocada de un ideal de homogeneidad que intenta remover la incertidumbre y la incognoscibilidad, y que reduce la política a la "administración de cosas" (Bhabha, 1994). Es vista como una remoción de la creatividad y la autonomía de la acción política. Los activistas políticos contemporáneos hablan de crear espacios autónomos para la imaginación y la creatividad que son contingentes, abiertos e impredecibles –una tentativa de escapar a la política ideológica y moverse hacia una política dialógica dónde continuamente reconocemos la diferencia y aprendemos de otros–. La premisa política es la del antirreduccionismo, que se resiste a procesos o visiones monológicas. Tales formas de resistencia se unen mediante la percepción compartida de una injusticia más que por una visión común determinada de un mundo mejor que pudiera venir a ser.

Pero, como han notado muchas teorías feministas en relación al desarrollo del feminismo como movimiento político (Fenton, 2000; Spivak, 1992; Braidotti, 1991), para lograr eficacia política se necesita más que la libertad aparente que viene con la celebración de la diferencia y la diversidad, más que solo un incremento de las instancias de protesta u oposición mediada. Incluso si aceptamos la posibilidad de que grupos oposicionales fragmentados y múltiples pueden crear su propia intervención política a través de Internet, aún debemos franquear el siguiente nivel: ¿cómo puede una política de la solidaridad (basada frecuentemente en un consenso de lo que las personas no quieren), forjada a través de la diferencia (basada frecuentemente en lo que las personas sí quieren), ser realizada y sostenida? ¿Puede un compromiso con el valor de la diferencia y la apreciación del derecho de todos al disenso, sostener una política radical cohesiva? ¿Pueden las pertenencias múltiples y las identidades flexibles de las que hablan Tarrow y della Porta (2005:237), la micropolítica de la multitud, extenderse más allá de la protesta política para dar lugar a la transformación societal?

Al intentar hacer que la política radical traspase lo que muchos teóricos han comenzado a ver como un *impase* político radical de la izquierda, Rancière (1999), Badiou (2008) y Žižek (Žižek y Daly, 2004) comparten el deseo de revivir una forma de universalismo en la contrapolítica, aunque de diferentes maneras. Rancière se compromete a una universalidad que siempre es "local" y "singular": "[un] sujeto político no es un grupo que 'toma conciencia' de sí mismo, encuentra su voz, impone su peso sobre la sociedad. Es un operador que conecta y desconecta diferentes áreas, regiones, identidades, funciones y capacidades que existen en la configuración de una dada experiencia" (1999:40). Rancière toma los movimientos de militantes argelinos franceses que trabajaron en Solidaridad por la independencia Argelina en las décadas de 1950 y 1960, y compara el apoyo que recibieron con la relativa falta de apoyo que recibieron aquellos masacrados y desplazados en Bosnia en la década de 1990. En los primeros, el reconocimiento de la causa del otro como algo que se relaciona con la propia causa, expresado como solidaridad, produce la emergencia de la igualdad –el reconocimiento del otro en términos de igualdad–.

Para Badiou, el universalismo se relaciona estrechamente con la subjetividad y es una condición de su posibilidad. Sostiene que hemos superado la antigua política revolucionaria que se constituye a través de partidos que confrontarían al estado, tomarían el control e instigarían su caída. Esta, sostiene, era una política construida sobre el "paradigma de la guerra" (2007:44), que condujo a atrocidades brutales antes de que los partidos revolucionarios se rutinizaran y se transformaran en partidos de estado. Para Badiou, la pregunta crucial para la política contemporánea es si una política revolucionaria sin partido es posible. Una política sin partido no implica, en sus términos, una política sin organización –lejos de eso–. Pero, sí significa una política sin ninguna relación con el estado.

El argumento de Žižek a favor de una restauración del universalismo es de alguna manera diferente y se apoya sobre la figura de Lenin, quien, sostiene Žižek, tenía el coraje necesario para asumir un liderazgo efectivo del estado (Žižek y Daly, 2004). Controversialmente, sostiene que la necesaria traducción de la política revolucionaria en un orden político y social duradero siempre tiene un costo. Todos los arriba mencionados operan con alguna versión de la autonomía, ligada a su propia conceptualización del sujeto político –como hemos discutido en el capítulo anterior–, pero cada uno reconoce la necesidad de un tipo de universalismo que no cancele la diversidad sino que genere solidaridad.

Autonomía, anarquismo y contrahegemonía

Así como existen diferentes maneras de concebir al sujeto político, también hay diferentes maneras de concebir la autonomía. La conceptualización y la práctica de la autonomía en la sociabilidad interconectada de la política radical contemporánea han sido forjadas a través de la conexión entre el anarquismo, el movimiento autonomista y el marxismo autónomo. Como señala Barassi (2015b:33):

> El movimiento autonomista italiano encuentra sus raíces en el movimiento de los tardíos sesentas y se establece durante los setentas, cuando diferentes realidades políticas comenzaron a organizarse movilizadas por una búsqueda de la autonomía política. Por otro lado, estaban los grupos autónomos de trabajadores como *Autonomia Operaia* (AO), que buscaban afirmar su independencia de base tanto contra la administración de las fábricas como contra los gremios que estaban relacionados al Partido Comunista Italiano (PCI). Por otro lado, el movimiento debe su legado a los colectivos feminista, estudiantil y de la juventud, que durante aquellos años buscaban establecer su autonomía frente al contexto social y político italiano que se definía como un sistema no solamente influenciado en buena medida por la explotación capitalista, sino también por costumbres definitivamente patriarcales y el legado del fascismo.

El marxismo autonomista se desarrolló como un movimiento político de la izquierda italiana luego de la Segunda Guerra Mundial. Aunque ha sido visto como sinónimo del movimiento autonomista, Barassi señala que se trata de dos movimientos completamente diferentes. El marxismo autonomista emergió de un movimiento llamado *operaismo* (traducido libremente como "trabajismo"), que encontró un espacio político en algún lugar entre la dirigencia estalinista del Partido Comunista Italiano y los jóvenes trabajadores e intelectuales radicalizados que existían en los márgenes del partido. El *operaismo* estaba inmerso en los así llamados años de plomo:

En los últimos años de la década de 1970, el gobierno italiano aprobó una ley que permitía a la policía abrir fuego sobre los manifestantes. La represión alcanzó su auge, diferentes secciones del movimiento autonomista se organizaron en grupos guerrilleros-terroristas, lo que llevó a la lucha armada. En 1978, uno de estos grupos, las Brigadas Rojas, secuestraron y mataron al ex Primer Ministro de la Democracia Cristiana, Aldo Moro. La década de 1970 y los primeros años de la década de 1980 fueron años de violencia, represión, robos a mano armada, secuestros y exilio. Fueron años sangrientos para la política italiana, y se han vuelto famosos como los años de plomo (Barassi, 2015b:48)

A riesgo de sobresimplificar, el *operaismo* enfatizaba la automotivación de la lucha de los trabajadores que no procedía de, ni atravesaba, partidos o liderazgos, y que no podía ser atribuida directamente a la explotación. Antes bien, su autoactivación era el resultado de la lucha de los propios trabajadores contra el capital. El movimiento autonomista se extendió más allá del foco en los trabajadores y optó crecientemente por pequeñas confrontaciones con el estado antes que las acciones masivas de la clase trabajadora. Aquellos que formaron parte del movimiento se consideraban separados de las estructuras establecidas del control político como el estado, los partidos políticos principales, y también los sindicatos.

Las estrategias que se han construido con base en el movimiento autonomista han evolucionado en diferentes direcciones en diferentes países, pero cada vez más el autonomismo pasó a relacionarse en el tablero con el anarquismo. El horizontalismo que abrazaba progresó desde un principio organizacional hacia un anarquismo antiestatal, apoyado principalmente en la libertad del individuo y sus acciones y elecciones antes que en la relación de la política con la sociedad que lleva a debates más amplios de economía de escala y poder social.

Esto lleva a Day a sostener que el surgimiento de movimientos por la justicia global basados en estrategias políticas anarquistas y discursos autonomistas que rechazan una totalidad social singular implica que la "lógica de la hegemonía" se ha agotado; "Gramsci ha muerto" (2005:203). Tal afirmación pasa por alto, sin embargo, el desplazamiento posmarxista en la teoría gramsciana. Si atendemos a la formulación de la hegemonía propuesta por Laclau y Mouffe (1985), como algo enteramente relacional y contingente con el contexto, entonces debemos aceptar que no se define como una estructura fija o como una relación social particular, como sugiere Day. Aun así, Day remite a conceptualizaciones marxistas clásicas de la hegemonía, que ven a la sociedad como una totalidad con un *locus* central de poder, asumiendo con eso que la deferencia a una sola ideología es el único resultado posible de los proyectos políticos que buscan subsumir los intereses de las minorías en una sociedad liberal.

El elogio, como ha sido realizado por Day (2005), de las cualidades emancipadoras de los nuevos movimientos sociales como indicativo del fin de la hegemonía, basado en su autonomía del poder del estado es profundamente problemático. Cuando una política de nuevos movimientos sociales reside en la autonomía concebida como libertad para uno mismo y desconectada de todo, incluyendo su propia historia, entonces la autonomía se transforma en una limitación más que en libertad. A través de su insistencia en lo relacional y en la contingencia, desarrollos posteriores de la teoría hegemónica nos alientan a reconocer la complejidad de las relaciones de poder en cualquier momento. Cualquier otro curso de acción no solo significa negar que las relaciones de influencia ocurren entre diferentes componentes o factores en un proceso político, sino también negar la complejidad de las relaciones sociales y políticas que se desarrollan entre los movimientos políticos contemporáneos y las instituciones políticas dominantes (Barassi, 2010).

De hecho, como señala Barassi (2010), las organizaciones de movimientos sociales trasnacionales están muy interrelacionadas con las instituciones políticas dominantes, como los gobiernos locales y nacionales (McCarthy, 1997; Kriesberg, 1997) y no pueden ser comprendidas sin ellas. Barassi (2010) también señala el trabajo realizado por Starn *et al.* (2005) entre las *rondas campesinas* en el norte de Perú, en el que muestra cómo los movimientos desarrollaban simultáneamente una política basada en la idea de autonomía, mientras recibían ayuda de la influencia de la iglesia (Gledhill, 1994). Como sostiene Barassi, el énfasis en la autonomía como la característica definitoria de los Nuevos Movimientos Sociales corre el riesgo de esencializar no solo los movimientos mismos, sino también las interpretaciones sobre el alcance del estado. Las aproximaciones que ponen la autonomía individual en primer plano y sugieren que la liberación o la habilitación de esta autonomía abren un espacio para una nueva política de lo global, con frecuencia no logran dar cuenta de la autonomía estatal y por lo tanto de relaciones de poder más amplias. Cuando lo hacen, muchas veces vienen acompañadas de una lectura anarquista según la cual el ámbito internacional es uno de libertad y posibilidad, precisamente porque la autonomía del individuo no se ve restringida por la autonomía del estado. De hecho, se sostiene que "el anarquismo no es la ideología política del desorden, sino de la autonomía, y un marco para comprender de qué manera los grupos y los individuos pueden relacionarse sin la necesidad de estados" (Prichard, 2010:24). Esto bifurca el mundo en individuos por un lado y estructuras por otro, impidiéndonos la comprensión de la agencia colectiva, sea en la forma de sindicatos, clases sociales, ONGs o multinacionales.

Las aproximaciones autonomistas pierden de vista demasiadas veces los factores contextuales críticos de las fronteras estatales, infraestructuras políticas prevalecientes, y límites económicos siempre dominantes que levantan cuestiones críticas en relación a la eficacia política de muchas formas contemporáneas de política radical. Con frecuencia tales aproximaciones descartan el impacto de las políticas de las organizaciones y movimientos en una política estatal, o basan el éxito de tales movimientos en su habilidad para funcionar al margen de la política estatal. Como consecuencia, no están en buena posición para evaluar la naturaleza y las consecuencias del acto político en un contexto más amplio de estructuras políticas, dejando abierta la cuestión colocada al comienzo de este libro: ¿qué tan abierta está la política de hoy al cuestionamiento y la revisión?

Igualmente problemático es el descuido frecuente, por parte de muchos teóricos de la hegemonía, del análisis profundo de las *condiciones* organizacionales, así como sociales y políticas, requeridas para el arraigo de la contrahegemonía y para el establecimiento de la transformación política y la democracia real (como sea que se conciba). Eso es relevante para las formas de organización contrapolítica –la manera en que un grupo puede funcionar en conjunto por un objetivo político– como también para el funcionamiento de los sistemas políticos. Comprender de qué manera hacemos buena política en pequeña escala, basada en un grupo o lugar, es tan importante como comprender de qué manera emergen los sistemas políticos democráticos. La autonomía en última instancia separada de todo, incluso de nuestros amigos políticos así como de los estados soberanos es, como señala Brown (2011:49), "políticamente irrelevante": "la democracia despegada de una jurisdicción soberana delimitada (sea virtual o literal) es políticamente irrelevante: para que los pueblos se gobiernen a sí mismos, debe haber una entidad colectiva identificable dentro de la cual se organice la participación en el poder y sobre la cual se ejerza".

Tales conceptualizaciones de la autonomía, asociadas con teóricos autonomistas poshegemónicos, niegan los asuntos espinosos del poder colectivo, las instituciones sociales y la estrategia política. La conceptualización de la autonomía según la expresan los teóricos del discurso posmarxista, que opera dentro de un marco hegemónico debe ser, entonces, claramente distinguida de la conceptualización de los teóricos poshegemónicos autonomistas (por ejemplo Day, 2005; Holloway, 2002), que se encuentra más estrechamente asociada con el movimiento autonomista. El primero sigue la trayectoria teórica del marxista italiano Antonio Gramsci, pero la desarrolla en una etapa más avanzada, subrayando la articulación y la contingencia y reconociendo que, aunque la singularidad de múltiples voces debe ser respetada, en última instancia no es ni realizable ni deseable que cada una de esas singularidades ocupe un espacio, una política o un lenguaje permanentemente unificado. En otras palabras, si bien la autenticidad singular de muchas voces individuales es constitutiva del todo, es necesario trascender las preocupaciones particulares de cada individuo para formar una identidad colectiva y, finalmente, establecer la contrahegemonía (aunque, como consecuencia de su disposición aceptadamente contenciosa, esta contrahegemonía estará necesariamente siempre en movimiento y en cuestión):

> De esta manera, puede construirse una contrahegemonía, aunque será marcada por una tensión inextricable entre la singularidad de las diferentes demandas y voces incluidas dentro del bloque contrahegemónico y su representación dentro de una ideología o programa global. La representación violenta la singularidad, pero las singularidades también perturban el funcionamiento de la representación (Thomassen, 2007:120)

Así las cosas, Thomassen reconoce una relación necesariamente dialéctica entre lo individual y lo colectivo, entre la autonomía y la solidaridad. Es solo mediante la apreciación de la relación dinámica entre ambos y la lucha constante y contingente para construir la articulación de diferencias, que puede sostenerse cualquier fuerza contrahegemónica. ¿Qué significa esto para la política radical cuando nos detenemos a meditar sobre los medios en la era digital?

Medios Digitales, política radical y autonomía

Siempre me sorprende que buena parte de la teoría y la filosofía políticas no logren dar cuenta de, o subestimen seriamente el grado hasta el cual los procesos y los resultados democráticos (tanto de la política establecida como de la política alternativa) son modelados por las "acciones de aquellos que tienen acceso a los medios, a los mecanismos de representación y a los partidos políticos" (Tormey y Townshend, 2006:224). En nuestras democracias minuciosamente mediadas, esto se siente demasiado frecuentemente como un descuido inexcusable. Sin embargo, la aproximación a la trasformación social y política que comienza desde los medios también es susceptible a problemas de tecnocentrismo, si no de determinismo tecnológico.

Esto ha sido una dificultad particular para muchos de los teóricos cuyos análisis parten de las maravillas de Internet y su habilidad para extender el compromiso político, que luego engendra automáticamente una sociabilidad interconectada potenciada para la ciudadanía política en general (por ejemplo, Benkler, 2006). La autonomía aparece frecuentemente en este debate. Castells (2009:136) se refiere al concepto de "autonomía creativa" en relación a Internet. Según el autor, la "Web 2.0" causó una transformación histórica de las prácticas comunicativas con consecuencias considerables para la organización social y el cambio cultural. Castells sostiene que ha surgido una nueva manera de comunicación: la "comunicación masiva del yo", posibilitada particularmente a través de las plataformas de redes sociales, donde mensajes autogenerados, creados por individuos, pueden alcanzar audiencias globales (ibíd: 58-71). Esta oportunidad sin precedentes para que individuos creativos se comuniquen potencialmente con millones de personas en línea, otorga a la audiencia control sobre las prácticas comunicacionales y les proporciona niveles de autonomía sin precedentes, imbuidos de posibilidades emancipadoras. Castells cree que la autoexpresión a través de las nuevas plataformas mediáticas puede actuar como herramienta de resistencia, y sostiene que "la construcción de autonomía comunicativa se relaciona directamente con el desarrollo de la autonomía social y política, un factor clave en la promoción del cambio social" (ibíd: 414).

En un nivel, Castells parecería estar en lo cierto en relación a los nuevos movimientos sociales y sus prácticas en línea: a través de la comunicación masiva del yo, los nuevos medios permiten la participación de ciudadanos de manera políticamente significativa –la Revolución Verde en Irán es solo un ejemplo (ver Khiabany, 2010), y la serie de levantamientos que fueron etiquetadas como la Primavera Árabe es otro–. Pero, la perspectiva de Castells no nos ayuda a comprender qué sucedió políticamente en estas instancias. Es importante recordar que Castells escribe desde la posición del anarquista. La participación política se comprende a través del rol del individuo. Es el sujeto individual quien es interpelado para que desarrolle nuevas técnicas del yo como actos de resistencia quien se alienta a movilizar en favor de temas políticos, o a quien se persuade para que se involucre en debates que preceden elecciones políticas (Castells, 2009:299-364).

Castells (2009) se concentra en una perspectiva que prioriza la importancia de la autoexpresión originada en formulaciones y actos individuales –la autonomía creativa–. La subjetividad política individual es central al compromiso político, pero también deberíamos recordar que la participación política frecuentemente se define por, y tiene lugar en relación a y en coordinación con otros. No es suficiente con decir simplemente que esta es una forma de política nueva, interconectada. Toda identidad social, cultural o política siempre es fragmentaria y caracterizada por sus relaciones multifacéticas con otros. De hecho, cualquier transformación social que pueda ser llamada hegemónica puede ser alcanzada solo mediante un proceso de conexión/desconexión y articulación/rearticulación con otros. Privilegiar la autonomía creativa del yo en relación con las nuevas formas tecnológicas niega la dimensión colectiva de la participación política tan prevaleciente en la ola de movimientos sociales y levantamientos políticos alrededor del mundo, y de esa manera disipa las propiedades políticas del acto comunicativo participativo en sí mismo.

Redes de poder y redes de contrapoder

Castells (2009) sostiene que es de fundamental importancia resaltar las redes de poder construidas por los negocios multimediáticos globales y comprender cómo estos se relacionan con la política nacional e internacional. Entiende que la situación histórica contemporánea está moldeada por un conflicto de redes. Por un lado, tenemos las redes de poder, las cuales se construyen alrededor de negocios multimediáticos. Por el otro lado, tenemos las redes de contrapoder, moldeadas por la comunicación masiva del yo. Pero, la práctica del yo, a través de las formas de autonomía creativa que él defiende, tiene poca relación con los contextos sociales y políticos más profundos y más amplios en los que se desarrolla. Y, esto nos lleva de nuevo directamente a conceptos de hegemonía. Una consideración de los contextos sociales y políticos trae a colación una consideración crítica de los marcos dominantes de acción política y organización social aceptables, así como del posicionamiento más amplio de la actividad política dentro del discurso neoliberal. En esta configuración política contemporánea, la participación se enmarca en términos de valores individualistas que son claramente identificables en buena parte de la vida y la acción en los medios digitales, y en las redes sociales en particular. Luego, la autonomía creativa de los individuos posibilitada por las nuevas tecnologías comunicacionales, que Castells proclama como liberadoras, pueden ser igualmente interpretadas, siguiendo a Castoriadis (1991), como "autonomía individualista" conducente a la práctica neoliberal.

De hecho, la discusión de Castoriadis (1991) respecto de los diferentes niveles de autonomía es aquí particularmente útil como correctivo. Castoriadis realiza una distinción crucial entre la autonomía individualista, la autonomía social (a través de la participación equitativa) y la autonomía como subjetividad política (que libera la imaginación). Castoriadis confronta a la autonomía dentro del sistema del capitalismo neoliberal (individualista) con la autonomía que busca desafiar al sistema (social) o trascender el sistema (a través de la subjetividad política), argumentando en favor de un mejor reconocimiento de las condiciones histórico-sociales para, y las dimensiones sociohistóricas de, el proyecto de autonomía (Papacharissi, 2010b). Por supuesto, mientras que estas distinciones teoréticas son útiles para permitirnos interrogar el término, en la vida diaria, facilitada por medios convergentes, podemos muy bien involucrarnos en los tres tipos de autonomía simultáneamente. Podemos ir a un sitio de una red social y comentar sobre el último chisme de celebridades, luego cliquear y linkear nuestro camino hacia una petición para terminar con la pobreza infantil, mientras actualizamos nuestro *blog* que dice a todo el mundo lo que acabamos de hacer y cómo pensamos que el mundo puede ser un lugar mejor.

Aquí resuena la comprensión habermasiana de la "cooriginalidad de la autonomía privada y de la autonomía pública" (1996:104) –a pesar de que puedan oponerse, se relacionan internamente y se presuponen una a la otra recíprocamente" (ibíd.: 417). Una no existe sin la otra. En otras palabras, reconoce el contexto profundo en el que se sitúa cualquier forma de autonomía o creatividad y busca comprender sus varias manifestaciones en relación a él. El problema con la noción de autonomía creativa de Castells (2009), y el énfasis en nuevos movimientos sociales o en individuos autónomos, es la priorización del individuo sobre el contexto político y colectivo, que resiste la problematización de las nociones de autonomía en relación a contextos políticos y sociales más amplios.

Y, aquí retornamos a las condiciones que se requieren para la organización política y los nuevos sistemas políticos. Los argumentos según los cuales las condiciones iniciales para la acción social y política han sido radicalmente modificados por las comunicaciones digitales, difícilmente pueden tomarse en serio cuando descansan sobre la autonomía creativa del individuo e ignoran mayormente de qué manera se sitúan estos mismos individuos en órdenes sociales particulares que posibilitan algunas respuestas sociales y/o políticas, e inhiben otras. Si tomamos la propuesta de Laclau y Mouffe (1985), según la cual la política es una lucha entre complejos de prácticas sociales significativas tanto como una lucha entre ideas, también debemos insistir en las preocupaciones político-económicas como un conjunto de prácticas. Se nos recuerda entonces que Internet no trasciende al capitalismo global sino que se encuentra profundamente comprometida con él en virtud de los intereses corporativos que sustenta y los discursos del capitalismo y del neoliberalismo de los cuales están empapadas las personas que la utilizan.

Es irrefutable que el crecimiento de los sitios de redes sociales y su utilización ha sido fenomenal. En marzo de 2015, Facebook tuvo un promedio de 936 millones de usuarios activos diarios (http://newsroom.fb.com/company-info/) comparado con sus 250 millones en 2010, con un promedio de 12.58 visualizaciones únicas diarias por visitante para un promedio de 19.37 minutos por día (www.alexa.com/siteinfo/facebook.com). La investigación de Nielsen (2012) muestra que, en 2012, las personas pasaban 20 por ciento de su tiempo total en línea a través de su computadora personal en redes sociales y 30 por ciento a través de dispositivos móviles. Sin embargo, las suposiciones sobre las posibilidades políticas radicales basadas en el uso se desvanecen rápidamente en la insignificancia cuando consideramos el contexto político-económico con mayor detalle. En 2014, Facebook tuvo una recaudación anual de $12.466 billones y ganancias trimestrales en publicidad de $3.594 billones (que representan 7.6 por ciento del mercado estadounidense de publicidad digital). Mientras que Twitter tuvo una recaudación anual de 1.403 billones y ganancias trimestrales de $432 millones. De modo que las redes sociales pueden promover aún más formas de mediación que podrían ser utilizadas para fines políticos radicales, pero están profundamente mercantilizadas. La sociabilidad inscripta en estas plataformas también permite que las corporaciones extraigan valor de nuestros datos personales mientras que alientan una forma de sociabilidad que privilegia el yo y la autopromoción. En otras palabras, en democracias occidentales desarrolladas, donde las redes sociales existen dentro de contextos políticos y sociales que privilegian la individualización, incrustadas en desarrollos tecnológicos que alientan la comunicación ubicua y una presencia en línea siempre conectada, se percibe que los sitios de redes sociales extienden la ideología neoliberal en vez de desafiarla (Fenton, 2016).

Una de las maneras en las que la ideología neoliberal se extiende es a través de discursos de la "red". La red promete flexibilidad en las prácticas de la vida y el trabajo, velocidad y eficiencia en los mundos doméstico y profesional, así como las recompensas de un archivo ilimitado y una abundancia de información que viene del estar conectado. El capitalismo interconectado insiste en estar siempre conectado y estar en línea para vivir la red, pero raramente reconoce que, como afirma Couldry (2010:33), "las redes solo son posibles debido a prácticas de sentido subyacentes". En un contexto neoliberal, la práctica de sentido dominante es el mercado, que ha hecho una virtud de la necesidad de movilidad y conexión que trae la red. Pero, la red también "se presenta como la negación de categorías a las que las personas están unidas permanentemente, y gracias a las cuales pueden construir normas colectivas poniendo límites a sus pasiones individuales" (Boltanski y Chiapello, 2005:432). De esta manera, Internet no solo debe ser vista como profundamente mercantilizada, sino también como conducente a una sociabilidad y a la facilitación de la interconexión política, pero la interconexión en sí misma debe ser comprendida como un recurso para el capitalismo que permite la explotación del trabajo a través del acceso constante del trabajador y la erosión de algunas de las condiciones sociales, tales como contextos estables de afiliación, cooperación y organización, necesarias para que emerjan discursos alternativos.

Por lo tanto, inclusive en el contexto del activismo político radical, la red puede ser tan jerárquica como las comunicaciones de antes, como demuestra Coretti (2014) en su análisis del Pueblo Violeta en Italia (ver capítulo 2). Si la organización política se configura para la política no-dialógica, entonces es altamente improbable que su capacidad de interconexión la modifique. La política y las organizaciones políticas emergen de historias que no se evaporan frente a la tecnología. Por lo tanto, las posibilidades de organización política y de una política transformadora de izquierda serán diferentes en cada contexto. En las democracias desarrolladas de occidente, establecer las condiciones para que prosperen la colectividad y la cooperación requiere contrarrestar la ideología consumista e individualista del neoliberalismo que existe en todas nuestras prácticas y experiencias diarias –*offline* y en línea–. Al reivindicar una autonomía que busca desafiar y trascender el sistema del que es parte, debemos primero reconocer que nuestras subjetividades políticas forman parte del orden social y existen en relación a otros. La autonomía personal basada en la voluntad propia colapsa demasiado rápidamente en la autonomía individualista de un ego asocial que conduce a, más que afrontar el orden capitalista. Tal aproximación puede ser capaz de ofrecer respeto por la diversidad, pero nunca puede ofrecer un medio para vivir mejor conjuntamente a través de sistemas políticos radicalmente democratizados.

Desde este punto de vista, la multiplicidad y la autonomía que han sido proclamadas como revolucionarias asumen un semblante diferente, en la medida en que somos forzados a reconocer y dar cuenta de las actuales relaciones de poder en un contexto conectado que rodea (pero no esclaviza) la agencia de los individuos. También somos alentados a reconocer y dar cuenta de la vida comunicacional sin fetichizar las formas mediáticas que podrían posibilitarla. Al resistir un mediocentrismo fetichizado, también somos alentados a repensar el complejo de relaciones y la dinámica organizacional implicadas en cualquier movimiento político, en un marco contextual crítico de modo a comprender la mediación y sus relaciones con nuestras prácticas sociales y culturales.

Participar en las redes digitales

La noción de autonomía que de alguna manera se arroja sobre nosotros en un mundo en línea tiene un aliado en la forma de la celebración de la participación. Žižek (1997) lo ha llamado "interpasividad", con lo que quiere decir que nuestra participación en línea produce la ilusión de actividad, una circulación de opiniones sin fin que resultan en la fetichización de una contribución que es en ultima instancia pasiva. Aquí resuena el análisis de Dean (2009) sobre el capitalismo comunicativo –una forma tecnocientífica de democracia que habla sin responder, una política comunicativa que reside en una obsesión con la voz– donde todos tienen voz pero pocos son oídos e incluso menos reciben algún modo de respuesta que pudiera ser proclamada como políticamente significativa. La otra cara es, por supuesto, que si se quiere ser ignorado, los nuevos medios lo hacen también imposible, en la medida en que todas las idas y vueltas digitales pueden ser rastreadas, e incluso el menor susurro puede ser vigilado, monitoreado, rastreado y criminalizado (Khiabany, 2010).

También debemos preguntarnos: La autonomía que se nos otorga en este nirvana participativo y la multiplicidad de voces que facilita, ¿expande el alcance y la extensión del debate? Y luego, ¿quién gana un trato preferencial como sujeto favorecido y materia de política, y quién es desfavorecido, o reducido en sus posibilidades? La plataforma de micro-blogueo Twitter ha sido anunciada como el medio democrático para la diseminación de visiones políticas marginalizadas. Raramente se reconoce, sin embargo, que el 90 por ciento del tráfico en Twitter es generado por el 10 por ciento de participantes que han logrado acumular una cantidad significativa de seguidores, frecuentemente como consecuencia de su condición de celebridades (Heil y Piskorski, 2009). En 2014 en el Reino Unido la persona más seguida en Twitter fue Harry Styles de la banda pop *One Direction*, con 22.8 millones de seguidores; en segundo lugar se encontraba la cuenta genérica de *One Direction*, con 21.5 millones de seguidores; la estrella pop Adele estaba en tercer lugar, seguida por Liam Payne (otro miembro más de *One Direction*) y luego Louis Tomlinson (lo has adivinado, de nuevo *One Direction*). El resto del top ten, además de @BBCBreaking (una fuente confiable pero dominante de noticias, que estaba en el noveno lugar) (Allan, 2014), eran también estrellas de la música pop. Un estudio norteamericano sobre Twitter durante las convenciones y los debates de la campaña presidencial de 2012 encontró, de manera similar, un servil retuiteo de la élite, estrellas mediáticas y servicios de noticias establecidos (Lin *et al.*, 2014).

Además, la proliferación de tipos de temas y asuntos populares que las instituciones de medios dominantes están predispuestos a reconocer implica que la expansión en los así llamados medios interconectados participativos no son más que cajas de resonancia para el discurso hegemónico. Dean (2009) también sugiere que la mítica atribución a las redes sociales de apertura y participación inculca su propio discurso hegemónico, basado en la retórica del pluralismo liberal, que casualmente coincide con la corporativización extrema, la financialización y la privatización en todo el mundo.

En el Reino Unido, un informe realizado por el Carnegie Trust (2010) subraya la disminución de los ámbitos para la deliberación pública, junto con la marginalización del disenso, especialmente en relación a aquellos que carecen de poder o confianza para expresar sus preocupaciones o que tienen visiones no convencionales. Este estrechamiento de la esfera pública parece estar sucediendo a pesar de la expansión del espacio mediado, la multiplicidad de plataformas mediáticas y las afirmaciones sobre la interactividad, velocidad y alcance internacional de las comunicaciones en línea. Así, más que simplemente celebrar los medios digitales como multiplicadores de cuestionamientos, amplificadores del disenso y por lo tanto potenciadores de la autonomía, también es importante considerar la pregunta crítica formulada por Dean (2009:25): "Por qué, en un momento en que los medios de comunicación han sido revolucionados, (…) ¿por qué ha fracasado la democracia como forma política? Y luego plantear la pertinente pregunta de por qué el neoliberalismo continúa prosperando como proyecto político".

Pero, podríamos igualmente señalar la amplificación de la protesta y la proliferación de levantamientos políticos que sugieren un contexto histórico más amplio, donde los residuos de otras políticas –como la política redistributiva del estado de bienestar en el Reino Unido y muchos lugares de Europa occidental– se combinan con las dimensiones afectivas de la comunicación contrapolítica interconectada que podría permitir empatía y cuidado y expandir la cooperación y el trabajo colaborativo, extendiéndose a rincones donde el capital aún no ha alcanzado. De hecho, cada vez es más importante hacerlo. Si comprendemos el mundo solo desde la perspectiva de la reproducción de la lógica del capital, corremos el riesgo de no reconocer o malinterpretar las oportunidades políticas. El capital no siempre gana. Y, cuando fracasa, necesitamos comprender qué es particular en las circunstancias e historias de casos que "obstruyen las líneas de fuga del capital" (Skeggs, 2014:15). Necesitamos identificar la resistencia al capitalismo corporativo para analizar lo que es y cómo puede producir una política progresista. Para comprender la política radical y la resistencia, necesitamos apreciar que esto implica individuos, sus identidades y sus pasiones, tanto como organizaciones e instituciones, sus estructuras y sus estrecheces. Y, es aquí donde el tema de la organización política se vuelve clave.

Natalie Fenton

¿Nueva política o antipolítica?

El trabajo de Hardt y Negri (2000, 2004) encarna muchos de los debates arriba citados en su intento de abordar una política de la multitud. Su trabajo se ha vuelto una fuente de validación y dirección para muchas personas (jóvenes) involucradas con la política radical contemporánea y los movimientos sociales trasnacionales. Hardt y Negri nos incitan a reclamar el concepto de democracia en su sentido radical y utópico: la democracia absoluta del "gobierno de todos por todos" (2004:307). La multitud, sostienen, es el primer y único sujeto social capaz de realizar tal proyecto. Proponen una descripción de la multitud como "una red abierta de singularidades que se reúne sobre la base de lo común que comparten y lo común que producen" –una unión que, sin embargo, no se subordina de ninguna manera ni borra las diferencias radicales entre aquellas singularidades–. Es un análisis de redes bien adecuado a la comunicación entretejida de Internet.

El imperio, al colonizar e interconectar cada vez más áreas de la vida humana, crea la posibilidad de democracias como nunca antes hemos visto. Reunidos en formas multinodales de resistencia, diferentes grupos se combinan en redes fluidas que expresan la "vida en común" (Hardt y Negri, 2004:202). En otras palabras, forman una multitud. La multitud es una red heterogénea de trabajadores, migrantes, movimientos sociales y organizaciones no gubernamentales –"potencialmente (…) todas las diversas figuras de la producción social" (ibíd.:xv), "la alternativa de vida que crece dentro del imperio" (ibíd.:xiii)–. La multitud no son las personas *per se*, sino antes, muchas personas actuando en concierto interconectado. Debido tanto a su pluralidad como a su compartir la vida en común controlada por el capital, se sostiene que la multitud contiene la composición de la democracia verdadera.

Hardt y Negri sostienen que el desplazamiento desde las sociedades industriales a las sociedades posindustriales ha sido acompañado por un desplazamiento en la forma dominante del trabajo, desde el trabajo industrial a formas más "inmateriales" de trabajo –la producción de relaciones sociales, comunicación, afectos, relaciones e ideas–. Produce y toca todos los aspectos de la vida social, económica, cultural y política. Hardt y Negri llaman a este "nuevo modelo dominante", "producción biopolítica" (2004: xvi). Este desplazamiento reorganiza profundamente muchos aspectos de nuestras vidas, incluyendo las maneras mismas de interactuar y relacionarnos. Los autores proponen que este trabajo produce crecientemente "lo común" –un concepto central en su tesis y la base sobre la que será construido cualquier proyecto democrático–. La habilidad de la multitud para comunicarse, formar alianzas y forjar solidaridad–frecuentemente a través de las mismas redes capitalistas que las oprimen– le permite producir un cuerpo común de conocimiento e ideas que puede servir como plataforma para la resistencia democrática al imperio, una unión que de ninguna manera subordina o borra las diferencias radicales entre esos grupos dispares. Como afirma Oswell (2006:97), "si el pueblo se define por su identidad, relación o soberanía y homogeneidad representada, la multitud en contraste se define a través de su absoluta heterogeneidad y a través de su ser una congregación de singularidades".

Hardt y Negri (2004) ven una de las manifestaciones políticas de la globalización en la autonomía en declive del estado-nación, con el desplazamiento simultáneo del poder hacia las organizaciones intergubernamentales como Naciones Unidas y la Organización Mundial del Comercio, y hacia abajo hacia asambleas regionales y locales (Held, 1999). El achicamiento del estado a través de iniciativas como la privatización, la mercantilización y la desregulación se traducen en que la toma de decisiones se ha apartado de los cuerpos y de las agencias oficiales del gobierno que eran directamente responsables en la figura de sus representantes electos y ha involucionado hacia una compleja variedad de organizaciones sin fines de lucro y agencias privadas que operan a nivel local, nacional e internacional. Se argumenta que se ha vuelto más difícil para los ciudadanos utilizar los canales estatales de participación, a ejemplo de las elecciones nacionales, como forma de desafiar a aquellos en el poder, reforzando la necesidad de avenidas y objetivos alternativos de expresión y movilización política. Hardt y Negri señalan las protestas antiglobalización y antiguerra como ejercicios de democracia motivados por el deseo de las personas de ser considerados en decisiones que impactan sobre el mundo en el que viven –operando a nivel trasnacional–.

Sin embargo, la prédica de Hardt y Negri en favor de una "nueva ciencia de la democracia" (2004:348) es difícil de especificar. Nunca se explicita exactamente cómo puede la multitud levantarse y ser llevada en consideración. Badiou (citado en Bosteels, 2011:318) se refiere a la idea de la multitud como una "alucinación soñadora", algo para "disfrutar sin hacer nada, mientras se toma especial cuidado para evitar cualquier forma de disciplina, a sabiendas de que la disciplina es, en cualquier campo, la clave para las verdades". Laclau (2004) se ha referido a la noción de la multitud como la antítesis de la política –una agencia que no articula, representa ni crea estrategias–. Es utopía sin arquitectura y universalidad sin significado. Un movimiento de constitución antagonista no ofrece dirección respecto de cómo se organiza tal comunidad de la diversidad, sino que meramente representa el derecho de resistencia. Pero, como defiende Mouffe (2005), representar el derecho de resistencia, revelando la lucha política y el conflicto en una diversidad de formas es crucial para la práctica real de la democracia y puede llevar a múltiples formas de unidad y de acción común. A más actos de resistencia y más variadas formas de lucha, más posibilidades de apelar a una amplia gama de actores políticos y, por lo tanto, mayor el potencial para muchas instancias de unidad.

Mouffe (2005) se opone a la comprensión de la democracia que opera bajo la ilusión del consenso y la unanimidad, creyendo que eso resulta en una falta de luchas políticas con las que las personas puedan identificarse –un vacío que está abierto a otras formas de identificación como aquellas de naturaleza étnica, nacionalista o religiosa–. También lleva a una asociación directa entre la democracia liberal y el "capitalismo liberal democrático efectivamente existente", mediante la cual la dimensión política es infundida dentro de las reglas de la ley y el estado-nación soberano. Antes bien, sostiene Mouffe,

> No hay umbral de democracia que una vez alcanzado pueda garantizar la continuidad de su existencia. La democracia está en peligro no solo cuando el consenso y la adhesión a los valores que encarna son insuficientes, sino también cuando su dinámica agonística se ve perjudicada por un exceso aparente de consenso (…) Un proceso democrático saludable requiere un enfrentamiento vibrante de posiciones políticas y un conflicto de intereses explícito. Si no existe tal, puede ser demasiado fácilmente reemplazada por la confrontación entre valores morales no negociables e identidades esencialistas (2005:6).

Mouffe busca una interpretación plural radical del liberalismo que rompa con el racionalismo, el individualismo y el universalismo y vea lo político como un complejo de relaciones de poder que es necesariamente plural y construido discursivamente. Traducir una política plural del agonismo en formas de organización política significa un esfuerzo supremo y mucho tiempo. Tomar en cuenta todas las visiones, insistir en la inclusividad, debatir, considerar, referir y reconsiderar es un proceso prolongado y muchas veces arduo que trabaja contra un veloz capitalismo. Es precisamente algo que *no* puede realizarse con el click de un *mouse* en línea. De la misma manera que Sennett (2008) sostiene que el trabajo del artesano representa un valor de sistema oposicional que ha luchado contra la industrialización y el capitalismo, también el trabajo del demócrata radical representa valores contrapolíticos que luchan contra la mercantilización de la política en casilleros para marcar en elecciones esporádicas en un sistema democrático liberal.

Conclusión: la organización es política[2]

Una política posfundacional que busca superar las estrecheces de los antiguos "ismos" y adoptar la autonomía creativa individual nos recuerda que toda actividad creativa humana posee el potencial para la transformación política. Pero, comprender de qué manera este potencial puede traducirse en una realidad requiere una apreciación de las relaciones sociales y políticas duraderas que rodean y preexisten a ciertos individuos y sus relaciones con otros. Ampliar la imaginación política radical para pensar por fuera de los marcos neoliberales existentes nunca puede ser un proyecto solitario; debe ser un esfuerzo colectivo. Esto no niega el rol de los individuos en actos singulares de intervención política. Antes bien, es un alegato en favor de reconocer y apreciar la magnitud de la lucha que se requiere para contrarrestar las prácticas de dominación que se encuentran incorporadas cada vez más profundamente en los medios de comunicación.

La multiplicidad y la autonomía por si solas no ofrecen ninguna manera de imaginar los medios para trascender y reemplazar los discursos hegemónicos dominantes. Solo cuando logremos alcanzar una apreciación completa de nuestras mediaciones en línea y sus relaciones múltiples y contingentes con la estructura y la agencia, podremos evaluar la viabilidad de alcanzar la hegemonía, de transformar el orden político existente, sea parcial o radicalmente, y el rol que allí cumple la mediación. A pesar de los argumentos sobre la multiplicidad y la autonomía, necesitamos que se nos recuerde permanentemente que la política y su transformación descansa sobre las condiciones materiales y sus consecuencias, tanto para los individuos como para organizaciones e instituciones. Sin este anclaje crítico contextual, un foco en la multiplicidad, interactividad y participación, corre el riesgo de ser traducido en una tolerancia liberal de la diferencia, que de hecho impide que se coloquen preguntas substantivas, o una política autónoma, anárquica y en última instancia individualista, que impide que suceda una transformación substantiva (Fenton, 2012a).

La constelación política contemporánea también requiere que apreciemos que la organización es política. Una política requiere una práctica. Los movimientos autónomos intentan encarnar sus políticas en formas organizacionales horizontales que renuncian al liderazgo. La política revolucionaria leninista ha tomado invariablemente la forma del centralismo democrático, que funciona con reglas y normas en una apuesta por construir organizaciones revolucionarias

---

[2] Debo esta frase a una de mis muchas conversaciones con Milly Williamson, rumiando sobre "política ¿hacia dónde?".

de trabajadores. La política en juego influencia las relaciones de la organización con los medios y con sus propias prácticas mediadas. Las políticas de los movimientos autónomos se adecuan bien a la arquitectura interconectada de Internet, mientras que el deseo de controlar el mensaje de una política leninista es desafiado por una aproximación temáticamente orientada, menos disciplinada y más difícil de orquestar, de aquellos comprometidos políticamente en la era digital. Los hábitos organizacionales tienen tanto de inflexiones políticas como de socialmente construidos. No podemos comprender la naturaleza de la organización sin comprender su política; no podemos comprender la política sin apreciar sus procesos y su organización. Sin embargo, muchos estudios hacen exactamente esto. Los estudios sobre movimientos sociales dedican buena parte de sus investigaciones y análisis a la forma organizacional. Al hacerlo, articulan la relación entre modernización, cambio tecnológico y variación organizacional. Della Porta y Diani (2006) discuten cómo en el pasado las organizaciones debían estar sólidamente estructuradas para transmitir su mensaje, mientras que en la era digital una organización holgadamente tejida puede hacer exactamente lo mismo; pero, tales estudios raramente critican cómo evoluciona la política real en estos procesos dinámicos.

Vale la pena subrayar que las consecuencias de las condiciones materiales para las organizaciones políticas pueden ser severas. En términos simples, crear una infraestructura organizacional para la transformación política cuando se está hambriento y sin techo es profundamente problemático, incluso cuando se está enojado y se tiene pasión por el cambio social. En general, el progreso económico beneficia la capacidad organizacional de los movimientos sociales: "en la medida en que los recursos discrecionales de los públicos de masa y de élite aumentan, la cantidad absoluta y relativa de recursos disponibles para el SMS [Sector de Movimientos Sociales] aumenta" (Zald y McCarthy, 1987:25). Crucialmente, esto incluirá el tiempo y el dinero de las personas, pero también se refiere a la libertad política, los medios de comunicación y transporte (della Porta y Diani, 2006; Kaun, 2015). En la medida en que estos aumentan, los recursos disponibles para el surgimiento de nuevos grupos y movimientos también aumenta, y así el desarrollo económico lleva crecientemente a agrupaciones más profesionales y formales (Zald y McCarthy, 1987). Esto, por su parte, impactará sobre el acceso al poder de los grupos. Pero, si el desarrollo económico significa un aumento desigual y un grado cada vez mayor de pobreza (ver capítulo 1), también impactará en la capacidad organizacional de los grupos y movimientos políticos radicales. Aquí es cuando el bajo costo de las nuevas tecnologías se considera fundamental.

Paradójicamente, Tufekci (2014) ha sostenido que los costos más bajos asociados con la comunicación y movilización vía conectividad digital han empoderado a los movimientos sociales en el mundo entero tanto como los han desempoderado al empujarlos hacia el foco de la atención sin la necesaria infraestructura organizacional para lograr dar cuenta de lo que sigue. Barassi (2015a, 2015b) también señala cómo la inmediatez de la comunicación en línea "está afectando procesos de reflexión política, discusión y elaboración de manera negativa [,] (…) crea[ndo] una clase de 'participación política' que descansa sobre afinidades débiles y emociones fuertes" (2015b:99). De modo que es innegable que las redes sociales han permitido que los movimientos se expandan y crezcan, y la puesta en práctica de aspiraciones de política aparentemente horizontal y sin líderes, pero esto también ha contribuido a una falta de profundidad organizacional –una política oposicional que se acelera pero que se esparce en una capa delgada–. Una excesiva confianza en la organización en línea también es un blanco fácil para los regímenes represivos ansiosos por censurar y rastrillar el mundo en línea buscando insubordinación, luego "buscar dividir, polarizar y contrarrestar su influencia ingresando en él, con sus propios simpatizantes o empleados, o golpeándolo, a través de la demonización o de bloqueos, que no bloquean completamente a los ciudadanos motivados pero que ayudan a evitar que los simpatizantes del gobierno lo usen o confíen en él" (Tufecki, 2014:8). La ola de levantamientos políticos y nuevos movimientos sociales de la última década no ha hecho retroceder a las políticas de austeridad en Europa (a pesar de la victoria de la elección de Syriza en Grecia); el movimiento Occupy puede haber publicitado la grosera desigualdad entre el 99 por ciento y el 1 por ciento, pero no ha cambiado directamente las políticas subyacentes que lo sostienen; y luego de un año de transcurridas las masivas protestas de Gezi Park, el partido AKP gobernante ganó dos elecciones con comodidad. Pero, ¿por qué esperamos algo diferente? El impacto de las movilizaciones siempre dependerá de toda una serie de factores profundamente contextuales y contingentes (ver cap. 4).

Tufekci (2014) sugiere que deberíamos adoptar la perspectiva de la economía desarrollista de Amartya Sen (1999) que se concentra en las capacidades, y aplicarla a los movimientos políticos. De modo que, en vez de enfocarnos en el rendimiento, consideramos las funciones que otorgan agencia a un grupo y a los individuos que lo componen, y la capacidad para llevar a cabo otros actos. Si pensamos sobre esto en relación a la tecnología, vemos la capacidad de los medios digitales para responder rápidamente a eventos y movilizar manifestaciones masivas con rapidez –funciones que antes requerían organizaciones mucho más formales y prolongadas–. Esto es fantástico para las protestas políticas, pero en la carrera por responder existe el peligro de que el movimiento pase por alto el proceso más lento de la organización política, que también construye la capacidad de deliberar, establecer relaciones estrechas y confianza entre participantes y considerar objetivos, estrategias y táctica de largo plazo –todas cosas que el activismo político requiere para colaborar efectivamente–. Consecuentemente, los movimientos se encuentran demasiado pronto en la confrontación, sin experiencia previa sobre cómo manejar lo que viene luego. La combinación entre velocidad y capacidad de construcción organizacional de largo plazo también amenaza disminuir el lento desarrollo de habilidades de los activistas que ayuda a empujar a una política de protesta hacia la transformación en un movimiento político. Como señala Tufekci, es generalmente al finalizar las protestas callejeras, cuando la excitación y la energía iniciales se desvanecen, que los manifestantes acostumbrados a organizarse horizontalmente y en línea se muestran generalmente incapaces para decidir qué hacer después:

> Hacia el final de las protestas de Gezi Park (…) el gobierno solicitó una delegación para negociar en representación de los manifestantes. Algunos manifestantes sintieron que éste era un movimiento deshonesto, mientras que otros estaban dispuestos a negociar. Sin embargo, el parque no tenía ningún mecanismo formal de dirigencia que fuera universalmente reconocido por todos los manifestantes. Un laxo comité de coordinación se había encargado de muchos aspectos del movimiento, pero al no tener reconocimiento formal, tampoco tenía legitimidad formal. Había muchos debates sobre quiénes deberían servir como delegados, y acabó siendo el gobierno quien, en dos ocasiones, invitó a diferentes cohortes de delegados para que representaran al parque. El primero estaba compuesto por personas bastante irrelevantes dentro del movimiento y fue considerado difícilmente legítimo por los participantes del movimiento. La segunda invitación fue extendida a personas que parecían tener un largo registro de compromiso con el movimiento y eran activos en roles de alta visibilidad, que de esa forma obtuvieron más apoyo. Sin embargo, esto tampoco tenía un mecanismo de reconocimiento. Al final, la segunda delegación fue incapaz de negociar o de diseñar un plan estratégico para seguir adelante (…) Al final, no se alcanzó ninguna resolución real debido a que algunas instituciones formales que habían participado de las protestas decidieron terminarlas, dejando atrás una carpa simbólica, mientras muchos individuos y otros colectivos querían quedarse. Esto causó aún más confusión, y el gobierno avanzó poco después con una presencia policial masiva y desalojó el campamento por la fuerza (Tufekci, 2014:14).

La capacidad del movimiento de Gezi Park era claramente limitada más allá de la impresionante habilidad para organizar una protesta. Tufekci la compara entonces con el movimiento por los derechos civiles "Marcha sobre Washington" de 1963, cuyos participantes habían querido mantenerse sin liderazgos y operar como movimiento horizontal. Sin embargo, debido a que los medios de comunicación simplemente no estaban disponibles para ellos, de haber rechazado completamente el liderazgo o la organización, la gran marcha podría nunca haber sucedido, pues habría sido demasiado difícil realizarla en el nivel práctico. Como sí sucedió, ilustró a aquellos en el poder sobre lo impresionante de su capacidad de organización y por lo tanto sobre el nivel de la amenaza que representaba. No puede decirse lo mismo del movimiento Occupy que, aunque fue enorme en escala (sucediendo en más de 900 ciudades en todo el mundo), fue organizada en un breve espacio de tiempo y no llevó a ningún cambio distinguible de política –la capacidad organizacional que demostró basada en la facilidad de movilización no representa el mismo peligro para aquellos que están en el poder–.

Los medios comunicativos son importantes, pero obviamente no son el único factor que determina las formas, la intensidad y la longevidad de los movimientos políticos. La forma organizacional moldea la acción política tanto como la acción política, y la política moldea la forma organizacional. Una política de la protesta puede acabar no siendo ninguna política si la política no ha venido siendo gestada antes de que tenga lugar la protesta y la infraestructura organizacional está ausente. La protesta sucede primero y principalmente como una respuesta a síntomas –una respuesta muchas veces visceral a problemas en el sistema social prevaleciente–. Como tal, una política de la protesta raramente representa un desafío para el orden social, porque no tiene ninguna propuesta alternativa que realizar además de soluciones paliativas. Bookchin (2015:180) señala que "[una] izquierda revolucionaria que busca avanzar desde las manifestaciones de protesta hacia las manifestaciones revolucionarias debe confrontar categóricamente el problema de la organización". Esto significa preguntar qué formas de organización podrían ser duraderas y desarrollar un programa para el cambio social que pueda ser traducido en una práctica diaria. ¿Cuáles son las condiciones requeridas (incluidas las condiciones comunicativas) para que las organizaciones políticas resistan y construyan su capacidad? El comprensible deseo de (des)organización sin líderes, ¿ha fetichizado la multiplicidad y la diferencia hasta el punto de convertirse en un obstáculo para la política?

Sin una comprensión de la organización y de la política que la informa, quedamos con una visión ingenua de las relaciones entre la tecnología y la política. En uno de los estudios más complejos y detallados empíricamente de los medios digitales y la política oposicional, Bennett y Segerberg (2013) se refieren a la forma organizacional y su relación con la tecnología en términos de acción conectiva y acción colectiva y las características que definen a cada una de ellas. Pero, lo que sorprende y se replica estudio tras estudio es que en ningún punto se discute la política efectivamente involucrada. Esto es equiparable a estudiar un cuerpo observando solo el esqueleto y cómo las articulaciones encajan una en otra sin nunca dar cuenta del latido del corazón que lo motoriza o del cerebro que le dice qué hacer. En última instancia, al ignorar la política efectiva, acabamos despolitizando la contrapolítica, pues ofrecemos algunas pocas sugerencias preciosas sobre cómo podemos hacer política de manera diferente (tanto en pequeña como en gran escala). El capítulo 1 discutía qué es lo que define a la teoría crítica –debe ser explicativa, normativa y pragmática–. En otras palabras, debe arrojar luz sobre lo que *es* con un sentido claro sobre lo que *debe ser* y luego sugerir una manera para trazar un puente entre ambos. Sin una comprensión de la organización a partir de la cual una política progresista de izquierda pueda desarrollarse, la política misma permanecerá nebulosa y mal definida. Y, no podremos culpar a nadie más que a nosotros mismos.

6. Sobre el ser político y la política del ser

Este capítulo reúne los debates de los dos capítulos anteriores y sostiene que la manera en que discutimos la noción de lo político (en los estudios sobre medios, comunicación y cultura particularmente) es muchas veces deficiente debido a la tendencia a separar la política entre *ser político* y *la política del ser*. Hay una diferencia conceptual que es tangible y mesurable entre "ser político" (muchas veces traducido como la práctica de la política que puede darse dentro o en oposición a un sistema político convencional) y la "política del ser" (el aspecto más subjetivo de nuestros yo políticos descripto en el capítulo 4), que es más nebulosa y difícil de aislar, aunque los dos aspectos están íntimamente conectados.

La noción de "ser político" se encuentra en buena parte dominada por aproximaciones que enfatizan la participación activa y la ciudadanía, definida generalmente a través del voto o de la acción en la esfera pública, que se encuentra por lo menos modificada por los términos de su mediación –muchas veces encontrada en los subcampos de la comunicación política o de las aproximaciones sociocientíficas y generalmente enmarcada por la economía política–. Lo que llamo "la política del ser", por otro lado, se refiere a las dimensiones más subjetivas, afectivas e irracionales de lo político, muchas veces relacionada con resistir y exhibir agencia, que invariablemente cae bajo la etiqueta de los estudios culturales. Por ejemplo, la audiencia activa es *política* generalmente no en virtud de un compromiso con una política estatal o no estatal/societal, sino a fuerza de una respuesta afectiva a las estructuras sociales y políticas dominantes que se dirigen a la experiencia vivida de lo político. En el campo de los estudios sobre medios, la comunicación y la cultura, ser un agente social oposicional ha pasado a ser etiquetado invariablemente con el título de "resistencia". La audiencia activa resiste la representación hegemónica del texto. Las personas pueden manipular imágenes e información en beneficio propio, construir sus propias identidades y política local a partir de la vasta gama de fragmentos mediados y piezas que tienen a su disposición. A través de esto, la agencia social y política tiene lugar, y las subculturas forman actos de resistencia, exhibiendo su profunda aversión a condiciones sociopolíticas particulares de diferentes maneras[1]. Buscamos la resistencia en cada elemento de mediación y en cada acto de consumo para satisfacernos de que no somos ingenuos culturales atados a los mandatos del mercado y el estado. Raramente, sin embargo, extendemos la identificación de la resistencia subjetiva (que es en sí misma muchas veces objetada) al desarrollo efectivo y la deliberación sobre una nueva política, y al mundo de la esfera pública política[2].

Tradicionalmente, la economía política ha tendido a leer el estado y otras fuerzas superestructurales desde la configuración específica del capital en cualquier situación, e insiste en que es el punto de partida del análisis social[3]. Los estudios culturales recuerdan a la economía política que la substancia de su trabajo, el análisis de la comunicación, se enraíza en las necesidades, objetivos, conflictos, fracasos y éxitos de personas ordinarias que intentan dar sentido a sus vidas. Los estudios culturales han reconocido el potencial energizante de formas multifacéticas de agencia social, cada una de las cuales contiene dimensiones de subjetividad y conciencia que son vitales para la práctica política. Esto se ha mostrado frecuentemente a través de investigaciones que se enfocan en el consumo mediático. Pero, las concepciones de poder de los estudios culturales tienden a estar basados en subjetividades individuales, sus identidades y sus acciones colectivas más que, como quisiera la economía política, estructurarse en las instituciones de la sociedad (Fenton, 2007).

La mayoría de nosotros percibimos un profundo sentido de la política cuando experimentamos o empatizamos con un sentido de injusticia. Ser político, como sabemos, no es solamente y ni siquiera principalmente, el acto de votar –una forma de política racional, responsable y representativa estructurada por consenso–; es mucho más que eso. Sin embargo, la manera en que discutimos la noción de lo político es frecuentemente deficiente, debido a la tendencia a separar la política en aspectos discretos que pueden mapearse mejor en perspectivas teoréticas particulares, pero que en el proceso pierden un sentido holístico de la experiencia sentida y de la práctica de la política: ser político se desconecta así de la política del ser, y el pensamiento progresista radical encuentra dificultades para avanzar.

---

[1] Este es un crudo sumario de una variedad de trabajo que es mucho más matizada y sofisticada que lo que aquí se acredita. Pero, el punto sigue siendo el mismo –la investigación que reconoce la resistencia generalmente se detiene en el punto de la identificación y no llega a considerar el potencial para el proyecto(s) político–.

[2] La esfera pública política se refiere a la distinción realizada por Habermas (1989) entre la esfera pública literario/cultural y la esfera pública política –la esfera pública del universo político–.

[3] Esta es una cruda descripción que simplifica una serie de aproximaciones político-económicas. En particular, Golding y Murdock (2000) señalan las diferencias entre aquellos que realizan un análisis político-económico crítico y aquellos que realizan un análisis político-económico clásico. El argumento de este capítulo se dirige mayormente a los segundos.

En ambos aspectos, "lo político" se refiere a la naturaleza de la representación (sea cultural y/o política) y a la manera en que la política es administrada y mediada (discutido en términos de organización política en el capítulo anterior), pero raramente se unifican para proveer una comprensión más sofisticada de la vida política. Ninguna de estas aproximaciones da cuenta por completo tanto de la diferencia como de la relación entre ser político (el acto de hacer política) y la política del ser (la experiencia subjetiva de lo político), y ninguna puede, por lo tanto, alcanzar una comprensión completa de la política radical. Sin embargo, es difícil imaginar una tarea más importante en un momento más relevante. Estamos ahora en una intersección histórica en la que hemos experimentado tanto el colapso de los regímenes socialistas como el desplome dramático de los mercados que sostienen el capitalismo global. Pero, pareciera que muchos pensadores tienen dificultades para encontrar alternativas al neoliberalismo y se encuentran desprovistos de un imaginario social que encarne cualquier clase de esperanza política radical.

Los capítulos 4 y 5 han sostenido que enfocarse en crear las condiciones óptimas para ser político es vital, pero solo alcanzará una comprensión limitada del comportamiento político y del poder transformativo de la agencia. Fijar nuestra visión solamente en "ser político" ignora las características afectivas, irracionales, antagonistas que marcan nuestra "política como ser" –la dimensión de lo político que inspira, frustra, estimula, indigna y moviliza–. De manera similar, enfocarse solamente en la dimensión afectiva de la "política como ser" frecuentemente desconecta la agencia política de cualquier objetivo(s) político (sea que esto se traduzca en formas institucionales o no) –elimina el propósito de la política radical (alcanzar la transformación socialmente progresista)–.

Mi argumento es franco: no es suficiente simplemente celebrar la agencia y la resistencia a través del canal de Internet y venerar de la horizontalidad y la diferencia, o detallar las macroestructuras del poder y de la economía política; tampoco alcanza con identificar y distinguir la autonomía individual sin apreciar la construcción social de la identidad política. Antes bien, debemos hacer ambos al mismo tiempo y, en el proceso, encontrar una manera de interrogar la contradicción y el control, lo global y lo local, lo establecido y lo alternativo. Estos dos debates polarizados, que sufren de las tendencias centrífugas de las perspectivas que trabajan con la "estructura" o con la "agencia", se reúnen mediante una discusión del "ser político y la política del ser", a través de la lente de la política radical contemporánea y los movimientos políticos/sociales, para argumentar a favor de una comprensión más amplia y más profunda del significado de "lo político" y del contexto necesario para una evaluación adecuada de los términos de su mediación. Una aproximación holística de este tipo abre entonces la crítica política y me lleva a sugerir que una alternativa potencial para el avance de la política radical es la de orientarse hacia la *repolitización de la economía* y la *resocialización de la política*.

Una manera de reunir estos dos debates polarizados es a través de la consideración del poder –quién lo tiene y qué debería hacerse con él–. Debemos explicar y evaluar el poder y sus relaciones con lo político para poder hacer crítica. Debemos comprender quién tiene el poder, cómo es ejercido, y en qué formas existe, si es visible o invisible, comprender cómo aquellos que lo tienen influencian las decisiones que estructuran y organizan la distribución de recursos en las sociedades. La forma en que se utiliza el poder se relaciona con la visión política de la que proviene y con si esta es generalmente de derecha y posiblemente neoliberal o de izquierda y posiblemente radical y progresista. El poder de influenciar la manera en que la sociedad es gobernada es masivamente limitada y en buena medida determinada por el dinero –sea a través de individuos o de corporaciones acaudaladas–. En este contexto, también necesitamos comprender cómo se siente la impotencia. No podemos realizar crítica social y política de ningún tipo sin una apreciación de cómo encajan estas piezas. Para comprender mejor la política radical y extender las posibilidades de un pensamiento progresista radical, debemos interrogar la relación entre política radical y poder, y analizar el poder frente a la igualdad. Esto requiere una comprensión más amplia y más profunda de la intersubjetividad y la diferencia, la solidaridad y la política contestataria –o la relación entre "ser político y la política del ser"–. Sin embargo, pocos teóricos hacen, consciente y constantemente, del poder, y de la reivindicación de ese poder en sistemas políticos que pueden sostener relaciones igualitarias de poder, una parte consistente de sus análisis. Sobre esta base, este capítulo es una apuesta para comprender la política radical y el poder a la vez como conceptos y como *práctica*, sin la cual la crítica será fatalmente defectuosa.

Por supuesto, *ser político* nunca ha sido simplemente cuestión de votar en elecciones formales o de ser parte de partidos políticos formales. La idea de "ser político" es profundamente social, muchas veces (aunque no siempre) alineada con unirse, estar comprometido con, u obligado a la acción política a través de varias formas de responsabilidad colectiva o afinidades conectivas (Bennett y Segerberg, 2013; Bennett *et al.*, 2014). Ser político puede implicar una gama de prácticas entremezcladas que tendrán algo que ver con vivir juntos en un mundo de diferencia, y con cómo y por qué se comparten los recursos. Puede involucrar autosacrificio en la medida en que las actividades políticas desplazan (o incluso substituyen) actividades relacionadas a la ganancia personal. Puede ser autoconscientemente (o incluso realmente) heroico en la búsqueda del bien social, o puede ser algo que se realiza en cinco minutos libres en línea. Probablemente involucre conflictos de algún tipo o desacuerdos regulares, y entonces también involucrará compromiso, negociación y regateo. En este sentido, ser político es constantemente performativo y encarna una *política del ser* –una actividad que confiere identidad a través de prácticas y despliegues–. Esto es importante, pues solo a través del despliegue y la práctica, a través de la visibilización de una política, es que esa política puede tanto ser refutada como puesta a prueba. Y, es solo bajo estas circunstancias que la política puede acercarse a ser una política radical.

Alain Badiou (2005) insiste acertadamente en que la política es una especie de pensamiento; su "verdad" emerge en la acción política. Pero, su "verdad" también debe ser constantemente desafiada para poder continuar siendo radicalmente política. Hacer política radical implica, entonces, un proceso de tornarse pero nunca llegar; para ser progresista, se debe desafiar continuamente el aquí y el ahora. Pero, ser político frecuentemente opera bajo severas limitaciones; esto lleva a Rancière (1999) a señalar que la política real es extremadamente rara. Estas limitaciones son múltiples y se refieren, en una medida no menor, al acceso enormemente desigual a los recursos necesarios para hacer política en el nivel de intensidad necesario para efectuar un cambio –tiempo, dinero y capital cultural que están más disponibles para las clases media y alta–. Pero, las economías políticas contemporáneas de nuestros mundos traen con ellas limitaciones estructurales mayores, que constantemente encuadran y limitan nuestras prácticas políticas. Dos de estas metalimitaciones se describen abajo. Han sido seleccionadas por las maneras particulares en que encierran y envuelven la política y por los nexos entre esas maneras (cada una involucra consolidaciones enormes del capital global). Ambas han sido objeto de muchas campañas y oposición política a través de movimientos de reforma de los medios en el mundo entero[4] y de las políticas antiausteridad de la actual crisis financiera (impulsadas por el movimiento de los Indignados en España).

---

[4] En el Reino Unido, la Coalición para la Reforma de los Medios (MRC, por sus siglas en inglés) concentra su campaña alrededor de temas de pluralidad mediática y la concentración de la propiedad de los medios, mientras Hacked Off, que resultó del escándalo de las intervenciones ilegales, promueve medios libres y responsables, en buena medida a través de la necesidad de impulsar la autoregulación independiente de la prensa. El autor declara un interés en ser miembro fundador del MRC y vicedirector de la junta de directores de Hacked Off. Grupos similares existen en todo el mundo –Free Press en los estados Unidos es una de la organizaciones más grandes que lucha por una Internet libre y abierta, contra la consolidación mediática excesiva, para proteger la libertad de prensa y asegurar la pluralidad–. También en los Estados Unidos, la Coalición por los Medios y la Democracia es una colaboración entre 25 organizaciones locales y nacionales dedicada a promover el acceso libre e igualitario a un sistema mediático democrático que sirve al interés público.

Natalie Fenton

Las restricciones del ser político: la política subordinada al poder mediático

El campo de juego político no solo se inclina hacia aquellos que ya poseen poder económico y social: la pendiente es realmente vertiginosa. Hace mucho se ha reconocido que la democracia se vincula al capitalismo mientras que al mismo tiempo se opone a él (Streeck, 2012, 2014; Bauman y Bordini, 2014). Esto es puesto agudamente en primer plano cuando consideramos el artero enmarañamiento entre las élites políticas y las élites mediáticas expuesto en el escándalo de las escuchas telefónicas en el Reino Unido en 2011 (Fenton, 2013).

En el verano de 2011, el *News of the World*, de propiedad de Rupert Murdoch, fue acusado de comportamiento ilegal y antiético por la intervención sistemática de teléfonos de políticos, miembros de la familia real, celebridades, y víctimas de asesinato y sus familias. A continuación, Murdoch cerró su periódico, y muchos ex editores y periodistas se encontraron bajo investigación criminal. El primer ministro, David Cameron, públicamente avergonzado por haber empleado, como su director de comunicaciones a Andy Coulson (un ex director del *News of the World* entre 2003 y 2007), que fue arrestado por la Policía Metropolitana en julio de 2011 bajo acusaciones de corrupción y escuchas ilegales (y procesado en junio de 2014), llamó entonces a una consulta pública presidida por el Juez Lord Leveson para investigar el tema. Dieciocho meses más tarde, el informe de Lord Leveson (2012) sobre la cultura, las prácticas y la ética de la prensa fue publicado. Reveló una sórdida relación de indulgencia y de favores mutuos entre políticos y dueños de medios, y levantó serias dudas sobre si ciertos periódicos en el Reino Unido podrían alguna vez sostener que contribuían a la democracia .

El *Hackgate*, como fuera denominado, retrataba en espeluznante tecnicolor, a través de la transmisión en vivo por Internet de la evidencia del juicio, los mecanismos de un sistema basado en la corrupción del poder –tanto de las élites gobernantes como mediáticas y las relaciones entre ellas–. Durante la investigación Leveson, se reveló que un miembro del gabinete se había reunido con ejecutivos del imperio de Rupert Murdoch un promedio de una vez cada tres días desde la formación del gobierno de coalición[5]. La investigación también supo de la cercana relación personal entre miembros superiores del gobierno y empleados superiores

---

[5] 25 miembros del gabinete de ministros se encontraron con ejecutivos principales de Murdoch 130 veces en los primeros catorce meses del período de gobierno. Ver la lista completa en el sitio Number 10: http://webarchive.nationalarchives.gov.uk/20130109098834/http://cabinetoffice.gov.uk/content/min isters-transparency-publications.

de Murdoch. El 7 de octubre de 2009, un día antes de que David Cameron hablara ante la conferencia del Partido Conservador, Rebekah Brooks, entonces directora ejecutiva de *News International* (2009-11) y ella misma ex editora de *News of the World* y *The Sun*, envió a Cameron el siguiente mensaje de texto:

> Pero en serio entiendo el tema con el *Times*. Discutamos sobre una cena campestre pronto. Sobre el Partido, fue porque yo había pedido a una cantidad de gente de NI [News International] de Manchester que enviaran apoyos y estaban desilusionados de no haberte visto. Pero como siempre Sam fue maravilloso –(¡y yo que pensaba que eran los OE [Viejos Etonianos] quienes eran el encanto personificado!). ¡Mi mayor apoyo para mañana no solo como una amiga orgullosa sino también porque profesionalmente estamos definitivamente juntos en esto! ¿Discurso de su vida? ¡Sí, Cam puede![6]

La relación Brooks-Cameron es particularmente indicativa de una cultura de interés mutuo entre la prensa y los políticos en la cual los ejecutivos de medios y los líderes partidarios trabajan juntos para "impulsar la misma agenda", en palabras de Cameron. Pero, también oímos a cuatro primeros ministros sucesivos proveer evidencia para la investigación de la prensa realizada por Leveson al admitir que ellos estaban "demasiado cerca" de los grandes jugadores mediáticos porque las apuestas políticas eran altísimas. La investigación también reveló las sistemáticas invasiones de privacidad por parte de periodistas hambrientos de titulares que destruían la vida de gente ordinaria todos los días (Cathcart, 2012); las mentiras y el engaño de figuras principales de los periódicos; y una fuerza policial altamente politizada y corrupta también de acuerdo con el poder mediático. Rebekah Brooks admitió haber pagado a la policía por información en un Comité Selecto de la Casa de los Comunes en 2003, pero lo negó en 2011 (*BBC News*, 15 de abril de 2011), y descubrimos que más de un cuarto de los miembros del departamento de asuntos públicos de la policía habían sido empleados de *The News of the World* (Warrell, 2011). En tales circunstancias, los partidos políticos, la policía y otras instituciones, son reacios a investigar irregularidades en los medios informativos, a impedir la expansión de grandes conglomerados mediáticos, o a introducir nuevas reglamentaciones para las organizaciones de la prensa y la práctica periodística.

El problema de las escuchas telefónicas ilegales tiene un alcance mayor y más profundo que cualquier otro desliz en la práctica ética podría sugerir y descansa no sobre los periodistas individuales sino en el sistema de la producción de noti-

---

[6] Transcripción de la audiencia matutina, 14 de junio de 2012, pp.82-3, www.leveson-inquiry.org.uk/wp-content/uploads/2012/06/Transcript-of-morning-Hearing-14-June-2012.pdf.

cias de la que son parte. Las razones dependen, primero, del creciente enredo de las élites políticas y mediáticas en la medida en que la cobertura de noticias ha cobrado un rol cada vez más importante en la producción de políticas y en las elecciones (Davis, 2002; Coleman, 2012), y cada vez menos personas votan; segundo, del fracaso de la Comisión de Quejas de la Prensa (el sabueso de la industria de los periódicos)[7] para sostener los estándares éticos y permitir una adecuada autorregulación de los periodistas (CCMR, 2011; Couldry *et al.*, 2010); y, tercero, de la quiebra del modelo de negocios de los periódicos, con una caída a pique de las cifras de circulación y de lectores, y la migración de los avisos clasificados a sitios en línea como *Craiglist* en los Estados Unidos y *Gumtree* y eBay en el Reino Unido (Fenton, 2010; Levy y Nielsen, 2010) (ver capítulo 3).

En momentos en que los recursos son escasos y cuando existe la presión para cumplir ciertas fechas límite en toda una serie de plataformas de noticias, es fácil ver cómo la ya coartada autonomía de los periodistas y su libertad para actuar éticamente con respecto al beneficio colectivo de la profesión, puede ser erosionada en favor del beneficio competitivo de un periódico comercial. Combínese el más raso y más rápido periodismo corporativo de la era digital (Lee-Wright *et al.*, 2011) con la necesidad de atraer a los lectores por razones comerciales más que periodísticas, y no será difícil ver cómo los valores del periodismo profesional se hacen rápidamente a un lado para ceder al sensacionalismo, para ocuparse de espectáculos gratuitos y para comerciar con un emocionalismo dudoso. Estos móviles económicos no pueden ser desestimados, pero tampoco cuentan toda la historia. Antes bien, las preocupaciones brotan de una industria de prensa impresa profundamente mercantilizada y desregulada, muchas partes de la cual han relegado hace mucho hacia los márgenes el ideal de la prensa como cuarto poder que dice la verdad al poder. Como señalaba Trevor Kavanagh, director asociado de *The Sun* en su propia declaración ante Leveson: "las noticias son una mercancía tan vendible como cualquier otra. Los periódicos son negocios comerciales, competitivos, no un servicio público" (*The Guardian*, 6 de octubre de 2011). En esta formulación, las noticias se conciben primariamente en función de sus ganancias —un mercado que opera con principios de mercado—. Pero, por supuesto, las noticias no son una mercancía ordinaria: ofrecen la posibilidad de dirigir la conversación pública y, por lo tanto, son relevantes para los políticos ansiosos por convencer a los votantes de los beneficios de su particular formulación

---

[7] Desde entonces, el PCC ha sido substituido por la Independent Press Standards Organization (IPSO), que ha sido duramente criticada por no ser ni independiente de la industria ni efectiva (Media Standard Trust, 2013).

de políticas. Esto pone a los propietarios de noticiarios en una particular posición de poder. Como dueño del *London Evening Standard* y *The Independent*, el billonario ruso Evgeny Lebedev twitteó luego de su presentación ante Leveson: "Olvidé decirle a #Leveson que es irracional esperar que los individuos gasten £millones en periódicos y que no tengan acceso a los políticos".

Cuando los propietarios de los periódicos acumulan poder e influencia excesivos, los problemas asociados con este poder se exacerban. En el Reino Unido, una industria de noticias profundamente mercantilizada y desregulada ha llevado a una concentración mediática descontrolada a lo largo de varias décadas, permitiendo que algunos grupos mediáticos amasen vastas cantidades de ganancias junto con influencia social y política, con consecuencias adversas para la ética periodística y para la democracia. En el momento en que este libro se imprime, solo tres compañías controlan el 71 por ciento del mercado de periódicos en el Reino Unido. Cuando se incluyen los lectores en línea, solo cinco compañías dominan el 80 por ciento del mercado (Media Reform Coalition, 2015). Rupert Murdoch "y familia" fueron recientemente posicionados en el puesto número 33 de la lista de la revista *Forbes* de las personas más poderosas, con un valor neto de 13.4 billones[8]. El trabajo de Davis (2002) y Dean (2011) muestra que tales patrones de dominio e influencia han contribuido también para que algunas áreas de políticas públicas –ley y orden, drogas, pedidos de asilo, inmigración, economía– fueran evitadas o tratadas de modo diferente por temor a reportes hostiles o conflictos con los dueños de los medios.

En su declaración frente a un comité especial de la Cámara de los Lores en 2007, Rupert Murdoch dijo que él solamente actuaba como un "propietario tradicional" respecto a *The Sun* y *News of the World*: no interfería excepto con asuntos importantes, tales como cuál partido está perdiendo en elecciones generales o políticas para Europa (House of Lords, 2008). El 21 de abril, *The Independent* informó que Murdoch había dicho a los periodistas de *The Sun* que, si Miliband obtuviese el poder, el futuro de la compañía estaría en juego. Luego les indicó que fueran más agresivos en sus ataques contra el Laborismo y más positivos respecto del Partido Conservador.

Tal dominio del mercado informativo resulta en un exceso de poder e influencia política sin control que provoca miedo –miedo en políticos con temor de que sus carreras sean destruidas y sus vidas arruinadas por publicidad negativa, junto con las posibilidades de su partido para la reelección, y miedo en los empleados, demasiado intimidados para levantarse frente a una cultura de la intimi-

---

[8] Rupert Murdoch y familia, www.forbes.com/profile/rupert-murdoch/

dación en que gerentes orientados al mercado colocan prioridades comerciales por sobre la responsabilidad y la integridad periodística–. A riesgo de aun más redundancias obligatorias en *The Independent*, Michelle Stanistreet, secretaria general de la Unión Nacional de Periodistas, comentó que una fuerza de trabajo a la cual se le paga "un salario mínimo de oferta (…) es temerosa y obediente" (*Press Gazzette*, 2 de agosto de 2003).

Por supuesto, no solo la libertad de los periodistas se circunscribe a la obediencia corporativa. Nuestra habilidad para ejercer nuestra propia libertad democrática como miembros ordinarios del público se basa en el hecho fundamental de que los gobiernos no sean distorsionados por el interés privado de los conglomerados multimediáticos. Cuando los gobiernos, tanto como los periodistas, están atados al poder corporativo, entonces es difícil para todos, excepto para los poderosos, encontrar libertad. La política y la oportunidad de ser políticos están atados al conocimiento público. A pesar de la abundancia de información disponible en línea, las noticias de los medios de noticias establecidos aun dominan nuestro consumo de noticias en todas las plataformas, con un contenido crecientemente homogéneo. En un estudio de sitios de noticias en nueve países, Curra *et al.* (2013:887) señaló que "los sitios web líderes en el mundo reproducen el mismo tipo de noticias de medios heredados. Estos sitios web favorecen las voces de las autoridades y los expertos en detrimento de aquellas de las organizaciones militantes y de ciudadanos ordinarios". En la era de los nuevos medios, el poder de las corporaciones mediáticas multinacionales no se dispersa, antes bien, aparecen nuevas formas de capital mediático. Esta es una de las muchas maneras en que el conocimiento público está bajo amenaza constante y creciente (Davis, 2015).

Para aquellos que piensan que los medios convencionales son cada vez más irrelevantes en el nuevo mundo digital de la abundancia de información, McChesney (2014) señala cómo el poder global de los nuevos distribuidores mediáticos ha creado el mayor monopolio en la historia económica, con nuevas industrias digitales que pasan de competitivas a oligopólicas o monopólicas a paso furioso hasta el punto en que la Internet descansa ahora en las manos de muy pocos gigantes corporativos globales. McChesney sostiene que el hipercomercialismo, la publicidad y los mercados monopólicos que encontramos actualmente, intensifican más que perturban los moldes del capitalismo; llevan a una despolitiación rampante y a políticas mediáticas antidemocráticas y comerciales como las puntas sobre las que pivotean las políticas gubernamentales para ayudar a los medios corporativos a maximizar sus ganancias más que a impulsar el interés público. Freedman desafía la visión de que las redes digitales hayan desplazado el poder desde "el centro hacia la periferia y desde las élites a los usuarios y creadores ordinarios", describiendo cómo estas redes poseen "estrategias de acumulación" privilegiadas, "diseñadas para recompensar intereses corporativos más que para empoderar a los actores individuales" (2014:101). Luego señala que el desequilibrio de poder entre los estados y sus opositores continúa siendo vasto y que, cuando se trata de vigilancia digital, los estados son cómplices de los mayores proveedores de comunicación. El siempre creciente enredo de los medios y las corporaciones comunicacionales con políticos y agencias estatales reduce las posibilidades y las oportunidades de ser político a través de la limitación del conocimiento público y del disenso sobre políticas, sea de forma encubierta o no.

Las restricciones del ser político: la política subordinada al estado, subordinado al capital

Una simple imagen de la política del estado-nación comienza con la idea del pueblo. Un estado consiste en un pueblo, sea que este se conciba como ya presente o como proyecto para el futuro –el pueblo a ser convocado a constituirse–. Si un estado puede de alguna manera encarnar la voluntad colectiva de su pueblo, se siente como legítimo. Pero, cuando se trata de economía, la soberanía del estado ha sido transferida desde instituciones nacionales a autoridades supranacionales como el Banco Central Europeo, El Fondo Monetario Internacional y la Organización Mundial del Comercio. Estas instituciones han eliminado la agencia política del estado en términos de economía. Han hecho de la economía un negocio de ellos y no nuestro[9]. Tales organizaciones supranacionales no pretenden ser democráticas. Por lo tanto, difícilmente pueda sorprender que las protestas sucesivas y globales contra la OMC hayan encontrado un silencio ensordecedor. Mientras tanto, el principal espacio para que las luchas políticas ganen terreno continúa siendo el nivel nacional. Esta disyunción política, la manera en que el flujo global de capital ha sido separado de la política, establece restricciones agudas sobre las posibilidades de ser político para provocar un cambio social radical y progresista. Aunque la economía funciona sobre una base global, y el comercio es relativamente libre para operar, muchas veces pagando menos en impuestos corporativos que los negocios locales más pequeños, la política –la po-

---

[9] Esto no ha sido experimentado de la misma manera en todos los estados. Por ejemplo, la agencia política del estado alemán en la economía ha mostrado tener bastante más poder que el estado griego. Pero, sin embargo, el punto persiste –estado y capital están lejos de ser independientes uno de otro–.

testad para provocar cambios políticos sobre sistemas de gobierno–continúa estando atada al estado, mientras que los estados han perdido el poder para hacer algo al respecto.

Bauman y Bordini sostienen que los estados han sido vaciados de buena parte de su poder para moldear el curso de los eventos. Muchos de nuestros problemas se producen globalmente, pero el volumen de poder disponible para los estados-nación individuales es simplemente insuficiente para dar cuenta de los problemas extraterritoriales que afrontan. Este divorcio entre el poder ("la habilidad para hacer las cosas visibles y para realizarlas") y la política ("la capacidad para decidir cuándo deben hacerse las cosas y qué cosas deben decidirse en el nivel global" (2014:11)) produce una nueva clase de parálisis. Debilita la agencia política que se necesita para hacerse cargo de la crisis, y agota la fe de los ciudadanos en que los gobiernos puedan cumplir sus promesas. La impotencia de los gobiernos va de la mano con el creciente cinismo y desconfianza de los ciudadanos. Los estados simplemente no están equipados con la capacidad de administrar las nuevas realidades sociales y económicas de las finanzas, las inversiones de capital, los mercados laborales globales y la circulación de mercancías. Por lo tanto, la actual crisis económica es al mismo tiempo una crisis de agencia (los gobiernos ya no tienen la potestad de elegir un curso de acción y de tomarlo), una crisis de democracia representativa (porque los funcionarios elegidos no tiene el poder para realizar) y una crisis de soberanía del estado (que es tributaria del poder global del capital). Bauman señala que, "seriamente drenado de poderes y continuando su debilitamiento, los gobiernos estatales están obligados a ceder, una por una, las funciones una vez consideradas como monopolio natural e inalienable de los órganos políticos del estado, al cuidado de fuerzas del mercado ya 'desregulado', desplazándolas con eso del campo de la responsabilidad política y la supervisión" (Bauman y Bordini, 2014:20). El Tratado Transatlántico de Comercio e Inversiones (TTIP, por sus siglas en inglés)–un tratado comprehensivo de libre comercio e inversión (discutido en el capítulo 4)–es un buen ejemplo de la tentativa actual de eliminar "barreras" regulatorias que restringen las ganancias potenciales que podrían realizar las corporaciones transnacionales en ambos lados del Atlántico. Estas "barreras" se refieren a los estándares sociales y las reglamentaciones ambientales e incluso a nuevas garantías bancarias introducidas para prevenir una repetición de la crisis financiera de 2008.

El análisis de Bauman y Bordini recuerda la noción de Crouch de la "posdemocracia" –en la que los mecanismos representativos que sustentan el estado han sido vaciados en la medida en que la influencia y el poder corporativos han avanzado sigilosamente–. El estado ha abdicado entonces del poder que tenía para contrabalancear fuerzas económicas insidiosas y se ha convertido en "un idiota institucional" (2004:41). El único rol que le resta es intentar manejar la opinión pública de la mejor manera posible. El análisis de Crouch (2004, 2011) toma una perspectiva extrema y tiende a perder de vista las áreas en donde se ha sostenido que el estado ha incrementado su poder, en buena medida a través de sus roles disciplinarios y de control. En su análisis, el estado, al haber perdido el control sobre la dinámica económica más amplia que opera fuera y sobre su territorio, queda a cargo de intentar resolver los problemas que esta deja a su paso. Wacquant sostiene que, en la medida en que el estado ha privatizado sus provisiones de bienestar social, debe fortalecer su "puño penal" (2009:289) mientras intenta contener a aquellos que no pueden trabajar y disciplinar a aquellos que pueden, debilitando así la capacidad de acción política de los grupos subordinados. Wacquant pasa a mostrar de qué manera las políticas de bienestar en los Estados Unidos y el Reino Unido marginalizan crecientemente a los pobres. Estas políticas existen junto a un enorme incremento de otras, diseñadas para cohibir el disenso (ver capítulo 1), incluyendo la vigilancia, la legislación antisindical, la criminalización de la protesta y el encarcelamiento. En la medida en que el estado renuncia crecientemente a sus responsabilidades respecto a los pobres (a través de mecanismos como tapones a beneficios y la venta de la vivienda social), los empleadores también empujan la responsabilidad hacia los individuos. Y, vemos un incremento masivo de contratos de trabajo inseguros, que crean una nueva facción de clase –el precariado (Wackquant, 2008)–. El precariado, siempre ansioso de saber dónde estará el próximo empleo, ejerce una presión hacia abajo sobre los salarios y limita las posibilidades para la acción industrial. Wacquant se refiere a esto como el "trabajo asalariado desocializado" (2008:265).

El trabajo precario aumenta en la medida en que aumenta el desempleo, particularmente entre los jóvenes. Hay actualmente 5 millones de jóvenes (menores de 25 años) desempleados en la Unión Europea, que representan una tasa del 23.2 por ciento en la eurozona. Las diferencias entre países son marcadas. En aquellos países donde la crisis financiera ha calado más hondo, el desempleo joven se ha disparado. España tiene una tasa impactante de 53.8 por ciento y Grecia 53.1 por ciento, mientras que Alemania está en el 7.8 por ciento (Comisión Europea, 2014). Los empleos son consecuencia del crecimiento económico. Si no hay crecimiento, no hay nuevos empleos. La Organización Internacional del Trabajo (2014) informó que el número global de personas desempleadas creció en 5 millones entre 2012 y 2013, alcanzando casi 202 millones, y se proyecta que esta cifra crecerá a 215 millones en 2018. Economistas como McKinsey y compañía (2014) defienden mas politicas neoliberales para combatir el problema –el mercado de trabajo, nos dicen, necesita ser más ágil y más flexible, con más habilidades transferibles y más movilidad–, en otras palabras, más inseguro y peor pago. El *lobby* de negocios en el Reino Unido también defiende menores niveles de protección del empleo con el objetivo de crear empleos (Lanning y Rudiger, 2012). Y, así los efectos de una crisis causada por instituciones financieras que escapan al control estatal son trasladados al estado para que los afronte sin herramientas para realizar el trabajo. El estado ya no puede regular la economía, y así su capacidad de proveer servicios sociales y de redistribuir la riqueza disminuye severamente. Piketty (2014) sostiene que la elevación de la desigualdad es indicativa del buen funcionamiento de los mercados –mientras más perfecto el mercado, mayor la tasa de retorno del capital en comparación con la tasa de crecimiento de la economía–. Mientras más alta es esta relación, mayor es la desigualdad. Si los ingresos de capital son más concentrados que los ingresos del trabajo, entonces la distribución personal del ingreso también se vuelve más desigual.

Bordini (Bauman y Bordini, 2014:140) enumera las características principales de la posdemocracia:

(a) Desregulación –esto es, cancelamiento de las reglas que gobiernan las relaciones económicas y la supremacía de las finanzas y del mercado financiero–;
(b) una caída en la participación de los ciudadanos en la vida política y las elecciones;
(c) el retorno del liberalismo económico (neoliberalismo), que confía al sector privado parte de las funciones del estado y los servicios de administración –que antes eran "públicos"– con el mismo criterio de desempeño económico de una empresa privada;
(d) la disminución del estado de bienestar, reservando los servicios básicos solo para los más pobres –esto es, como una circunstancia excepcional y no como parte de un derecho generalizado para todos los ciudadanos–;
(e) predominio de *lobbies* que incrementan su poder y políticas en la dirección que desean;
(f) el *show-bussiness* de la política, en el que las técnicas de publicidad se utilizan para producir consenso; el predominio de la figura del líder, que descansa sobre el poder de la imagen, las encuestas de mercado y un proyecto comunicativo preciso;
(g) reducción de la inversión pública;
(h) la preservación de aspectos "formales" de la democracia, que por lo menos mantienen la apariencia de la garantía de libertad.

Todos estos factores están interrelacionados, pero el primero envía ondas de choque a través del resto y nos deja con estados-nación débiles que tienen poco poder (y a veces poca voluntad) para hacerse cargo de los problemas que enfrentan y democracias crecientemente deficientes. La dinámica del poder político y la despolitización de la economía han contribuido a un incremento de la desigualdad en economías avanzadas. Piketty (2014) afirma que la única manera de frenar la devastadora desigualdad de la riqueza es la imposición de un impuesto progresivo global sobre la riqueza. Un impuesto global evitaría la transferencia de activos a países sin tales impuestos, permitiría restringir la concentración de riqueza, y limitar el flujo de ganancia hacia el capital. Pero, los estados no tienen el poder de realizarlo.

Los ejemplos arriba citados de límites a nuestras vidas políticas no se exponen para diseminar la miseria y la desesperanza –lejos de eso–. Se discuten en un intento por apreciar el contexto más amplio en el cual debe jugar la política radical. Solo situando la política progresista radical en tales contextos podremos comenzar a determinar qué es necesario para ser radicalmente político y para alcanzar el cambio social progresista. En tiempos recientes, dos organizaciones políticas en Europa han desafiado las relaciones de poder dominantes en formas particulares que han buscado repensar cómo es posible una política radical.

El caso de Syriza

En Atenas, el 6 de diciembre de 2008, la policía asesinó a un estudiante de dieciséis años, Alexis Grigoropoulos. Esto impulsó un enorme levantamiento de estudiantes y trabajadores, que salieron a las calles y durante las semanas siguientes participaron de una impresionante gama de actividades disidentes, desde mítines y marchas, sentadas en estaciones de policía, la ocupación de un estudio de televisión estatal durante la transmisión de un noticiero, y la disrupción de obras de teatro para discutir con las audiencias, hasta saqueos y motines. Amnistía Internacional acusó a la policía griega de brutalidad en su tratamiento de los disturbios, pues bombardearon a los manifestantes con gas lacrimógeno y granadas de estruendo. Cuatro días después de la muerte del estudiante, la Confederación General de los Trabajadores Griegos (GSEE) y la Confederación de Funcionarios Públicos (ADEY), quienes en conjunto representan casi la mitad de la fuerza de trabajo griega, llamaron a una huelga general de un día en protesta contra las políticas económicas del gobierno y continuaron interrumpiendo el trabajo en solidaridad con los manifestantes. En otros lugares de Europa, así como en Estados Unidos y Australia, una oleada de manifestaciones públicas se sucedió en apoyo a los manifestantes griegos.

Como con otros levantamientos y motines en los barrios marginales de París en 2005 y 2007, y en Londres en 2012, la dramática muerte de un individuo puede haber sido el detonante para que comenzaran las manifestaciones, pero las causas se entroncaban en una historia mucho más difícil y más profunda. En respuesta a las protestas en Grecia, el Primer Ministro Costas Karamanlis reconoció que "problemas sin resolverse, como la falta de meritocracia, la corrupción en la vida diaria y la sensación de injusticia social, decepcionan a los jóvenes" (Kriakidou y Flinn, 2008). Karamanlis dijo que los cortes del impuesto a las ganancias continuarían. Pero, advirtió sobre el exceso de expectativas, diciendo que Grecia debería gastar 12.000 euros –alrededor del 5 por ciento del producto bruto interno– solo para pagos de la deuda: "nuestra prioridad principal es la de apoyar a aquellos más heridos (…) [pero] esta deuda es un gran fardo que reduce la flexibilidad del gobierno en este momento crítico" (Ibíd.). El malestar continuaría, y traería la renuncia del gobierno de derecha y luego su derrota, en noviembre de 2009. Esto dio una gran mayoría a los socialistas de Papandreou, que apoyaron la solución neoliberal a la crisis financiera que llevó a la acometida de medidas de austeridad. Estas medidas de austeridad calaron hondo en el tejido social de la sociedad griega, con 25 por ciento de la población desempleada en 2015, incluyendo 50 por ciento de los jóvenes. La pobreza experimentada enfureció tanto a la población que posibilitó un populismo colectivo de izquierda, que vio el porcentaje electoral del partido Syriza subir desde debajo del 5 por ciento en 2009 hasta el 25 por ciento en junio de 2012. Para 2015 Syriza estaba en el gobierno junto a una extraña coalición con el partido populista de derecha independiente de Grecia. Con 35.3 por ciento del electorado, Syriza estuvo a dos asientos de la mayoría requerida para gobernar solos. Sin embargo, a pesar de sus diferencias ideológicas, los dos partidos compartían el deseo de terminar con los cortes exigidos por la Comisión Europea, el Fondo Monetario Internacional y el Banco Central Europeo, que fueron impuestos como medio para "rescatar" a una Atenas hundida en las deudas. Luego de eventualmente aceptar duras medidas de austeridad, en las que insistían el FMI y la Unión Europea para el tercer rescate internacional de Grecia, veinticinco miembros del parlamento se escindieron de Syriza y formaron el Partido de la Unidad Popular, que desencadenó una elección general apresurada en 2015. Con una baja participación de votantes, Syriza consiguió asegurar el gobierno con el 35.5 por ciento de los votos y renovó su coalición con los Independientes Griegos.

Syriza es una sigla que significa "Coalición para la Izquierda Radical". Fue fundado en 2004 como una federación de organizaciones más pequeñas, incluyendo a maoístas, socialdemócratas de izquierda, verdes, feministas, redes por los derechos gays y trotskistas, pero se transformó en un partido único luego de una conferencia en julio de 2013. El mayor de esos grupos era Synaspismos, cuyo líder, Alexis Tsipras, pasó a liderar Syriza. Tsipras venía de una generación cuyo pasado político se desarrollara a través del movimiento antiglobalización, las manifestaciones masivas contra la Organización Mundial del Comercio en Génova y los Foros Sociales Europeos (Wainwright, 2015). Estas experiencias fueron formativas para su política, que desdeña la fe en una ideología particular, prefiriendo en cambio enfatizar y abrazar el pluralismo y el trabajo abierto y colaborativo. Esta fue una generación que había vivido el colapso del muro de Berlín y la caída de la Unión Soviética y quería reemplazar libretos políticos gastados para desarrollar alternativas al capitalismo que se pensaban apropiadas al contexto contemporáneo y eran aún desconocidas.

El contexto en el que Syriza logró alcanzar el poder en Grecia era complejo. Venía de una crisis social profunda y una historia de corrupción de la élite que enfureció a las personas y las hizo desear el cambio político. Desde la primera protesta en 2008, Grecia fue testigo de una creciente solidaridad entre los sindicatos, los partidos de izquierda y los movimientos sociales. Como consecuencia, las personas involucradas en la rebelión eran muy diversas, sin embargo encontraron una identidad colectiva en su deseo de romper con el orden político establecido. Con todo, Syriza no emergió sin dolor. La reunión de doce organizaciones políticas de izquierda en un solo partido político estuvo plagada de dificultades, con los grupos más pequeños preocupados con ser ahogados y los más poderosos dominando. Como muchas organizaciones de izquierda, Syriza tiene su propio elemento de izquierda –la plataforma de izquierda– que es más euroescéptica que la dirigencia. El modo en que Syriza solucione sus diferencias será un testimonio de su capacidad de reformular la política –una ambición que ya ha sido puesta severamente a prueba (la plataforma de izquierda formaba el núcleo de los 25 miembros del parlamento que renunciaron)–. Una faceta clave de su perspectiva fue la de establecer las aspiraciones de esta nueva coalición mucho más allá de la formación de un partido, para tener un alcance político más amplio que solo "la izquierda", y construir un frente social unido –así asociando lo político al ser político–. Desde el momento en que el partido fue formado, los activistas de Syriza no solo militaban en las calles y a través de asambleas barriales, también coordinaban "cocinas solidarias" y bazares, trabajando en centros médicos sociales, protegiendo a inmigrantes de ataques del grupo fascista "Amanecer Dorado"[10] (quienes ganaron

---

[10] Golden Dawn se formó a comienzos de 1990 como una organización fascista semilegal. Su apelo fue revivido en tiempos recientes mediante el recurso a una respuesta xenofóbica antiinmigrante a los problemas sociales causados por las medidas de austeridad.

el 7 por ciento de los votos en la elección de 2015), apoyando acciones contra los cortes de energía eléctrica, proporcionando ayuda legal en la justicia para obtener descuentos en los pagos de hipotecas, y desarrollando nuevas relaciones con sindicatos. Estaban *offline* y en las comunidades trabajando con necesidades sociales. Comprendieron desde el principio que, para que sucediera la transformación social, no podría ser simplemente impuesta desde arriba por los gobiernos: "creo que necesitas poder político estatal pero lo que también es decisivo es lo que estás haciendo en los movimientos/sociedad antes de tomar el poder. El 80 por ciento de los cambios sociales no pueden venir de los gobiernos" (Andreas Karitzis, un coordinador político de Syriza, citado en Wainwright, 2015). En otras palabras, Syriza comenzó operando más como movimiento que como partido político y, paradójicamente, esto permitió que su política avanzara al centro de la escena. Los activistas estaban más preocupados primero y principalmente no con el reclutamiento de nuevos miembros para su partido, con la promoción de una línea particular o con la toma de control, sino con la construcción de un sentido de principios compartidos con soluciones prácticas. Por lo tanto, en las manifestaciones de Plaza Syntagma se alcanzó un acuerdo según el cual, en vez de banderas partidarias, se enarbolarían banderas de diferentes naciones, incluyendo las de los países de la Primavera Árabe. De esta manera, Syriza parecía romper con la antigua política de izquierda seccionada, y construir un nuevo sentido de confianza y posibilidad de que las medidas impuestas por la troika podrían ser disueltas. Recurrió a la política del ser y con ella alimentó al ser político. Esto tornó atractivo al partido para los jóvenes y para la clase trabajadora en particular, que fue alentada a unirse a las redes de solidaridad conducidas sobre una base de autoorganización democrática.

> Las personas tienen problemas para sobrevivir (…) no podemos resolver estos problemas pero podemos ser parte de su socialización. Estas iniciativas solidarias pueden ser la base para luchar por el estado de bienestar. Por ejemplo, el personal médico involucrado en los centros médicos sociales también lucha dentro de los hospitales por recursos y tratamiento gratuito. La idea es cambiar la idea de las personas de lo que pueden hacer –desarrollar con ellos un sentido de su capacidad de poder. (ibíd.).

Syriza comprendió qué significaba construir un movimiento para el cambio social más que simplemente lograr que un partido fuera electo. El movimiento necesitaba respaldo popular y una participación de amplia base para entonces presentar una alternativa real con soluciones positivas. Con este objetivo quería que tanta deuda del gobierno griego, principalmente en manos de bancos alemanes y franceses, como fuera posible, fuera desestimada. También priorizó un

...n para la crisis humanitaria a través de medidas como la reconexión de suministros eléctricos interrumpidos como resultado de la falta de pago de cuentas y el subsidio alimentario para los desempleados. Para reformar la economía del país, quería promover cooperativas de trabajadores y la nacionalización de bancos y utilidades privatizadas y la inversión en infraestructura pública. Y, quería combatir el *establishment* político de Grecia reestructurando al estado para exprimir la corrupción, dividiendo monopolios mediáticos, persiguiendo la evasión impositiva, y revirtiendo la militarización de la policía. El partido también afirmaba que pretendía mejores condiciones para grupos marginalizados, la protección de comunidades migrantes y el apoyo al matrimonio entre personas del mismo sexo.

Este programa de trabajo está en un documento que fue escrito por miembros y partidarios de Syriza en 2012 –un sistema inclusivo que esperaban replicar en sistemas de gobierno mediante el llamado de asambleas generales de los varios funcionarios públicos en cada ministerio para alentar la innovación y desalentar jerarquías que permitan el florecimiento de la corrupción–. En 2014 mientras Syriza era aún oposición esto fue transformado en el programa de Tesalónica como un plan de reconstrucción nacional para el gobierno. Como manifiesto, fue duramente criticado tanto desde la izquierda como desde la derecha. Syriza era bien consciente de los peligros de transformarse en un partido como cualquier otro que se distorsiona por el poder y se desconecta de sus raíces y pretendía permanecer abierto a que sus miembros trajeran nuevas ideas y moldearan su dirección. Cuando su programa económico fue publicado inicialmente, se organizaron asambleas públicas para discutir las propuestas del partido. También se creó un grupo paraguas, Solidarity4All, para conectarse con los diferentes grupos que simpatizaban con Syriza, y facilitar el intercambio de información y conocimiento (Prentoulis, 2015).

A pesar de las dificultades con que chocó cuando se encontró comprometido por el acuerdo de préstamo como parte del tercer paquete de rescate (el Programa de Ajuste Económico), Syriza representaba una política movimientista, que deliberadamente reconocía y se conectaba con la política del ser, combinada con un programa de acción política que estaba claramente bien pensado. También era una política masivamente restricta por las demandas de austeridad de la Unión Europea, el Fondo Monetario Internacional, y el Banco Central Europeo, que pretendían equilibrar los presupuestos mediante recortes en el gasto público. El gerenciamiento de la crisis económica por parte de cuerpos supranacionales puede haber causado la respuesta de la sociedad civil global y la ocurrencia de protestas transnacionales, pero los partidos de izquierda que buscaban formar una oposición dentro de las fronteras estatales fueron debilitados por el traslado del poder a la tiranía de la Troica. La economía se ha transformado en asunto de los bancos –un asunto técnico fuera de la política–. Al contrario de muchos partidos socialdemócratas a lo largo de Europa, Syriza intentó negarse a esta determinación. Pero, los poderes de la Troica no eran tan fácilmente doblegables.

Syriza representaba un riesgo político que podía dar confianza a coaliciones anticrediticias como Podemos en España. La Unión Europea respondió con alarma a los intentos de Syriza de renegociar los términos económicos diseñados por los bancos. En la medida en que más fondos fueron retenidos y los bancos griegos se enfrentaron a la bancarrota, el gobierno conducido por Syriza se encontró frente a una posible salida de la eurozona. El primer ministro griego, Alexis Tsipras, convocó un *referéndum*, y el pueblo griego votó avasalladoramente contra las medidas de austeridad. Pero, el voto democrático de la nación fue ignorado, y los acreedores insistieron en más austeridad además de una horda de políticas nacionales que inmediatamente traerían más privatización y legislación antisindical, con total conocimiento de que la política de austeridad no provoca la recuperación económica (Krugman, 2015) y de que habría más deuda. Como escribió Koenig (2015:1):

> [E]l pueblo griego, los ciudadanos de un país soberano (…) han tenido la audacia de elegir democráticamente un gobierno socialista. Ahora deben sufrir. No obedecieron las reglas autoimpuestas del imperio neoliberal de la privatización globalizada irrestricta de los servicios públicos y la propiedad pública de la cual la élite maximiza ganancias –para ellos por supuesto. Es un llano robo de propiedad pública.

El círculo vicioso de deuda-austeridad-privatización fue apoyado además por los medios griegos establecidos, que continuaron esparciendo una narrativa de que Grecia estaba en falta, de que había gastado demasiado y había quebrado. Los generosos bancos prestaron dinero al país y el corrupto gobierno griego lo mal administró (Efímeros, 2015). La mayoría de las plataformas mediáticas masivas en Grecia defendió a los bancos. Tal vez esto no sea sorprendente si se comprende que la única medida que la Troica permitió posponer fue el impuesto del 20 por ciento sobre la publicidad en la televisión. También hicieron la vista gorda sobre el hecho de que las compañías televisivas no habían pagado sus impuestos y habían recibido licencias de transmisión gratuitamente. Los medios establecidos querían que la Troika ganase, de otro modo las grandes corporaciones mediáticas perderían ganancias. De modo que la historia no contada es que los bancos empujaron a Grecia a una deuda insostenible mientras insistían en que los activos públicos generadores de renta fueran vendidos a corporaciones globales y oligarcas. Pero, Syriza había nutrido por mucho tiempo una presencia mediática social que le permitía diseminar su mensaje. Twitter se transformó en una importante fuente de contranarrativa, con #ThisIsACoup como la segunda tendencia mundial y la primera tendencia en Alemania el lunes en que el acuerdo de rescate final fue acordado. Pero, si bien las redes sociales podían expresar solidaridad e indignación, si bien las contranarrativas en línea podían ofrecer alguna esperanza, nunca serian rival para el estrangulamiento de la Troica.

Mattoni y Vogiatzoglou (2014) señalan cómo la política oposicional en Grecia se ha desplazado desde un foco en acciones de protesta a la prohibición de servicios, así como un retorno al mutualismo, como forma de resistir a la crisis económica. El intento de una radical repolitización en Grecia, entonces, ha reconocido la necesidad de redemocratizar la economía y resocializar la política, reconectando la política con el público y alejándose de la influencia corruptora del poder elitista (de la cual, algunos han sostenido desde entonces, finalmente cayó presa). Además, el paquete inicial de reformas buscó perseguir la corrupción y la evasión fiscal y permitir un retorno al gasto público más amplio. Al hacerlo, tuvieron éxito en llamar la atención sobre todo lo que es político en la administración de la economía. La victoria de Syriza en la elección y la lucha política también alentaron a otros partidos radicales antiausteridad, incluyendo a Podemos en España, cuyo líder Pablo Iglesias dijo en una manifestación en Valencia: "la esperanza está llegando, el temor está en retirada. Syriza, Podemos, ganaremos" (Smith, 2015). Sin embargo, este entusiasmo político duro poco.

El caso de Podemos

El colapso financiero de 2008 golpeó duramente a España. Diferente de la situación de Grecia, la deuda del gobierno español estaba bajo control (más que la de Alemania). Cuando España adhirió al euro en 1999, las tasas de interés y el crédito fluyeron primero hacia los bancos españoles y luego hacia la vivienda, creando un enorme *boom* inmobiliario y una burbuja de la construcción financiada con créditos baratos para los constructores y los compradores de vivienda. Los precios de las viviendas se elevaron rápidamente entre 2004 y 2008, luego cayeron al explotar la burbuja. La industria de la construcción se desplomó; propietarios sobreendeudados enfrentaron la miseria financiera y los bancos habían venido montando malas deudas hipotecarias. Así que, aunque el gobierno español tenía una deuda relativamente baja, tuvo que recurrir a un pesado endeudamiento para lidiar con los efectos del colapso de las propiedades. En 2011 se elevaron los impuestos, se impuso un congelamiento de los salarios del sector público, y se im plementaron medidas de austeridad. El desempleo se elevó hasta el 25 por ciento y la desigualdad se disparó, informando Oxfam (2014) que el 20 por ciento de los más ricos de España tenía un ingreso igual al ingreso total de los 14 millones de españoles más pobres. Los políticos parecían estar actuando con el mandato de los banqueros.

El nacimiento del movimiento social de los Indignados/M15 emergió de esta crisis. Comenzó con un grupo de Facebook que reunió a grupos de afinidad como XNet y Anonymous bajo el nombre de "¡Democracia Real Ya!". El 15 de mayo de 2011 movilizaron a muchos miles de ciudadanos para manifestarse en las calles de España, y al día siguiente las personas ocuparon Plaza Cataluña en Barcelona; allí se quedaron durante muchos meses para debatir temas que estaban siendo ignorados en las elecciones locales. Esto disparó ocupaciones similares en más de cien ciudades españolas, que luego se extendieron a más de 800 ciudades alrededor del mundo (Castells, 2015). El movimiento, que se tornó conocido como 15M o los Indignados, no tenía ningún liderazgo formal y fue inicialmente ignorado en buena medida por los medios establecidos. Utilizó Internet para diseminar su mensaje y las personas fueron puntualmente a las plazas para participar. Pero, Internet no hubiera hecho ninguna diferencia si el momento no hubiera sido el adecuado, si las injusticias de una democracia que fallaba no se hubieran sentido, si la pobreza no hubiera sido visible, si el desempleo no hubiera sido una experiencia común, y si la corrupción política no hubiera sido endémica. 15M realizó campañas contra los recortes y generó muchos movimientos de protesta (conocidos como mareas) contra los desalojos y las reposiciones de viviendas, la privatización de la salud pública, los recortes en educación, la reducción de salarios, y los ataques a las condiciones de trabajo, entre otras.

15M estableció los fundamentos para el desarrollo de Podemos, que permitió que la indignación de la protesta se transformara en políticas explícitas para el cambio político (el nombre de su primer manifiesto fue *Mover ficha: convertir la indignación en cambio político*). Podemos es un partido contra las medidas de austeridad, comprometido con la política participativa popular (similar a Syriza). Un año después de su formación, en enero de 2014, Podemos se había transformado en un partido de izquierda con más de 200.000 miembros y casi 1000 círculos (reuniones locales organizadas horizontalmente), y con frecuencia se encontraba en el tope de las encuestas. En mayo de 2014, cinco meses después de ser formado, ganó cinco MEP en las elecciones europeas (equivalentes al 8 por ciento de los votos españoles), con un sorprendente 1.25 millón de votos. Durante un período, entonces, Podemos representó una seria amenaza al duopolio bipartidista que había dominado la escena política española en los años del posfranquismo –el Partido Socialista Español (PSOE) y el Partido Popular (PP) conservador–. Aunque estos partidos tienen nombres que suenan diferente, se habían vuelto cada vez más similares y se habían aliado en torno a un cambio de la constitución española para retirar derechos a los trabajadores españoles con el objetivo de apaciguar al FMI y cumplir con las medidas de austeridad de la Troika. Podemos prometía algo diferente. Llamaba a:

> Una distribución justa de la riqueza y del trabajo entre todos, la democratización radical de todas las instancias de la vida pública, la defensa de los servicios públicos y los derechos sociales, y el fin de la impunidad y la corrupción que han transformado el sueño europeo de la libertad, la igualdad y la fraternidad en la pesadilla de una sociedad injusta, cínica y oligárquica (Maura, 2014).

Una buena parte de lo que hace diferente a Podemos es de dónde viene. Fue un producto no del *establishment* sino, antes bien, de un movimiento social. Eduardo Maura, un profesor de filosofía de la Universidad Complutense de Madrid y representante internacional de Podemos, señala que:

> Los movimientos sociales cambiaron percepciones, permitieron que las personas reconceptualizaran problemas supuestamente individuales como problemas comunes que demandan respuestas políticas colectivas. La habilidad de Podemos para presentarse en las elecciones europeas dependía mucho del poder social acumulado por los movimientos sociales (citado en Dolan, 2015).

En la misma entrevista, Maura habla de la necesidad de mantener al movimiento separado del partido, con el objetivo de asegurar tanto que el movimiento permanezca autónomo y autorregulado como que el partido se torne más responsable y tenga un rango más amplio de personas, que pueden no identificarse como activistas o ni siquiera considerarse como estando a la izquierda. Este sentido de dirigirse a un electorado tan amplio como fuera posible, de apelar a los no comprometidos y a los no políticos, es compartido con la visión primera de Syriza y se relaciona con la noción de "unidad popular" (Maura, citado en Parker *et al.*, 2014) expresado por Podemos. La unidad popular se refiere al reconocimiento de la necesidad de crear un nuevo sentido común para contrarrestar los discursos dominantes del neoliberalismo. Para ganar popularidad, Podemos ha descartado las etiquetas de izquierda y derecha en favor de un discurso de democracia y del "pueblo", que habla a las experiencias sentidas de austeridad –privación de derechos, resentimiento del *establishment* y privaciones materiales–. Al hacerlo, ha conseguido obtener el apoyo de muchos votantes tradicionalmente conservadores, donde aproximadamente un sexto de sus simpatizantes provienen del partido Popular. Esta es una política localizada que ha comprendido la necesidad de apreciar la política del ser en el contexto del ser político. Maura señala:

> Siento la necesidad del cambio más profundamente que antes, en una manera que realmente me toca. Esto es de alguna forma generacional. La manera en que yo y otros estamos comprometidos ahora tiene que ver con Podemos. Me gusta mucho el proyecto, y me siento parte de un trabajo en construcción que no puede ser inmediatamente traducido al contexto británico. No puedo decirles por qué. Es algo que yo mismo no comprendo. Esto es mucho más importante que muchos aspectos de mi vida personal. Realmente lo siento y no me avergüenza, porque he comprendido también que el campo político no está solamente constituido por actores racionales. También siento toda clase de cosas que me ayudan a desarrollar este proyecto. Es por eso que comprendo, tal vez mejor que en otros países, el odio y la rabia contra el establishment. Lo comprendo bien e intento construir sobre eso, más que decir a las personas que son antipolíticas o que no conocen a Marx. Las emociones son muy importantes en la política, y siento esas emociones ahora mismo. No las sentía hace cinco años, a pesar de que entonces ya era un activista (Maura, ibíd.)

Podemos tomó nota de la horizontalidad y la diversidad de la política radical de 15M y del movimiento de los Indignados. Como Syriza, reconoció que una política del día a día podía ser más productiva que el foco tradicional de la izquierda en la producción y el trabajo (donde la producción y el trabajo están tan fragmentados e inseguros que dificultan la organización en torno a ellos). Como apunta Harvey (en Watson, 2015), esta es una política organizada alrededor de los espacios donde vivimos más que alrededor de los espacios en donde trabajamos. Podemos se concentra en las necesidades de las personas y relaciona servicios públicos mejorados a la intensificación de la democratización, en un intento por forjar una relación entre lo particular y lo universal. De esta manera, va más allá del foco en la horizontalidad y la diversidad a toda costa para reconocer la necesidad de confluir alrededor de un objetivo político común que puede extender la solidaridad mientras continúa abierto al debate y la diferencia.

Aquí resuena la teorización de la estrategia política de Laclau y Mouffe (discutida en el capítulo 4), alrededor de la necesidad de construir cadenas de equivalencia que reúnen demandas políticas con los sentimientos reales de las personas: "necesito vivienda, tú necesitas un trabajo: ¡nosotros necesitamos democracia! (Parker *et al.*, 2014). El foco en la democracia también tiene fines necesariamente abiertos y así evita todas las trampas de una política absolutista. Para sostener cualquier sentido de democracia en funcionamiento, debe ser un proceso abierto, iterativo y dinámico que es constantemente desafiado por todos aquellos a quienes involucra y dispuesto a cambiar como respuesta. Un foco en la democracia encarna la política con objetivos abiertos que conduce a identidades múltiples y fragmentadas. Pero, también se modela en última instancia en el estado y en los gobiernos nacionales, de modo que siempre retornará a la democracia representativa liberal como su manifestación natural.

Como partido de la era digital, Podemos también ha adoptado lo que llama una "lógica de hacker". Para crear un círculo de Podemos en un área local o sobre un tema particular no se necesita más que una cuenta de Facebook, una dirección de correo electrónico y una reunión –no hay cuota de inscripción–. El principio es el de alentar a la máxima participación de los miembros, que luego modelan en conjunto el desarrollo del partido y le cobran su responsabilidad. El partido depende mucho de Internet para incrementar los niveles de participación y rendición de cuentas a través de la Asamblea de Ciudadanos, aunque los principios no son tan diferentes del establecimiento de cualquier organización que aspira a la práctica democrática. Utilizó la red social Reddit para buena parte del proceso pero también desarrolló aplicaciones para votar y establecer agendas. Los proyectos relacionados a diferentes áreas de la organización, incluyendo ética (Podemos rechaza cualquier financiamiento de instituciones financieras y los representantes son sometidos a limitaciones estrictas de sus privilegios y salarios) y política, eran presentados en línea, luego eran debatidos, reescritos y reducidos. Luego había un período en el que se convocaban resoluciones sobre temas específicos (como algo separado de las estrategias o los temas del manifiesto) que luego se votaban. Los proyectos luego se discutían en una conferencia presencial a la que asistían 7000 personas y eran votados en línea la semana siguiente. La selección de los candidatos del partido para representar a Podemos incluía transmisiones en vivo por Internet de debates y elecciones que operaban con el sistema de "un hombre un voto". Este proceso aseguraba que los activistas más comprometidos y aquellos con un interés vago, aquellos que tenían poquísimo tiempo disponible y aquellos con los recursos para viajar, pudieran participar.

Sin embargo, Podemos ya enfrenta críticas por parte de activistas, por haberse tornado un partido de la élite desconectado de sus raíces, así replicando los problemas de todos los partidos establecidos anteriores. Es acusado de reformista y de ser parte del *establishment*; de ser burgués y falso por haber entrado en un espacio político centrado en el estado que en última instancia reproducirá la vieja política. 15M es parte de Xnet, un grupo de activistas que trabaja en favor de la democracia y contra la corrupción que ha logrado llevar a juicio a más de cien políticos y banqueros con cargos de corrupción. En buena medida financiados por la gente y auxiliados por colaboración ciudadana y filtración de información, ha expuesto fraudes y estafas financieras. Xnet también es crítico de Podemos, a quien percibe como algo muy diferente de 15M y como parte de una "muy vieja perspectiva de izquierda centrada en Gramsci" y aún opera dentro del modelo político tradicional, cerrado a la participación ciudadana genuina (entrevista con activista clave). Su utilización de atributos de Internet, se dice, sirve meramente para ocultar una política centralista y ególatra. Y, es verdad que aquellos con capital cultural substancial (notablemente economistas y académicos hombres) han alcanzado las posiciones de relevancia dentro del partido.

Pero, al igual que Syriza, Podemos también intenta visibilizar el poder de la Troika, perturbar el discurso de austeridad y trabajar sobre lo que podría ser una alternativa política. Al hacerlo, intenta crear una política que es radicalmente progresista pero que elude los "ismos" (esto es, socialismo, comunismo) que significan una política que muchos consideran pasada de moda y poco adecuada para los tiempos contemporáneos. *Debería* abundar la crítica por parte de los movimientos sociales porque, de no ser así, entonces Podemos no podría sostener una política de democracia. El desacuerdo junto con el apoyo es lo que Podemos espera. Mientras tanto, los medios establecidos apoyados por los grandes negocios pintan a Podemos como un riesgo económico y a sus representantes políticos como revolucionarios enloquecidos. Esto, junto con otras limitaciones en la comunicación, tales como una nueva "ley mordaza" creada para deslegitimar la protesta pública frente al Parlamento y otros edificios públicos, incluyendo el "uso desautorizado" de imágenes de autoridades del orden público o de las fuerzas policiales con multas de hasta €30000, significan que las probabilidades se amontonan contra la construcción y el sostenimiento de un partido de oposición.

¿Qué podemos aprender de estos dos casos de estudio? El primer punto es que, mientras que Internet puede movilizar e involucrar a muchas personas rápidamente, no crea la política. Aunque Podemos hace un buen uso de los medios digitales, los medios digitales no crean a Podemos. La política de Podemos emergió de un sistema bipartidista que le había fallado al electorado y de un programa de austeridad que había causado dificultades considerables. Sin este anclaje contextual crítico, el foco en la horizontalidad y la diversidad corre el riesgo de traducirse en una tolerancia liberal de la diferencia, que de hecho impide que se coloquen preguntas substantivas, en una política anárquica, autónoma y en última instancia individualista que impide que suceda un cambio substantivo.

Si luego pasamos a considerar estos dos casos de estudio a través de los conceptos de prácticas de ser político y de la política del ser, encontramos que tanto

Podemos como Syriza han impulsado la necesidad de repolitizar la economía como medio para recuperar tracción para la supervivencia de la política radical. Sin algún control sobre la economía, una política radical no tiene ningún espacio para respirar o para funcionar. Lo que Podemos y Syriza también revelan es que la política es hacer, y cuando hacemos política juntos creamos solidaridad –esto no significa que todos pensemos la política del mismo modo–. Una solidaridad contemporánea se forja en el reconocimiento de la diferencia y la constante afirmación de esa diferencia a través de la discusión, pero es igualmente solidaridad. Resocializar lo político permite que esta solidaridad sea vista y sentida. En un contexto donde la corrupción ha mancillado la confianza, donde los medios establecidos son percibidos como desdemocratizadores en la medida en que son parte de la élite y parte del problema, ser creíble y por lo tanto confiable significa que se debe ser no solo visible y transparente en nuestras prácticas sino también responsable e inclusivo. También se debe ser capaz de mostrar que hay otra manera de hacer política, y esto significa recuperar la economía.

Repolitizar la economía

Tanto Syriza como Podemos son testimonio del hecho de que Europa del Sur ha padecido la peor parte de la respuesta de la crisis de la eurozona y muestra las cicatrices de un brutal programa de reducción de deuda que ha visto dispararse al desempleo y profundizarse a la desigualdad (Piketty, 2014). El resultado ha sido un estrangulamiento del crecimiento y, con eso, también de la recuperación económica. Los Estados Unidos, donde la reducción del déficit público fue abordada de manera menos despiadada, han visto una caída del desempleo. El análisis de Piketty muestra que es imposible reducir una alta deuda pública sin inflación y con cero crecimiento y que, en el pasado, la crisis de deuda pública se ha combatido frecuentemente por medio de la inflación, la condonación de deuda o medidas extraordinarias:

> Es el caso de Alemania y Francia, que emergieron de la segunda guerra mundial con una relación del 200 por ciento entre PBI y deuda, dos veces la relación de España hoy y mayor que la de Grecia. Luego, de repente, en 1950 ya no había deuda. ¿Qué sucedió? No las pagamos. Nos libramos de la deuda a través de la inflación y la cancelación de las deudas más recientes, particularmente en Alemania. Esto fue una buena decisión, que nos permitió comenzar de nuevo en los '50 y '60, invertir en el crecimiento, en infraestructura pública, educación.

Si, por un lado, hubiéramos tenido que pagar deudas tan altas, con un crecimiento del PBI del 1 o 2 o 3 por ciento anual, todavía estaríamos pagando. De modo que parece loco –como un ataque de amnesia colectiva– ver a esos mismos países hoy, Alemania y Francia, explicándoles a los países del sur de Europa que deben pagar todo, hasta el último centavo, con inflación cero (Piketty e Iglesias, 2015)

En España e Italia, el interés anual es más alto que todo el presupuesto universitario. Italia gasta 5 o 6 por ciento de su PBI pagando intereses de la deuda pública y solo 1 por ciento del PBI en su sistema universitario. Sin embargo, la reestructuración de deuda continúa fuera del universo político. Las razones de ello son históricas y se retrotraen a las dificultades económicas anteriores de la década de 1970, que vieron una inflación y desempleo elevados en toda Europa. La respuesta fue entonces el desarrollo de una moneda sin estado, de modo que pudiera ser independiente y luchar contra la inflación. Así fue creado el euro, y aquellos en la eurozona cedieron su soberanía monetaria a una institución sobre la cual no tenían control –el Banco Central Europeo–.

En los Estados Unidos, la economía se ha distanciado tanto de la política del estado y los gobiernos se han subyugado tanto al poder corporativo que Nichols y McChesney (2013) la llaman "dolarcracia" –el gobierno del dinero más que el gobierno del pueblo–, donde aquellos que poseen más dólares obtienen más votos y son dueños del tablero. Su análisis rastrea la manera en que las corporaciones y los adinerados gastan billones de dólares en *lobby*, relaciones públicas y donaciones a campañas políticas que influencian las decisiones políticas y vuelven a ellos en trillones de dólares de ganancia. Por supuesto, muchas áreas del gobierno que se ocupan de servicios sociales básicos no tienen el poder de las industrias corporativas para seducir y ejercer presión a su favor y, por lo tanto, terminan siendo pisoteadas. La educación pública, los espacios públicos, el transporte público, los servicios de electricidad y agua, todos sufren como consecuencia de ello.

Lessig (2011) también sostiene que la corrupción en el Congreso de los Estados Unidos es estructural al sistema político, que depende del dinero corporativo: un miembro del Congreso debe gastar una cantidad considerable de tiempo recaudando fondos para su reelección. Muchos ex miembros, en cambio, se vuelven lobistas de las mismas compañías de las que obtuvieron dinero a cambio de favores políticos. De manera similar a como Margaret Thatcher fingía no ver la legislación antimonopolio con el objetivo de ganarse el favor de Rupert Murdoch, compañías telefónicas y de televisión por cable en los Estados Unidos obtienen licencias gubernamentales que las transforman en casi monopolios, esencialmente para privatizar Internet (Foster y McChesney, 2011). Davies señala que, en el Reino Unido, el Partido Conservador recibe más de 50 por ciento de sus fondos del sector financiero. La puerta giratoria entre el mundo corporativo y el político continúa girando:

> (…) cuando se trata de contabilidad, impuestos y política económica. Son las mismas cuatro empresas de contabilidad las que dominan cuando se trata de auditar compañías y ofrecer servicios contables a esas mismas compañías; y las mismas cuatro grandes aconsejan al gobierno y a los inspectores fiscales sobre reglamentación fiscal. Son los mismos gerentes de bancos de inversiones los que obtienen posiciones superiores en los tesoros nacionales y en instituciones reguladoras, antes de volver a esos mismos bancos de inversión. Y los mismos prestigiosos economistas escriben informes autorizados que se utilizan en la toma de decisiones, pero que son pagos por intereses personales (Ferguson, 2012; Shaxson, 2012; Murphy, 2013). De hecho, la producción de información financiera y económica que se utiliza para la toma de decisiones en nombre del público, está en sí misma atravesada de conflictos de intereses. Esto permite una evasión fiscal por parte de los grandes negocios y los súper ricos en escala masiva. También produce sistemas impositivos regresivos que facilitan la continuidad de la transferencia de capital desde los más pobres al 1 por ciento más rico (Davis, 2015:5)

Davis pasa a citar los hallazgos del *Bureau of Investigative Journalism* (2012) según los cuales el sector financiero del Reino Unido gastó aproximadamente 92.8 millones de libras haciendo *lobby* en el gobierno del Reino Unido. De manera similar, la corrupción sistémica alcanza su zénit en los Estados Unidos con la influencia de los mayores bancos sobre las acciones del gobierno federal. En 2009, el sector financiero tenía setenta ex miembros del congreso cabildeando a su favor. La desregulación pasó a ser el nombre del juego, permitiendo que los bancos especularan irresponsablemente y operaran ilegalmente, y cuando la economía global colapsó, recibieron rescates de billones de dólares con mínimas consecuencias legales por comportamientos que, por su parte, arruinarían la vida de millones. El triunfo del neoliberalismo ha sido la extracción de la economía del dominio político y la transformación del dominio político establecido en un salón de masajes para las corporaciones –sea a través de la tercerización de los servicios públicos, que amenaza estrangular el Servicio Nacional de Salud en el Reino Unido, o la privatización de escuelas y prisiones en los Estados Unidos–, las compañías privadas toman el dinero público y obtienen ganancias privadas de él, al mismo tiempo que pagan menos y menos impuestos.

Si la estructura de la economía está fuera de los límites del debate público, entonces repolitizar la economía significa devolver la distribución de la riqueza al centro de la política.

Natalie Fenton

Resocializar lo político

Lo que los ejemplos provistos más arriba intentan ilustrar es que tanto Podemos como Syriza reconocieron la importancia de lo social en lo político –la necesidad de unirse con un espíritu de mutualidad y solidaridad al mismo tiempo que se respetan las diferencias para lidiar con los problemas básicos que las personas enfrentan todos los días: vivienda, provisión de electricidad, acceso al bienestar social, falta de comida–. Frente a un respeto siempre en declive por los políticos y la creciente irrelevancia de las elecciones, en la medida en que los partidos cada vez más proponen políticas que son demasiado similares y fracasan en cumplir promesas electorales, la política necesita reconectarse con la necesidad fundamental de la distribución justa de los recursos. La intervención en espacios sociales y configuraciones especiales, y la satisfacción de necesidades básicas simplemente puso a la política de vuelta en contacto con la población. Ergo, ser político dejó de significar votar una vez cada un par de años o firmar algunas peticiones en línea; pasó a significar hacer y ser. Esto no debería confundirse con las acciones voluntarias del sector de la caridad, que hace mucho trabaja para recoger los pedazos tras el fracaso o la retirada del estado de bienestar. Este es un aporte con un propósito directamente político, y lo importante es que reconecta lo político con la clase social y con el universo social. Esta es una política de democracia que se encuentra más cerca de lo que Jacques Rancière (1999) ha descrito como un movimiento permanentemente en expansión, que de la democracia como institución o régimen.

También es, sin embargo, parte de la sociedad civil –comprendida generalmente como las redes no institucionalizadas de actividad asociativa por fuera del estado–, solo que aquí el lazo de vuelta al estado a través de la voluntad de gobernar es explícito. La sociedad civil es bienvenida por muchos demócratas radicales como el lugar de una nueva política democrática "posliberal", donde los nuevos movimientos sociales y otros grupos autoorganizados encabezan un resurgimiento de la actividad de los ciudadanos en la política participativa. En vez de enfocar la política estrechamente en el estado o solo dentro de las instituciones de producción económica –lugares que muchas veces se supuso que simbolizaban la *unidad* última de la identidad política y social– la sociedad civil presuntamente adhiere a la continua autoconstrucción de la democracia y la diversidad de identidades y luchas dentro de ella. La sociedad civil invita a una expansión de lo político y al desplazamiento de la razón instrumental por nociones de participación activa y deliberación que son indeterminadas e indecidibles. De modo que tenemos, por un lado, una democracia política difunta y, por el otro, una sociedad civil diversa y expansiva. Tanto Podemos como Syriza intentaron salvar la distancia entre la sociedad política y la sociedad civil no solo mediante una membresía participativa sino también en virtud de la política efectivamente fomentada. Es por esta razón que ambos partidos prefieren evitar las etiquetas de izquierda o derecha.

Una imagen común, liberal, de la sociedad civil, es la de acciones autolimitantes, voluntaristas, todas contenibles dentro de la norma del estado parlamentario. De hecho, el pensamiento político liberal ha hecho una virtud de la idea de una sociedad civil bien ordenada construida sobre individuos tolerantes e independientes con carácter moral. Sin embargo, la sociedad civil es frecuentemente una respuesta a los fracasos del estado y del sentido de inadecuación de las instituciones políticas; como tal, es un campo irregular y fragmentado de identidades sociales solapadas y discursos contrapuestos.

Las organizaciones, grupos e individuos que operan en la sociedad civil frecuentemente movilizan fantasías intensamente albergadas de orden social dotadas de una energía profunda que proyecta visiones contrastantes de la vida civil. Preconcebir estas demandas variadas como contenidas o contenibles, dentro de un espacio civil ya unificado es perder de vista la manera en que se constituyen a través de la contención, lo que las abre a esfuerzos nuevos, potencialmente subversivos, y a veces violentos, de redefinir las fronteras del espacio social. Para Mouffe (2000, 2005), la teoría democrática contemporánea tiene una tendencia persistente a invocar modelos de comunidad democrática en las que las diferencias se armonizan y el conflicto se reduce a cuestiones no contenciosas de interpretación dentro de un contexto mayor de consenso. Tal visión –expresada en las teorías "deliberativas" de la democracia (ver Dryzek, 2000)– deshecha la conflictividad de la dimensión política. Esto es, intenta remover la posibilidad siempre presente del antagonismo y el conflicto del debate político. En cambio, el pluralismo se concibe como una situación en la que las diferencias coexisten sin antagonismo.

Tanto para Mouffe como para Rancière, es el conflicto antes que el consenso lo que define al carácter político de un *ethos* democrático. Y, es el conflicto antes que el consenso lo que caracteriza tanto la práctica como la experiencia de la política oposicional radical en línea. Sin conflicto, división, agonismo, etc. –marcadores de diferencia y otredad–, la democracia pierde su función como práctica de regulación de las diferencias y colapsa en una homogeneidad opresiva. Al suavizar identidades diferenciales, al apelar al consenso, la teoría democrática liberal establecida muchas veces reduce la ciudadanía a aquellos que ya acuerdan con sus parámetros –lo que Badiou (2008) llama parlamentarismo–. Al subrayar la presencia del desacuerdo y el conflicto, es posible promover un *ethos* democratico que constantemente mira hacia los márgenes del ámbito público para reconocer la imposibilidad de la clausura espacial, o inmunización, de la comunidad democrática respecto de la diferencia. La democracia, en otras palabras, es una condición generada no por el aislamiento protector del acuerdo sino, antes, desde las posibilidades del conflicto, ocasionado por la exposición común. La solidaridad, entonces, emerge de la discordia.

Los seres humanos son animales sociales –esto es tan cierto de nuestras vidas políticas como de cualquier otra parte de nuestra existencia–. Lo social es colaborativo así como competitivo, de la misma forma en que lo político es colectivo tanto como contencioso. En nuestros ámbitos sociales tomamos nota de las personas en que confiamos. Sabemos, por encuestas consecutivas, que la confianza en los políticos está en su más bajo nivel histórico (Edelman, 2015; o véase la Encuesta Social general de los años 1972-2014) y que aquellos en los que confiamos más son aquellos que forman parte de nuestras propias redes. Syriza aprovechó este dato. Marquand señala que:

> Las personas no solo son más felices, sino que trabajan mejor, en formas más constructivas, si sienten que sus posiciones son consideradas completamente. Se sigue que las maneras cooperativas y colaborativas de organizar el trabajo son probablemente más constructivas, más productivas y de hecho más innovadoras que los sistemas jerárquicos autoritarios. También se sigue que las personas, como ciudadanos, prefieren que sus puntos de vista se discutan adecuadamente. Donde las consultas son insuficientes, la respuesta natural es la protesta (Marquand, 2012)

Syriza puede muy bien estar equivocada si piensa que puede ganar los corazones y las mentes de la población griega solamente con reconectarse con lo social. Si continúa fracasando en cumplir con sus ambiciosas propuestas políticas de antiausteridad, entonces es improbable que el público continúe apoyando al partido. Esta no es una esfera controlable. Pero, al apreciar lo social como elemento básico de lo político, al reconocer el lazo entre *ser político* y *la política del ser*, tanto Podemos como Syriza fueron capaces (aunque sea brevemente) de infundir nueva vida en las perspectivas de emergencia de una política radical.

Conclusión

Gramsci (1971) emplea el concepto del "bloque". Un bloque no es duro como una piedra sino que en cambio representa una totalidad que puede ser tanto integrada como desintegrada. Puede tener contradicciones en su propio núcleo, y aparece forzosamente en un momento y desaparece cuando ha completado su tarea. Es un bloque social que se origina en el conflicto en los campos materiales (pobreza económica, destrucción de la identidad cultural) antes de cruzar el primer umbral hacia la sociedad civil y luego pasar al segundo umbral de la sociedad política. Frecuentemente consideramos lo social y la dinámica de la sociedad civil y luego, en un espacio diferente y con frecuencia en una disciplina completamente diferente, consideramos lo político, pero raramente se observan ambas en tándem y como parte de una totalidad dinámica. En mi propio campo de los medios y la comunicación, podemos apuntar a la política identitaria, al desplazamiento de los partidos políticos hacia los movimientos de protesta; podemos describir la manera en que los activistas políticos se conectan y se relacionan unos con otros en sus espacios mediados; podemos identificar las contradicciones y mapear un abanico de respuestas; pero casi nunca criticamos la política en sí misma o lo que la obtención del poder político puede realmente significar. Sin embargo, es imposible discutir la política radical en relación con nuestros mundos mediados (o en relación a cualquier cosa) sin discutir este segundo umbral de la sociedad política. Sin esto, quedamos suspendidos en ausencias políticas y en el vacío político.

Una exploración crítica del ser político y de la política del ser requiere una aproximación que pueda dar cuenta de cuestiones estructurales del poder y la desigualdad al tiempo que da cuenta de las dimensiones estética, performática y afectiva de la política. Tal perspectiva holística y críticamente contextual es infrecuente, llevando muchas veces a malentendidos de la naturaleza y el impacto de Internet en los contornos políticos de la vida contemporánea y, en consecuencia, a un malentendido sobre la naturaleza de "lo político" y la complejidad del poder en ello. Lo que siempre debemos intentar es unir una discusión sobre estructura y agencia, economía política, estudios culturales, y teoría política y social para contrarrestar esta tendencia, y contribuir a nuestra comprensión sobre cómo pueden emerger potenciales imaginarios políticos y sociales del futuro.

En este marco, este capítulo ha discutido cómo una reaproximación a las perspectivas sobre la economía política y su relación con aquellos que enfatizan la habilidad constructiva de los individuos, la importancia de las subjetividades y la relevancia de la identidad en un marco contextual más profundo y más amplio, enriquece nuestra comprensión de la mediación y su relación con nuestras prácticas culturales y sociales. La política y la oportunidad para ser políticos están atados al conocimiento público. Nuestros sistemas de conocimiento e información pública son crecientemente dominados por corporaciones globales. Nuestros sistemas democráticos representativos también descansan sobre la idoneidad de procesos, instituciones y organizaciones de producción de conocimiento y de sentido de los cuales los medios y la comunicación son una parte vital. Necesitamos comprender de qué manera la legitimidad de la desigualdad material y social se justifica y se ha naturalizado crecientemente. Es por eso que debemos observar la concentración mediática, y allí es donde con frecuencia encontramos una concentración que se ha hecho demasiado poderosa para ser tolerada por la democracia.

Si pretendemos generar ideas arrojadas para la política progresista radical, entonces debemos prestar atención a las aspiraciones en el núcleo de los movimientos globales contemporáneos. La política necesita cambiar desde algo que se hace para nosotros a algo que nosotros hacemos, juntos. Resocializar lo político puede dar inicio a las cosas, pero no es remotamente suficiente para terminar el trabajo. Apuntalar y entrelazar la resocialización de lo político con la repolitización de la economía permite a una política democrática radical comenzar a disminuir la desigualdad y radicalizar la democracia.

7. Conclusión: ¿poner a la política de nuevo en escena?

El argumento que quisiera subrayar en este libro es que, si estamos hablando de cosas como la movilización política, la protesta, la resistencia o la organización, comenzar nuestros análisis con la tecnología demasiadas veces termina nuestros análisis con la tecnología, y en el camino perdemos de vista la crítica social y política. Depositar nuestras esperanzas en la tecnología como nuestro salvador político nunca traerá un cambio político y social de la magnitud necesaria para resolver nuestros problemas globales de desigualdad, pobreza y crisis ecológica. Los costos, entonces, de interpretar el mundo a través del prisma de la tecnología son enormes. Lejos de responder a las preguntas claves de nuestro tiempo –cómo podemos tener un planeta sustentable, cómo podemos erradicar la pobreza y la desigualdad, cómo podemos vivir juntos mejor y más pacíficamente– nos atascamos colocando preguntas que no pasan de sutilezas de red.

He sostenido a través de este libro que no basta simplemente con celebrar la resistencia a través del conducto de Internet y venerar el potencial de algunas de sus capacidades tecnológicas. En la medida en que nuevas tecnologías de comunicación posibilitan que grupos dispersos de protesta forjen alianzas y afinidades trasnacionales, podemos encontrarnos con una nueva política marcada por las características de velocidad y espacio, horizontalidad y diversidad, y conectividad y participación, que demanda nuevas maneras de pensar sobre los *medios de* y *el sentido de ser político*. Como sostiene el capítulo 2, puede ser que Internet haya abierto la puerta a un nuevo tipo de activismo, pero sus consecuencias pueden no ser las esperadas, o pueden no necesariamente producir los beneficios democráticos que se esperaban. Las redes no son *inherentemente* liberadoras; Internet no contiene la esencia de la apertura que nos llevará directamente a la democracia.

Las tecnologías están empapadas, desde su concepción hasta su realización y su práctica, en el contexto económico y político del que son parte. Las tecnologías no son nunca neutrales. Están enredadas con los sistemas de poder dentro de los cuales existen. Como sostiene Feenberg (1995, 2002) la tecnología y el capitalismo se han desarrollado conjuntamente. De manera similar, las prácticas de las redes sociales *podrían* ser liberadoras para el usuario individual pero no necesariamente democratizadoras para la sociedad. La hipercomercialización que configura las plataformas de las redes sociales realza más de lo que perturba los contornos del capitalismo y alienta respuestas individuales y conectivas más que políticas sociales y colectivas. En la era digital, Internet es un componente importante de nuestra comprensión de la representación contemporánea y de la articulación de identidades políticas contestatarias y formas de movilización política. Pero, es solo un componente entre muchos. Permitirnos el foco excesivo en la tecnología quita nuestra atención de los lugares donde realmente se encuentran los problemas.

La política radical es, por supuesto, mucho más que comunicación y más que participación en comunicación; es más que la protesta –trata de la transformación social, política y económica–. Como señala Morozov (2015:1), la crítica radical de la tecnología

> solo puede ser tan fuerte como la visión política emancipadora a la que se encuentra unida. Sin visión no hay crítica. Sin ninguna idea de cómo los sensores, algoritmos y bancos de datos pueden ser utilizados para servir a la agenda no neoliberal, los críticos radicales de la tecnología enfrentan una elección poco envidiable: pueden quedarse con el proyecto empírico de documentar los distintos lados de la decadencia americana (por ejemplo, revelar el poder de los lobistas de telecomunicaciones o la adicción a los datos de la NSA) o pueden mostrar cómo la retórica rosada del Valle de Silicio no se ajusta a la realidad (continuando así a desbancar la nueva burbuja económica). Buena parte de esto es útil, pero la práctica rápidamente encuentra beneficios menguantes. Después de todo, la decadencia es bien conocida, el imperio de disparates del Valle de Silicio es impermeable a la crítica (…) Si bien el pensamiento radical sobre la tecnología es ciertamente posible, los verdaderos radicales no deberían teorizar –y sí encabezar– otras luchas, más relevantes, y en el camino tomar nota de algunas reflexiones sobre la tecnología.

Más adelante, Morozov expresa cómo el lenguaje de la tecnología ha sido despolitizador en sí mismo, haciendo que lo directamente perverso suene más como algo bastante simpático –transformando la dureza de la precariedad en la noción suave de una "economía del compartir", o las preocupaciones de la escasez en "astucia" ahorrativa y sonriente–. El substantivo colectivo "redes sociales" hace algo similar. Al sugerir amistad, familiaridad, camaradería y compañerismo, las redes sociales ofrecen un brillo cálido y humano. En la medida en que las redes sociales componen la nueva normalidad, utilizarlas para fines políticos solo puede ser algo bueno. Pero, hay muchas dimensiones cualitativamente diferentes de lo social. Si vemos lo social como lo que es de la sociedad y la vida armónica en común, entonces se torna fundamental comprender las maneras en que las redes sociales contribuyen a una política progresista radical (o no), más que simplemente a la movilización de la resistencia. Como señala Khiabany (2016) la revolución verde en Irán no trajo un cambio social substancial, sino que fue principalmente bueno para el negocio de Twitter.

Igualmente, proyectar lo que se presume (muchas veces con poca evidencia) que son los valores inherentes de Internet, como la participación, la apertura, y la diversidad, en la sociedad, la economía y la política porque una se utiliza para comprometerse con el otro permite que el discurso de ventas del Valle de Silicio delimite la política radical de manera particular. Hay tantos grupos diferentes como clases de política radical en línea. No todas están de acuerdo con una política alineada al marxismo autonomista y la democracia directa, características que supuestamente inspira Internet.

Más que ver a la tecnología como una respuesta, en su nivel más básico este libro urge a los investigadores del campo a poner a la política radical de nuevo en escena. Para hacerlo adecuadamente, he sostenido que el contexto social, político y económico es clave, que los factores organizacionales son vitales, al igual que la comprensión de las motivaciones individuales. Todos afectan directamente nuestra comprensión sobre lo que es o podría ser la igualdad, sobre cómo puede reclamarse y practicarse la libertad y sobre cómo se experimenta la solidaridad. Poner a la política de nuevo en escena significa, entonces, describir el cuarto en el que se despliega la escena (el contexto) así como qué implicó su creación (la historia); significa apreciar el escenario en el que se desarrolla la escena (la organización) así como las condiciones del tablado y el tono de la paleta de colores (la filosofía y la naturaleza de la política que se practica).

Poder

Si retornamos a la pregunta colocada al inicio de este libro –cuáles son las circunstancias en las cuales la política puede abrirse a objeciones y revisiones hoy en día– podemos, por lo menos, responder que la tecnología no es el mejor lugar para comenzar a buscar la respuesta. Un mejor lugar para comenzar es el poder. Necesitamos comprender quién tiene el poder, cómo es ejercido y en qué formas existe, si es visible o invisible, comprender cómo aquellos que lo tienen influencian las decisiones que estructuran y organizan la distribución de recursos, incluyendo la distribución de los recursos de conocimiento, a través de las sociedades. Necesitamos explicar y evaluar el poder y su relación con lo político para poder realizar una crítica. Los medios heredados –periódicos, televisión y radio– se adaptan a la era digital. Las vastas corporaciones multimediáticas trasnacionales de las que forman parte no han desaparecido, y en muchos casos se han vuelto más grandes. Pocas corporaciones son más poderosas que las corporaciones mediáticas trasnacionales personificadas en el imperio Murdoch. La propiedad de los medios se ha vuelto más y más concentrada en la medida en que las políticas de desregulación y privatización continúan trabajando en favor de la empresa privada. En el momento en que escribo, en el Reino Unido, la BBC enfrenta su mayor desafío en una generación al luchar por su vida y propósito como parte de la revisión periódica de su carta orgánica. Se ha permitido al antagonismo de Rupert Murdoch contra la BBC (particularmente la BBC en línea), basado en su extensiva popularidad, que supuestamente monopoliza el mercado mediático, moldear los términos de la consulta (DCMS, 2015). Este último está tan preocupado con el supuesto impacto negativo de la BBC en el mercado mediático comercial que ignora la evidencia considerable de la enorme contribución de la corporación a la industria creativa del Reino Unido y a la sociedad en general. Este es solo un ejemplo de cómo los medios digitales contemporáneos están atravesados por la política neoliberal.

Pero, la BBC no es inmune a los cambios ideológicos en la sociedad más en general. Wendy Brown describe de manera elocuente cómo la democracia liberal ha sido vaciada y rellenada con valores neoliberales que colocan las preocupaciones económicas por encima de las otras:

> [E]l triunfo neoliberal del *homo oeconomicus* como la figura exhaustiva de lo humano está socavando las prácticas democráticas y un imaginario democrático al derrotar al sujeto que se gobierna a sí mismo a través de la autonomía moral y gobierna a otros a través de la soberanía popular. El argumento es que los valores económicos han supersaturado lo político o se han vuelto predominantes por encima de lo político. Antes bien, la iteración neoliberal del *homo oeconómicus* está extinguiendo al agente, al lenguaje y a los dominios a través de los cuales la democracia –cualquier variedad de democracia– se materializa (2015:79. Énfasis del original).

La reiteración de esta degradación política se siente a lo largo y a lo ancho. En la medida en que las corporaciones y agencias financieras trasnacionales comandan la economía global, los gobiernos nacionales quedan intentando administrar sus "deudas" a través de políticas de austeridad y el control y disciplinamiento del disenso resultante de la desigualdad creciente. En la misma medida en que los pobres ya no ven ningún sentido en votar por partidos políticos cuyas políticas económicas los excluyen y de los cuales no obtienen ningún beneficio, aquellos mismos partidos políticos que buscan popularidad en un ciclo electoral, responden más favorablemente a los votantes más viejos y más ricos. Como los partidos políticos dependen de la cobertura de los medios establecidos para persuadir a potenciales votantes, estos canales establecidos, muchas veces de propiedad o bajo control de megacorporaciones, reflejan los intereses del capitalismo corporativo. De modo que todos los partidos políticos establecidos son empujados (muchas veces arrojados) cada vez más hacia la derecha.

Leys y Player (2011), escribiendo sobre la cobertura de la BBC del Servicio Nacional de Salud (NHS por sus siglas en inglés) en el Reino Unido luego de la Ley de Asistencia Social de 2012, que ha traído una masiva privatización de los servicios de salud en el Reino Unido, revela cómo la corporación, al definir su compromiso con la imparcialidad política en términos de posicionarse a medio camino entre las visiones de los partidos políticos mayoritarios, ahora se encuentra cerca del centro de un consenso neoliberal. Así, las visiones contrarias a la lógica de mercado, y que hace veinte años hubieran sido una posición *crítica* aceptada, pasan gradualmente a ser vistas como excéntricas, marginales e irreales. Y, así quedamos con una versión aterradoramente singular, aterradoramente despolitizada de lo que es la cultura neoliberal que se hace cada vez más naturalizada, inalterable e inevitable –el NHS es una bestia inmensamente ineficiente que requiere presiones del mercado de una industria privatizada para funcionar efectivamente–.

Brown (2015:108) argumenta que, en el neoliberalismo, el *homo oeconomicus* ha desplazado al *homo politicus* a través de la insistencia en que solo existen actores de mercado racionales en cada esfera de la existencia humana, de modo que "el sujeto-ciudadano pasa de ser un ser político, a un ser económico y el estado es reconstruido a partir de uno que fuera fundado en la soberanía jurídica en dirección a uno modelado según la empresa". La respuesta neoliberal a los problemas contemporáneos es moldeada por los mercados –más mercados, mejores mercados–; por las finanzas –más financialización, mejor securitización–; y por las tecnologías –nuevas tecnologías, mejor monetización de esas tecnologías–. No es genuinamente colaborativo; no involucra tomas de decisiones deliberativas y disputadas e implementación democrática a través de procesos legislativos y elaboración de políticas públicas; no planea apropiadamente el futuro; ofrece control sobre las condiciones de su existencia solo a las élites.

Las consecuencias de que el neoliberalismo supedite todos los aspectos de la vida a la economización no se ven solo en la limitación de funciones del estado y de los ciudadanos y en las maneras, continuamente en expansión, en las que la libertad es definida en términos económicos en vez de a través de la inversión común en la vida pública y los bienes públicos sino que, antes, las consecuencias se sienten en las maneras en que el ejercicio de la libertad en la vida social y política se reduce y se debilita radicalmente (un ejemplo aquí sería cómo esto sucede para muchos a través de la desigualdad). Cuando se trata de la transformación económica, necesitamos reconocer que los bancos, las agencias financieras y las corporaciones buscan dictar cada vez más los términos de nuestras economías y las políticas nacionales que las apuntalan. Esta disyunción política, la manera en que el flujo global de capital ha sido desconectado de la política, establece enormes limitaciones sobre las posibilidades del ser político para efectuar un cambio social progresista en el tablero. Pues extirpa la soberanía democrática de los estados-nación, dejándolos con la tarea de encargarse de las consecuencias de la política de austeridad, de modo que se vuelven crecientemente draconianos en su respuesta a los actos de desobediencia civil restringiendo feroz, y a veces violentamente, las posibilidades de que la política democrática progresista se consolide.

El gobierno neoliberal puede darse en nombre de la libertad –en relación a nuestros mundos mediados, esto incluye la prensa libre y la libertad comunicativa en espacios pluralistas en línea–, pero al mismo tiempo desintegra la base de la libertad en la soberanía de los estados y los sujetos:

> Los estados están subordinados al mercado, gobiernan para el mercado, y ganan o pierden legitimidad según las vicisitudes del mercado; los estados también están atrapados en la separación del impulso de acumulación del capital y el imperativo del crecimiento nacional. Los sujetos, liberados de la persecución de su propia mejora de capital humano, emancipados de todas las preocupaciones con ello, y la regulación de lo social, lo político, lo común o lo colectivo, son insertadas en normas e imperativos de conducta del mercado e integrados en los propósitos de la empresa, industria, región, nación o constelación posnacional de la cual depende su supervivencia (Brown, 2015:108)

En última instancia, entonces, a menos que se aborden estos temas fundamentales en relación con la fundamentación de la libertad, la política radical (en los términos descriptos en el capítulo 1) no existe. Según Castoriadis (1980), el tema político esencial debatido por la sociedad es el equilibrio entre libertad e igualdad, que Castoriadis ve como la diferencia definitiva entre el socialismo (utilizado aquí como ejemplo de política radical) y el capitalismo. En términos simples, el capitalismo valora la libertad a través del libre mercado, y el socialismo valora la igualdad a través de la redistribución de los recursos. Castoriadis sostiene que la sociedad torna mutuamente excluyentes estos conceptos cuando de hecho son complementarios, y especialmente para la existencia de una sociedad democrática. La primera cuestión de la libertad es la igualdad de todos en la participación en el poder. Esto es parte de lo que infiere Brown (2015) cuando explica que el capitalismo presenta la contradicción inherente de los dos conceptos porque asume que la igualdad total y la libertad total conjuntas son imposibles. Esto crea una sociedad problemática porque la explotación de los pobres por los ricos es legitimada como el único sistema posible. Si se considera desde otro punto de vista, la democracia es imposible a menos que todos estén empoderados para cambiar el sistema social y político del cual forman parte. De modo que la democracia es imposible sin igualdad. Castoriadis pasa a sostener que, como una sociedad democrática está siempre abierta y siempre contienen la posibilidad real de cuestionar la ley y sus fundamentos, el problema de una traducción política singular de puntos de vista múltiples y diferentes (donde cada persona tiene control sobre su propia existencia) se disipa –pues los errores pueden ser corregidos en el camino–. El argumento de Castoriadis continúa siendo relevante hoy en día. El problema no está en implementar nuevas leyes sino en tener la capacidad de modificarlas:

> Abolir la heteronomía no significa abolir la diferencia entre instituir la sociedad y la sociedad instituida –que sería imposible de cualquier manera– sino abolir la esclavización de la primera por la segunda. La colectividad se dará reglas a sí misma, sabiendo que se las da a sí misma, que son o serán inadecuadas, que puede cambiarlas. (1980:105)

Hasta las mejores leyes se desactualizan, de modo que la solución no es el perfeccionamiento de la estructura societal perfecta. El objetivo es crear un sistema abierto, que todos puedan cuestionar y cambiar.

Impotencia

La discusión referenciada más arriba pone de manifiesto que, para comprender mejor la política y extender las posibilidades de un cambio social progresista, debemos interrogar la relación entre la política y el poder y poner a prueba el poder contra la igualdad. También debemos comprender cómo se siente la impotencia. Así como la tecnología y el capitalismo se han desarrollado a la par en nombre de la libertad, el capitalismo y la democracia se oponen en la medida que el poder de los individuos sobre sus propias vidas se ve constantemente mermado. McChesney señala que el capitalismo y la democracia pugnan por conclusiones opuestas, uno crea desigualdad masiva y la premisa del otro es la igualdad política:

La igualdad política es socavada por la desigualdad económica; en situaciones de desigualdad económica extrema es efectivamente imposible. La principal contradicción de la democracia capitalista (transformándola mayormente en un oxímoron) descansa en el rol limitado que juegan lo que clásicamente se ha llamado el *demos* o las clases más pobres, en comparación con los adinerados. De modo que la democracia capitalista se vuelve más democrática en la medida en que es menos capitalista (dominada por la riqueza) y en la medida en que las fuerzas populares –aquellos que no tienen propiedades significativas– son capaces de organizarse exitosamente para ganar grandes victorias, como el derecho a agremiarse, a la tributación progresiva, al seguro de salud, la educación universal, la jubilación y las protecciones del medio ambiente y de los consumidores (McChesney, 2012:1).

Los análisis de Bartels (2008), Gilens (2005) y Hacker y Pierson (2010), discutidos en el capítulo 3, revelan cómo, en los Estados Unidos, los intereses y las opiniones de los pobres tienen poca o ninguna influencia en las decisiones tomadas por el Congreso a menos que se alineen con los intereses del *lobby* corporativo o de los adinerados. Bartels (2008) señala que los políticos en su totalidad tomarán la posición exactamente opuesta a aquella que adopta el tercio más pobre de sus electores. En el capítulo 6 he indicado que Crouch (2004) designa nuestra condición actual como "posdemocracia". Cuando secciones del público ya no piensan que el cambio es posible, entonces la democracia ha fallado. Cuando los gobiernos ya no implementan los compromisos de su manifiesto, la democracia ha fallado. Cuando los intereses de la élite prevalecen y el sistema político ya no trabaja para la masa de gente común, la democracia ha fallado. Cuando las personas sienten que son dispensables, que sus vidas ya no importan y que no es necesario que se las escuche, la democracia ha fallado.

El pesimismo general que describimos arriba se apoya en las fuerzas estructurantes del neoliberalismo y la ausencia de la emergencia de alguna alternativa política real. Pero, si bien los sujetos siempre estarán sujetos al poder dominante, las identidades individuales y colectivas pueden emerger y emergen de la resistencia sostenida en el tiempo. Una política radical no emerge simplemente del aire o de redes internacionales etéreas; emerge de historias particulares y de las contradicciones entre cómo se nos dice que funciona el mundo y nuestras experiencias de él. En muchos lugares de Europa y de los Estados Unidos tal vez nos digan (tanto los políticos como los medios establecidos) que la única salida de nuestra crisis económica es una política de austeridad, a pesar del hecho de que el análisis sobre el que se basa la política de austeridad ha sido en buena medida desacreditado por la vasta mayoría de los economistas (Krugman, 2015)[1]. Sin

---

[1] El mismo día que el Centro de Macroeconomía (Centre for Macroeconomics) del Reino Unido anun-

embargo, mientras más austeridad tenemos, menos crecimiento económico experimentamos, y así la discrepancia crece entre lo que nos dicen los políticos (y frecuentemente las fuentes de información establecidas) y lo que nos muestra nuestra experiencia.

Como señala el capítulo 4, la emergencia de sujetos de resistencia generalmente es acompañada de un inmenso sentido de injusticia, de un agravio que debe ser subsanado. La protesta sucede primero y principalmente como respuesta a síntomas –una respuesta auténtica a problemas del sistema social prevaleciente–. Está mal que mi familia sienta hambre; está mal que no tenga medios para una vivienda decente; está mal que el estado destruya un parque público; está mal que me discriminen, etc. Esto no se convierte generalmente en un plan articulado de cómo debe ser reclamada y aplicada la justicia universalmente. El paso siguiente es frecuentemente la determinación de por qué se ha producido esta situación particular de empobrecimiento. Así que, no solo está mal que mi familia viva en la pobreza y tenga hambre. Está mal *por causa de* medidas de austeridad que no tienen nada que ver conmigo y que no cambiarán nada a largo plazo. Esta mal *por causa de* que antiguas instituciones de democracia social han sido diezmadas, dejando a los vulnerables sin protección. Este proceso de producción de conocimiento es la base desde la cual puede emerger una política radical.

Una política solamente de *protesta* raramente presenta un desafío inmediato al orden social porque no tiene una propuesta alternativa que ofrecer además de soluciones paliativas. Pero, es solo a través de actos particulares de resistencia a configuraciones particulares de poder que la semilla de una posición normativa alternativa puede germinar, que puede generarse la conciencia de que "otro mundo es posible", que luego requiere el compromiso del público más amplio. Hay muchas tentativas de crear tales espacios protegidos de la colonización por el capital, y mucho contenido mediático proporciona los medios para no solo legitimar sino también desafiar, resistir y contrarrestar la hegemonía de un orden político-económico neoliberal. Estos constituyen apuestas alternativas de sentido y valor político, pero la mayoría están aún en etapas muy tempranas de articulación de lo que quieren decir: ¿qué tipo de sistema(s) planetario político y económico podría engendrar libertad, igualdad y sostenibilidad ecológica y/o ser susceptibles a la dominación de "apararos administrativos masivos, mercados complejos y los pueblos históricamente poderosos del mundo?" (Brown, 2015:220). ¿Cómo puede un orden social común ser inclusivo de diferencias culturales, regionales

---

ció que la vasta mayoría de los economistas británicos estaban en desacuerdo con que la austeridad fuera buena para el crecimiento, el periódico diario *The Telegraph* publicó en su primera plana una carta de 100 líderes empresariales que afirmaban lo contrario.

y religiosas? ¿Cómo puede administrarse la política en un sistema político radical? ¿Quién tomaría las decisiones? ¿Y qué sucedería con los medios de producción, distribución y redistribución de recursos y consumo?

Si la política de la resistencia que circula en línea y en las calles es el comienzo de una nueva política radical, ¿qué aspecto tiene? El capítulo 2 describe una política que apareció en 1999 con la Batalla de Seattle y que fue marcada por las características de Internet de horizontalidad y diversidad, conectividad y participación. Esta era una política que comenzó a hacer un buen uso de los medios digitales, y era también una política de la no representación, una política del afecto y el antagonismo. Puso en primer plano una multiplicidad de experiencias muchas veces híbridas, contradictorias y contingentes. Pero, lo hizo *no* porque la arquitectura de Internet la modeló a su imagen sino por el desencanto con la política establecida, que ha sido capturada por el capital (y esto incluye a los medios establecidos), y por una profunda desconfianza en la democracia electoral. Las redes de resistencia reveladas a través de movimientos como el movimiento antiglobalización y Occupy desplegaron una política que es desordenada, iracunda y apasionada. La política de los nuevos movimientos sociales trasnacionales facilitada por la nueva tecnología revela la medida de esta multitud de diferencia –una red de redes, un movimiento de movimientos, irreductible a verdades unitarias, que resiste activamente a las grandes narrativas, que abraza la política no representativa–. Las redes no pretenden ser instituciones democráticas; no se adjudican membresía o ciudadanía, no se adaptan a los modelos legislativos de gobierno o a los modelos electorales representativos. Y, en parte son estas características las que las hacen atractivas –son diferentes de la política estatal convencional y abrazan la diferencia–. Como sostiene Douzinas (2013, 2015), lo que la izquierda necesita no es un nuevo modelo de partido, una teoría abarcadora brillante. Necesita aprender de las resistencias populares que estallaron sin líderes, partidos o ideología común y construir a partir de la energía, la imaginación y las instituciones novedosas que crearon. La oportunidad histórica ha sido generada no por un partido, una teoría o una tecnología, sino por gente común.

El capítulo 3 argumenta que, como académicos de los medios y la comunicación, no podemos comprender la política contemporánea de la resistencia recurriendo a las viejas concepciones de la democracia liberal y la esfera pública –mediante una dependencia constante y un retorno a la noción de ser político en un marco democrático liberal–. El marco democrático liberal ha sido vaciado de sentido, y los teóricos de la esfera pública se han apresurado tanto a colisionar el pluralismo con la libertad comunicativa, que es luego correlacionada con la participación política, que estas aproximaciones amenazan hacer el trabajo del neoliberalismo infundiendo al individuo con el poder de, y negando la influencia más amplia de fuerzas que tienen poder tanto sobre el individuo como sobre el estado.

Defender el pluralismo político es una cosa –todos podemos imaginarnos la gloriosa libertad de todos en sus diferencias múltiples expresando sus deseos políticos–. Pero, el pluralismo como multiplicidad infinita que derrama sobre círculos cada vez más amplios de relativismo también puede evadir lo político. Todos pueden hablar, cualquiera puede bloguear, todos son productores –qué maravillosa pluralidad, que feliz libertad– cuando todo el tiempo el poder otorgado a través de tal pluralidad y libertad puede ser, en términos de Wendy Brown, vacío y fugaz. Las formas de mediación demasiado frecuentemente se disfrazan de democracia liberal al trajearse con algunos de sus pertrechos fácilmente reconocibles –el elegante tapado tecnicolor del pluralismo, el vestido dominguero de la libertad–, pero esconden por debajo un cuerpo político que se ha metamorfoseado en algo bastante diferente: la democracia neoliberal (Fenton y Titley, 2015). Concebir la política radical y las redes de resistencia de esta manera revela los límites de la democracia liberal y la manera como la concebimos en la era digital.

En una situación en que la membresía a los partidos políticos cae pero la actividad política aumenta, debemos reconocer que es dudoso que la democracia representativa por sí sola pueda provocar cambios transformadores. Esos grupos, organizaciones y movimientos que utilizan los medios digitales para una cantidad de actividades han desafiado las deficiencias de la democracia liberal. Un ejemplo que muestra esto con agudeza es el movimiento Occupy.

Occupy y los límites de la democracia liberal

En 2011 nació un nuevo movimiento social en respuesta a la crisis económica, los rescates bancarios y las denuncias de sistemas políticos y económicos corruptos que benefician a unos pocos en detrimento de la mayoría. El movimiento Occupy comenzó el 17 de septiembre de ese año en la plaza Libertad en el distrito financiero de Manhattan, donde las personas se reunieron en asamblea y luego se quedaron, instalando carpas y prometiendo ocupar el espacio hasta que se iniciara un proceso para ocuparse de los problemas que identificaban y se generaran soluciones apropiadas para todos. Para enero de 2012, se había extendido como reguero de pólvora a lo largo de los Estados Unidos. Reuniendo datos de Facebook, de la cobertura de los noticieros, listas producidas por Chase-Dunn y Curran-Strange sobre los principales sitios de Internet utilizados en ese momento, Castells (2015) mapea la localización de actividades relacionadas a Occupy en más de 1000 ciudades y pueblos estadounidenses en cada uno de los cincuenta estados y en Puerto Rico. Occupy también sostiene haber generado actividades en 1500 ciudades en todo el mundo. Las actividades eran tan variadas como extendidas. Involucraban manifestaciones, reuniones regulares, talleres y campamentos, con centros mediáticos, carpas médicas, cocinas, guarderías, bibliotecas e incluso bancos comunitarios. El movimiento declaraba inspirarse en levantamientos populares de Egipto y Túnez y ambicionaba "contraatacar al 1 por ciento más rico de las personas que escriben las reglas de una economía global injusta que acaba con nuestro futuro" (www.occupywalst.org/about/).

Occupy Wall Street nació en la era digital y encarnó la práctica digital. Convocatorias a manifestarse y a sumarse a los campamentos se publicaron en Twittter, Facebook y *blogs*. YouTube y Tumblr se utilizaban no solo para publicar videos y fotos de las actividades de protesta sino también para contar las historias de aquellos cuyas vidas habían sido arrasadas por las deudas. Comprender de qué manera los medios de comunicación fueron utilizados positivamente es importante para apreciar cómo se produce la movilización, pero no nos dice por qué el movimiento existió y qué estaba intentando lograr. Para hacer esto debemos observar su política más de cerca. Lo que era sorprendente del movimiento Occupy es que era un intento pacífico y colectivo de dar cuenta de democracias fallidas a través de la reunión en campos de protesta en espacios públicos para publicitar la desafección y debatir el camino a seguir. Era una búsqueda desesperada por nuevas formas políticas de democracia que pudieran ser llevadas a las comunidades y a la sociedad en general. Desarrollar nuevas formas de democracia es una tarea inevitablemente dolorosa y difícil, pero que estaba en el corazón de la práctica de Occupy y que fue completamente implementada a través de las asambleas diarias. Fue una práctica basada en una desconfianza bien asentada en los procesos políticos arraigados en el modelo democrático liberal que se había alejado de ellos y se había acercado a las élites poderosas de la sociedad. Las ocupaciones eran organizadas utilizando una base consensual no vinculante, procesos colectivos de toma de decisiones conocidos como "la asamblea del pueblo" o la "asamblea general". Las personas se reunían para deliberar y tomar decisiones basadas en un acuerdo o consenso colectivo. No había líder ni cuerpo gobernante pues operaba con el objetivo de la igualdad de las voces. La autonomía política individual era central en la práctica de la asamblea, donde el objetivo era que muchas singularidades de puntos de vista pudieran reunirse en un consenso que era al mismo tiempo expresivo de las diferencias que encarnaba.

El sitio *web* de Occupy Londres describía el compromiso con el proceso consensual como "una demostración viva de que cada uno de nosotros es importante. Es un contraste con los sistemas que nos dicen que algunas personas cuentan y otras no. En el consenso, todos cuentan. Pero para que el consenso funcione, también debemos ser flexibles, estar dispuestos a conceder (...) la unidad no es unanimidad –dentro del consenso hay lugar para el desacuerdo, para las objeciones, reservas, para que las personas se aparten y no participen" (http://occupyLSX.org/?page_id=1999).

Occupy Londres muestra la siguiente declaración en su sitio *web* (http://occupyLSX.org/?page_id=575), que fue colectivamente consensuado por 500 personas en las escalinatas de St. Paul el 26 de octubre de 2011. Enfatiza que "como toda forma de democracia directa la declaración siempre será un trabajo en construcción":

1. El sistema actual es insostenible. Es antidemocrático e injusto. Necesitamos alternativas; aquí es donde trabajamos hacia ellas.

2. Somos de todas las etnias, trasfondos, géneros, generaciones, sexualidades, dis/capacidades y fes. Estamos juntos en ocupaciones en todo el mundo.

3. Nos negamos a pagar la crisis de los bancos.

4. No aceptamos los recortes como necesarios ni como inevitables. Demandamos que se termine con la injusticia global de los impuestos y con que nuestras democracias representen a las corporaciones en vez de al pueblo.

5. Queremos que los reguladores sean genuinamente independientes de las industrias que regulan.

6. Apoyamos la huelga del 30 de noviembre y la acción estudiantil del 9 de noviembre, y las acciones en defensa de nuestros sistemas sanitarios, de seguridad social, educación y empleo, y para terminar con las guerras y el comercio de armas.

7. Queremos cambios estructurales hacia una auténtica igualdad global.

8. El sistema económico actual que contamina la tierra, el mar y el aire, causa masivas pérdidas de especies naturales y ecosistemas, y acelera a la humanidad hacia un cambio climático irreversible. Demandamos un sistema económico positivo, sustentable que beneficie a la generación presente y a las venideras[2].

9. Nos solidarizamos con los oprimidos globalmente y llamamos a que se acaben las acciones de nuestro gobierno y de otros que causan esta opresión.

10. Así es la democracia. ¡Ven y únete!

---

[2] El artículo 8 fue agregado a la declaración luego de que una propuesta de Occupy fuera aprobada por la Asamblea General de Londres el 19 de noviembre de 2011.

Occupy Londres también afirma que trabaja hacia una colaboración global, internacional y que "unirá todos los movimientos Occupy en el mundo en su lucha por una alternativa enfocada en y que parte de las personas en su entorno" (http://occupyLSX.org/?page_id2851).

Como el movimiento partía de la premisa de la diversidad y la inclusividad y su política rechazaba al *establishment* político, le era imposible ir más allá de la lista de demandas detalladas más arriba y la militancia de fines específicos. Cualquier resultado sería inaceptable para otro y podría ser apropiado en la política establecida. El movimiento Occupy fue criticado por la izquierda tradicional por rehusarse a realizar demandas que pudieran llevar a algunos objetivos alcanzables en el corto plazo, que energizarían y alimentarían la esperanza en el movimiento. Volviendo a la discusión de qué es lo "político" del capítulo 1, puede decirse que mucho de lo que sucedió en Occupy probablemente no cumpliría los criterios de Gramsci (1991) del "ser político". En su celebración de la "lucha por la lucha misma" y "el acto por el acto mismo" (Smucker, 2014), Occupy más bien se asemeja a las descripciones gramscianas del marginalismo y el utopismo: "el atributo 'utópico' no se aplica a la voluntad política en general, sino a voluntades específicas que son incapaces de relacionar medios a fines y por lo tanto no son siquiera voluntades, sino veleidades ociosas, sueños, anhelos, etc." (1991:175). Gramsci critica al activismo basado en la utopía porque no posee un plan pragmático para realizar la visión y, por lo tanto, nunca podrá implementar su sueño. Pero, podemos ver a Occupy de otra manera, como parte de la política del ser (capítulos 5 y 6), que contiene un sentido palpable de lo político –la política sentida de la indignación frente a la injusticia del momento y la política sentida de la esperanza de que las cosas podrían ser de otra manera–. El principal triunfo de Occupy fue más allá de la política basada en las demandas, llegando a la relación de la desigualdad y la muerte de la democracia. Su política apoyaba el análisis de Wilkinson y Pickett, que proporcionó evidencia sistemática para su argumento de que "la salud de nuestras democracias, nuestras sociedades y su pueblo depende verdaderamente de la igualdad" (2009:298). Occupy mostró empíricamente cómo los fracasos político y social se encuentran indeleblemente conectados. Notablemente, Thomas Picketty (2013) y Danny Dorling (2014) han reforzado esta crítica. Cada análisis revela cómo la creciente desigualdad en las sociedades ha llevado a democracias empobrecidas. Bensaid sostiene que, para sobrevivir, la democracia debe:

> Continuar empujando hacia adelante, transgredir permanentemente sus formas instituidas, desestabilizar el horizonte de lo universal, poner a prueba la igualdad frente a la libertad. Porque la democracia incesantemente difuma la incierta división entre lo político y lo social y desafía firmemente los asaltos de la propiedad privada y las infracciones del estado en el espacio y los bienes públicos. Debe, en última instancia, intentar extender, permanentemente y en todos los ámbitos, el acceso a la igualdad y la ciudadanía (Bensaid, 2011:43)

Algunos (Castells, 2015:197) han ido más lejos, hasta afirmar que el movimiento Occupy hizo añicos el sueño americano dependiente de la igualdad de oportunidades sobre la base del esfuerzo personal, donde un 61 por ciento de la población estadounidense cree que el sistema económico del país ahora "favorece injustamente a los ricos". En otras palabras, volvió a poner el problema de la clase social de vuelta en la consciencia de las personas. Aunque Occupy no tuvo un programa planificado para alcanzar cualquiera de sus demandas, esas demandas sí dirigieron la atención a las consecuencias materiales de la desigualdad y los daños que esto causaba en la democracia. Ese no fue un logro menor.

Contrapoder

Sin embargo, para que la política sea radical también debe buscar el cambio político y social progresista. Para hacerlo, la política radical debe reclamar el poder. Pero, por supuesto, el poder no puede ser simplemente producido de la nada, particularmente cuando ya ha sido otorgado a las instituciones financieras, las corporaciones y las agencias de deuda. Pues el poder que se utilice para el beneficio de la democracia debe ser arrebatado a aquellos que tienen demasiado y reinvertido en aquellos que tienen demasiado poco. Pero, la pregunta persiste: ¿cómo exactamente? ¿cómo reunimos nuevas fuentes de poder colectivo y construimos una política radical que pueda tornar viable a los sistemas políticos?

El resurgimiento de la política de izquierda en Europa, con la aparición de Syriza en Grecia y Podemos en España, el referéndum en el Reino Unido por la independencia escocesa, cuya popularidad dependía en buena medida de mayor independencia para Escocia, y más recientemente el éxito de un candidato de izquierda –Jeremy Corbyn– en la dirigencia del partido Laborista, significa que estos temas están comenzando a ser abordados. Todos están motivados por una política que es antiausteridad y por el fracaso de los partidos socialdemócratas para conformar cualquier clase de oposición coherente a las agendas neoliberales. En el caso de Podemos y Syriza, que emergieron más directamente de movimientos sociales (ver capítulo 6), también ha habido una decisión de que la política radical debe ser más que protesta y movilización social y debe abordar el tema del poder político. Si el cambio radical es necesario, entonces será alcanzado solo a través de la conquista del gobierno. Esto implica la aceptación de que ninguna decisión puede ser perfecta y siempre representará una decisión tomada en cierto momento en el tiempo pero que siempre está abierta al desafío. El poder se vuelve real en el punto en que se institucionaliza. Para una política crítica y realista, las instituciones son tanto necesarias como necesariamente imperfectas, de modo que pueden ser transformadas o destruidas. Este es el significado de la noción de que la democracia está perpetuamente incompleta (Dussel, 2008). Para estar siempre abierto al cambio, el contrapoder debe siempre permanecer vigente bajo las instituciones y las acciones. El partido político, entonces, requiere que el movimiento social le cobre su responsabilidad incluso para llegar a una democracia aproximada. Esto es lo que he referido en el capítulo 6 como la necesidad de "resocializar lo político". La política se ha desconectado tanto de, y ha perdido la confianza de la mayoría de las personas que necesita desesperadamente reconectarse con lo social. Un proceso de resocialización implica reconocimiento mutuo e información, diálogo, y prácticas radicales compartidas, en la medida en que estos movimientos impulsan lenta y progresivamente una hegemonía que incluye todas las demandas pero puede priorizar algunas. Esto es lo que Dussel (2008) llama un "consenso crítico", que podría llevar a una "democracia crítica" basada en la participación real de los oprimidos, de los excluidos, como iguales en un nuevo orden político. Una democracia crítica, por su propósito, pondrá constantemente en cuestión los niveles existentes de democratización alcanzada pero, crucialmente, también traducirá esto en una realidad institucional. La transformación política implica tanto la creación institucional como la toma del poder. Por lo tanto, siempre parecerá reformista a los anarquistas e imprudentemente peligrosa a los conservadores.

Lo que aprendemos de la consideración de la política actual de grupos progresistas radicales más que de un foco exclusivo en las formas de la mediación es que, en su mayoría, tienen a la democracia y a la igualdad en su centro (aunque estos conceptos pueden manifestarse de maneras muy diversas). Vemos una insistencia en que la configuración institucional de la democracia crítica debe asegurar que los actores políticos rindan cuentas a todos. Debe consistir en una amplia participación, la defensa de los intereses económicos de los más débiles, una efectividad administrativa renovada fundada en un nuevo pacto social y en nuevas constituciones que abran paso a nuevas estructuras dentro de un estado transformado. Para que la democracia crítica funcione, su traducción institucional no debe terminar en el poder institucional por sí mismo, antes bien, debe crear los medios por los cuales el potencial de que todos sean políticos se realice. Todos incluye a los excluidos y a los pobres, pero también incluye a las clases medias y a los más ricos –la democracia no puede funcionar para algunos y no para los otros–. Una democracia es inclusiva en su núcleo.

Resocializar lo político puede comenzar las cosas, pero no es ni remotamente suficiente para terminar la tarea. Apuntalar y entrelazar la resocialización de lo político con la repolitización de la economía nos permite comenzar el dificultoso proceso de imaginar una política progresista que pueda dedicarse a disminuir la desigualdad y radicalizar la democracia. Una política radical, entonces, debe ser más que resistencia: debe desarrollar una política alternativa que pueda impulsar la libertad, la igualdad, el colectivismo y la sustentabilidad ecológica mientras que evita la dominación corporativa, financiera y de mercado. Esto no sucederá espontáneamente sino que requerirá organización que en sí misma debe siempre perseguir la democracia crítica en su propia práctica –la participación simétrica de todos los involucrados–. Hemos visto los inicios de esto con Occupy y la extensión de estos comienzos con Syriza y Podemos, que han aprendido no solo acerca del poder de la movilización popular, ganando apoyo para un orden social alternativo, sino también sobre las dificultades de liderar un movimiento heterogéneo frente a medios salvajemente hostiles. La experiencia de partido Syriza en Grecia y su intento de gobernar representando las opciones políticas de sus ciudadanos también nos ha enseñado sobre el poder extrapolítico de los bancos y las agencias financieras, y que el poder financiero es política y socialmente responsable. Es sobre estas realidades sociales y políticas que surgirá la política radical del futuro, aunque pueda no ser visible hoy en día.

Mirar hacia la izquierda: redescubriendo la política pública

Al final de lo que es probablemente su libro más conocido, *Cultura y Sociedad*, Raymond Williams concluye:

Hay ideas, y maneras de pensar, que contienen en ellas la semilla de la vida y hay otras, tal vez más profundas en nuestras mentes, con las semillas de la muerte general. Nuestra medida del éxito en reconocer estas formas, y nombrarlas para hacer así posible su reconocimiento mutuo, puede ser literalmente la medida del futuro (1961:324)

Debemos reconocer las ideas que contienen las semillas de vida y nombrarlas. Fue Raymond Williams quien señaló que una contribución clave del movimiento Laborista fue la creación de instituciones sociales (gremios, cooperativas, la Asociación Educativa de los Trabajadores, y acuerdos de ayuda mutua, como los antecedentes del NHS en las comunidades mineras galesas) que prefiguraron una sociedad diferente y más justa. En esto se encontraba en la misma frecuencia que Antonio Gramsci (1991) quien, hablando sobre la "lucha prefigurativa", sugirió que el proceso de luchar por la justicia social y económica crea las formas embrionarias de la sociedad alternativa que el movimiento socialista intentaba crear. La política radical del último cuarto de siglo ha tenido que lidiar con el "fin del socialismo" y el dominio global del capitalismo corporativo. Pero, es en esta política radical que encontramos ideas basadas en más igualdad y mejor democracia, con las semillas de la vida en ellas. Esta puede ser una política radical residual muchas de las veces y emergente en el mejor de los casos, pero está allí. Estas semillas de ideas para una política radical renovada provienen de la comprensión de la relación de la vida social con la consciencia política. No encontramos esta política en la tecnología. La encontramos en las filosofías y en las prácticas de organizaciones políticas y activistas –prácticas que han puesto las necesidades sociales en primer lugar–, trabajos, alimentación, calefacción, vivienda, educación y salud –buscando mostrar que en una sociedad democrática estas necesidades pueden ser satisfechas y luego intentando activamente satisfacerlas–.

La diferencia entre la política actual basada en movimientos sociales y la política partidaria de las democracias (neo)liberales actuales es que la primera no necesita detentar el poder político para comenzar el proceso de satisfacer necesidades sociales, y por lo tanto el hambre de poder político, la persecución de los votos a cualquier costo, se disipa. Resocializar lo político significa exactamente eso –los partidos políticos que surgen de movimientos sociales son formados por personas que son parte de las comunidades que se ocupan de los problemas que enfrentan, a través del establecimiento de bancos comunitarios y merenderos, abordando la corrupción, resistiendo los desalojos–, es una política con una práctica social y sin ortodoxia porque su premisa es un constante zumbido de conversación y acción que acarrea una experimentación y una adaptación muy diferente de la política desde arriba anterior. Operacionalmente, esto crea la necesidad tanto de formular mecanismos de participación ciudadana genuina como de controlar los espacios que habitamos y que pueden interrelacionarse con la política institucional –no se puede tener mutualidad y horizontalidad sin beneficios y reglamentaciones–. La política ordinaria de la vida diaria debe combinarse con la política extraordinaria del cambio institucional, y esto requerirá nuevas formas de relaciones estatales que prioricen el valor de lo público sobre el lucro, la paciencia sobre la productividad, y la colaboración sobre la competitividad. Una política antipobreza también debe abordar la acumulación y concentración de la riqueza global (Harvey, 2014). Esta no es una tarea fácil pero, cuando la democracia ha mutado y ha sido degradada, su reconstitución demanda una removilización colectiva de la ciudadanía. Requerirá una política mucho más abierta con múltiples puntos de acceso, que se construya sobre la noción de asambleas que emergieran a través del movimiento Occupy –una política que esté dispuesta a resignar la vanidad de la competitividad partidaria unitaria para trabajar con todos aquellos que comparten la pasión por una sociedad más equitativa y justa, que desean vivir bien en común–. Los medios digitales de la política radical (o Internet más específicamente) pueden ser parte de esta conversación: pueden ayudar a facilitar el proceso, arrojar luz sobre los mecanismos del poder, ayudar a construir la solidaridad que viene a través de las pasiones y las luchas compartidas, ayudar a experimentar la política del ser (ver capítulo 6) –incluso financiar colectivamente la política–. Sin embargo, concentrarse en la tecnología como medio de trasformar la democracia será en el mejor de los casos iluso, y en el peor, jugará a favor de la oligarquía económica de las élites corporativas y financieras, siempre felices de explotar el rastro de datos que dejamos para el beneficio corporativo y luego utilizar su riqueza para comprar políticos democráticos. Y, mientras la política que se ofrece en línea se esconde detrás del delgado velo de lo "social" en las redes sociales, también desvía la atención de la asociación humana –la sociabilidad densa que proviene de grupos, colectivos y organizaciones democráticamente autogobernados; el tipo de sociabilidad que pone el contenido vivido de vuelta en la política; el tipo de sociabilidad donde la democracia se vuelve algo que realizamos más que algo que se hace con nosotros–.

El desafío del campo de estudios de los medios y la comunicación es poner activamente la política de nuevo en escena; revigorar la investigación crítica que es explicativa, práctica y normativa. El análisis crítico aborda la transformación política y el rol que en ella juegan los medios (tanto conceptualmente como pragmáticamente), así como la naturaleza y las formas de su mediación. Envalentonarse políticamente también requiere mirar hacia arriba y abajo así como hacia izquierda y derecha de modo a evaluar el contexto, erradicar los problemas de los sistemas imperantes, y sugerir dónde pueden encontrarse alternativas progresistas. Para comenzar a comprender cómo la sociedad podría ser más igualitaria, justa y democrática, cómo podríamos reclamar los medios, el poder y la política para fines progresistas, debemos insistir en un análisis integrado y contextual que coloque lo tecnológico junto a, y en relación con las historias sociales, económicas, culturales y políticas. Solo así podremos comenzar a impulsar un proyecto emancipador que proyecte profundizar y radicalizar el horizonte democrático. Hacer cualquier otra cosa es no abordar la política en absoluto. Evitar lo que es la política radical y en qué puede convertirse es descartar el valor explicativo, limitar nuestras imaginaciones políticas, liberar al capital de su responsabilidad, aceptar la desigualdad. Pero, peor que todo, es enfocarse solo en "ideas y formas de pensar (…) que contienen la semilla de la muerte general" (Williams, 1961) –y ¿con qué objeto?–. Si queremos investigar los escenarios de la política, entonces debemos abrir nuestros brazos y nuestras mentes un poco más para abarcar y analizar la política real, de modo que podamos al mismo tiempo abordar los problemas políticos y considerar cuáles son las condiciones de posibilidad para soluciones políticamente radicales. Manos a la obra.

Referencias

ADORNO, T., y HORKHEIMER, M. (1973) *Dialectic of Enlightenment*. Londres: Allen Lane.

ALEXANDER, J. C. (2011) *Performative Revolution in Egypt*. Londres: Bloomsbury.

ALLAN, D. (2014) "Twitter announces most followed accounts in the UK: One Direction dominates", www.itproportal.com/2014/12/10/twitter-announces-followed-accounts-uk-one-direction-dominates/.

AMIN, A., y THRIFT, N. (2013) *Arts of the political*. Durham, NC: Duke University Press.

ANDREJEVIC, M. (2004) "The web cam subculture and the digital enclosure", en: N. Couldry y A. McCarthy (eds), *MediaSpace: Place, Scale and Culture in a Media Age*. Londres: Routledge.

ANDREJEVIC, M. (2013) *Infoglut: How Too Much Information is Changing the Way We Think and Know*. Londres: Routledge.

ANDREWS, P. (1989) "Inside Microsoft – a 'velvet sweatshop' or high-tech heaven?", *Seattle Times*, 23 de abril, www.seattletimes.com/business/archive-inside-microsoft-a-velvet-sweatshop-or-a-high-tech-heaven/.

ATTON, C. (2007) "A Brief History: the web and the interactive media", en: K. Coyer, T. Dowmunt y A. Fountain (eds), *The Alternative Media Handbook*. Londres: Routledge, pp. 59-65.

BADIOU, A. (2005) *Metapolitics*, trad. J. Baker. Nueva York: Verso.

BADIOU, A. (2007) *The Century*. Cambridge: Polity.

BADIOU, A. (2008) "The communist hypothesis", *New Left Review* 49, enero-febrero, http://newleftreview.org/II/49/alain-badiou-the-communist-hypothesis.

BADIOU, A. (2010) *The Meaning of Sarkozy*. Londres: Verso.

BADIOU, A. (2012) *The Rebirth of History: Times of Riots end Uprisings*. Londres: Verso.

BADIOU, A. (2013) "Our contemporary impotence", *Radical Philosophy*, septiembre-octubre: 43.

BARASSI, V. (2010) *Mediated resistance: alternative media, imagination, and political action in Britain*, tesis doctoral, University of London.

BARASSI, V. (2015a) "Social media, immediacy and the time for democracy: critical reflections on social media as 'temporalizing practices'", en: L. Dencik y O.

Leistert (eds), *Critical Perspectives on Social Media Protests: Between Control and Emancipation*. Londres: Rowman & Littlefield.

BARASSI, V. (2015b) *Activism on the Web: Everyday Struggles against Digital Capitalism*. Londres: Routledge.

BARNETT, C. (2003) *Culture and Democracy: Media, Space and Representation*. Edinburgo: Edinburgh University Press.

BARNETT, C. (2010) "Publics and markets: what´s wrong with neoliberalism?", en: S. J. Smith, R. Pain, S. A. Marston y P. J. Jones III (eds), *The Sage Handbook of Social Geography*. Londres: Sage, pp. 269-96.

BARNETT, C. (2011) "Theory and events", *Geoforum* 42(3): 263-5.

BARTELS, L. M. (2008) *Unequal Democracy*. Nueva York: Russell Sage Foundation.

BAUMAN, Z. (1999) *In Search of Politics*. Cambridge: Polity.

BAUMAN, Z. (2000) *Liquid Modernity*. Cambridge: Polity.

BAUMAN, Z., y Bordini, C. (2014) *State of Crisis*. Cambridge: Polity.

BAYAT, A. (2010) *Life as Politics: How Ordinary People Change the Middle East*. Stanford, CA: Stanford University Press.

BAYAT, A. (2011) "Egypt and the post-Islamist Middle East", *openDemocracy*, 8 de febrero, https://www.opendemocracy.net/asef-bayat/egypt-and-post-islamist-middle-east.

BENKLER, Y. (2006) *The wealth of Networks: How Social Production Transforms Markets and Freedom*. New Haven, CT: Yale University Press.

BENNETT, L., y SEGERBERG, A. (2013) *The Logic of Connective Action: Digital Media and the Personalization of Contentious Politics*. Cambridge: Cambridge University Press.

BENNETT, L., SEGERBERG, A., y WALKER, S. (2014) "Organization in the crowd: peer production in large-scale networked protests", *Information, Communication & Society* 17(2): 232-60.

BENNETT, W. L. (2005) "Social movements beyond borders: understanding two eras of transnational activism", en: D. della Porta y S. Tarrow (eds), *Transnational Protest and Global Activism*. Lanham, MD: Rowman & Littlefield, pp. 203-27.

BENSAID, D. (2011) "Permanent scandal", en: G. Agamben, A. Badiou, D. Bensaid, W. Brown, J.L. Nancy, J. Rancière, K. Ross y S. Žižek, *Democracy in What State?*, Nueva York: Columbia University Press, pp. 16-44.

BENSON, R. (2014) "Challenging the 'new descriptivism'", https://qualpolicomm.wordpress.com/2014/06/05/challenging-the-new-descriptivism-rod-benson-talk-from-qualpolcomm-preconference/.

BERLANT, L. (2010a) "Affect & the politics of austerity", *Variant* 39/40, www.variant.org.uk/39_40.html.

BERLANT, L. (2010b) "Cruel optimism", en: M. Gregg y G. J. Seigworth (eds), *The Affect Reader*. Durham, NC: Duke University Press.

BERRY, M. (2013) "The Today programme and the bank crisis", *Journalism* 14(2): 253-70.

BHABHA, H. (1994) *The Location of Culture*. Londres: Routledge.

BIRDWELL, J., y BANI, M. (2014) *Introducing Generation Citizen*. Londres: Demos.

BLACKMAN, L. (2012) *Immaterial Bodies: Affect, Enbodiment, Meditation*. Londres: Sage.

BLACKMAN, L. y CROMBY, J. (eds) (2007) "Affect and Feeling: Special Issue", *Critical Psychology* 21, Londres: Lawrence & Wishart.

BLACKMAN, L., CROMBY, J., HOOK, D., PAPADOPOULOS, D., y WALKERDINE, V. (2008) "Creating subjectivities", *Subjectivity* 22: 1-27.

BLANK, G., y GROSELJ, D. (2015) "A Weberian approach to understanding internet use, Paper presented at the Media", *Communication and Cultural Studies Association Conference*, Northumbria University, enero.

BLOCH, E. (1988) *The Utopian Function of Art and Literature*: Selected Essays, Trad. J. Zipes y F. Meck. Cambridge, MA: MIT press.

BLOCH, E. ([1959] 1996) *The Principle of Hope*, 3 vols, trad. N. Plaice, S. Plaice y P. Knight. Cambridge, MA: MIT press.

BLYTH, M. (2013) *Austerity: The History of a Dangerous Idea*. Oxford: Oxford University press.

BOHMAN, J. (2004) "Expanding dialogue: the internet, the public sphere and the prospects for transnational democracy", en: N. Crossley y J. M. Roberts (eds), *After Habermas: New Perspectives on the Public Sphere*. Oxford: Blackwell, pp. 131-56.

BOLTANSKY, L., y CHIAPPELLO, E. (2005) *The New Spirit of Capitalism*, trad. G. Elliott. Londres: Verso.

BOOKCHIN, M. (2015) *The Next Revolution: Popular Assemblies and the Promise of Direct Democracy*. Londres: Verso.

BOSTEELS, B. (2011) *Badiou and Politics*. Durham, NC: Duke University Press.

BRAIDOTTI, R. (1991) "The subject in feminism", *Hypatia* 6(2): 155-72.

BRODOCK, K., JOYCE, M., y ZAECK, T. (2009) "Digital Activism Survey Report, DigiActive", http://akgul.bilkent.edu.tr/DigitalActivism-SurveyReport2009.pdf [sic].

BROWN, W. (2005) "Neoliberalism and the end of liberal democracy", en: Brown Edgework: *Critical Essays on Knowledge and Politics*. Princeton, NJ: Princeton University Press.

BROWN, W. (2011) "We are all democrats now …", en: G. Agamben, A. Badiou, D. Bensaid, W. Brown, J. L. Nancy, J. Rancière, K. Ross Y S. Žižek, *Democracy in What State?*, Nueva York: Columbia University Press.

BROWN, W. (2015) *Undoing the Demos: Neoliberalism´s Stealth Revolution*. Nueva York: Zone Books.

BUTLER, J. (1990) *Gender Trouble: Feminism and the Subversion of Identity*. Londres: Routledge.

CALABRESSE, A., y FENTON, N. (2015) "A symposium on media, communication and the limits of liberalism", *European Journal of Communication* 30(4): 1-4.

CALINGAERT, D. (2012) "Challenges for international policy", en: L. Diamond and M. F. Plattner (eds), *Liberation Technology: Social Media and the struggle for democracy*. Baltimore: John Hopkins University Press, pp. 157-74.

CAMMAERTS, B. (2008) "Critiques on the participatory potential of Web 2.0", *Communication, Culture and Critique* 1(4): 358-77.

CARNEGIE TRUST UK (2010) *Enabling Dissent*. Londres: Carnegie Trust UK.

CARPENTIER, N. (2011) *Media and Participation: A Site of Ideological-Democratic Struggle*. Londres: Intellect.

CASTELLS, M. (1996) *The Rise of the Network Society, Vol. 1: The Information Age: Economy, Society and Culture*. Oxford: Blackwell.

CASTELLS, M. (1997) *The Power of Identity*. Oxford: Blackwell.

CASTELLS, M. (2009) *Communication Power*. Oxford: Oxford University Press.

CASTELLS, M. (2015) *Networks of Outrage and Hope: Social Movements in the Internet Age*. 2da Ed., Cambridge: Polity.

CASTORIADIS, C. (1980) "Socialism and autonomous society", *Telos*, no. 43: 91-105.

CASTORIADIS, C, (1991) *Philosophy, Politics, Autonomy: Essays in Political Philosophy*. Nueva York: Oxford University Press.

CATHCART, B. (2012) *Everybody´s Hacked Off: Why We Don't Have the Press We Deserve and What to Do about It*. Londres: Penguin.

CAYHILL, H. (2013) *On Resistance: A Philosophy of Defiance*. Londres: Bloomsbury.

CCMR (Co-ordinating Committee for Media Reform) (2011) The Media and the Public Interest, preliminary briefing paper, 4 de Noviembre, www.mediareform.org.uk/.

CELIKATES, R., y JANSEN, Y. (2013) "Reclaiming democracy: an interview with Wendy Brown on Occupy, sovereignty and secularism", *Critical Legal Thinking*, 30 de enero, http://criticallegalthinking.com/2013/01/30/recliming-democracy-an-interview-with-wendy-brown-on-occupy-sovereingty-and-secularism/.

CLEAVER, H. (1999) "Computer-linked social movements and the global to threat capitalism", www.eco.utexas.edu/faculty/Cleaver/polnet.html

CLOUGH, P. (2008) "The affective turn: political economy and the biomediated body", *Theory, Culture And Society*, 25(1): 1-24.

COLEMAN, S. (2012) "It´s time for the public to reclaim to the public interest", *Television & New Media*, 13 de enero: 7-11.

CORNFIELD, M. (2004) "Presidential campaign ads online", *Pew Internet and American Life Project*, 3 de octubre, www.pewinternet.org/2004/10/03/presidential-campaign-ads-online/.

CORETTI, L. (2014) *The Purple Movment: social media activism in Berlusconi´s Italy*, tesis doctoral, University of Westminster.

COSTANZA-CHOCK, S. (2012) "Mic check! Media cultures and the occupy movement", *Social Movement Studies* 11(3-4): 375-85.

COTTLE, S. (ed.) (2003) *News, Public Relations and Power*. Londres: Sage.

COULDRY, N. (2010) *Why Voice Matters: Culture and Politics after Neoliberalism*. Londres: Sage.

COULDRY, N., PHILLIPS, A., y FREEDMAN, D. (2010) "An ethical deficit: accountability, norms and the material conditions of contemporary journalism", en: N. Fenton (ed.), *New Media, Old News: Journalism and Democracy in the Digital Age*. Londres: Sage, pp. 51-69.

CREDIT SUISSE (2014) "Global Wealth Report", http://economics.uwo.ca/people/davies_docs/credit-suisse-global-wealth-report-2014.pdf.

Crouch, C. (2004) *Post-Democracy*. Cambridge: Polity.

CROUCH, C. (2011) *The Strange Non-Death of Neoliberalism*. Cambridge: Polity.

CURRAN, J. (2002) *Media and Power*. Londres: Routledge.

CURRAN, J. (2016) "The internet of dreams: reinterpreting the internet", en: Curran, *Misunderstanding the internet*. 2da ed., Londres: Routledge.

CURRAN, J., y SEATON, J. (2003) *Power without Responsibility*. 6ta ed., Londres: Routledge.

CURRAN, J., COHEN, S., AALBERG, T., HATASHI, K., JONES, P., SPLENDORE, S., PAPATHANASSOPOULOS, S., ROWE, D., y TIFFEN, R. (2013) "Internet revolution revisited: a comparative study of online news", *Media, Culture & Society* 35(7): 880-97.

CURRAN, J., FENTON, N., y FREEDMAN, D. (2012) *Misunderstanding the Internet*. Londres: Routledge.

CURRAN, J., FENTON, N., y FREEDMAN, D. (2016) *Misunderstanding the Internet*. 2da ed., Londres: Routledge.

DAHLBERG, L., y SIAPERA, E. (eds) (2007) *Radical Democracy and the internet: Interrogating Theory and Practice*. Londres: Palgrave Macmillan.

DAHLGREEN, P. (2009) *Media and Political Engagement: Citizens, Communications, Democracy*. Cambridge: Cambridge University Press.

DAVIES, N. (2008) *Flat Earth News*. Londres: Chatto & Windus.

DAVIES, A. (2002) *Public Relation Democracy*. Manchester: Manchester University Press.

DAVIES, A. (2005) "Media effects and the active elite audience: a study of media and financial markets", *European Journal of Communications* 20(3): 303-26.

Davies, A. (2010) *Political Communication and Social Theory*. Londres: Routledge.

Davies, A. (2015) *The Economics of Public Knowledge*, Goldsmiths, University of London, PERC Papers Series n. 1, www.gold.ac.uk/media/magrated/media/goldsmiths/departments/academicdepartments/politics/pdf/PERC-1-Davis-Public-Knowledge-1.pdf.

Day, R. J. F. (2005) *Gramsci is Dead: Anarchist Currents in the Newest Social Movements*. Londres: Pluto Press.

DCMS (Department for Culture, Media & Sports) (2015) *BCC Charter Review Public Consultation*. Londres DCMS.

Dean, J. (2009) *Democracy and Other Neoliberal Fantasies: Communicative Capitalism and the Left Politics*. Durham, NC: Duke University Press.

Dean, J. (2014) "Enclosing the subject", *Political Theory*, 2 de diciembre, http://ptx.sagepub.com/content/early/2014/12/01/0090591714560377.abstract.

Dean, J., Anderson, J. W., y Lovink, G. (2006) *Reformatting Politics: Information Technology and Global Civil Society*. Londres: Routledge.

Dean, M. (2011) *Democracy under Attack: How the Media Distort Policy and Politics*. Londres: Policy Press.

Deibert, R. (2012) "International mechanisms of cyberspace control", en: L. Diamond y M. F. Plattner (eds), *Liberation Technology: Social Media and the Struggle for Democracy*. Baltimore: John Hopkins University Press, pp. 33-46.

Deibert, R., y Rohozinski, R. (2012) "Liberation vs. control: the future of cyberspace", en L. Diamond y M. F. Plattner (eds), *Liberation Technology: Social Media and the Struggle for Democracy*. Baltimore: John Hopkins University Press, pp. 18-32.

Deibert, R., Palfrey, J., Rohozinski, R., Zittrain, J., y Haraszti, M. (eds) (2010) *Access Controlled: The Shaping of Power, Rights and rule in Cyberspace*. Cambridge, MA: MIT Press.

Deleuze, G., y Guattari, F. (1988) *A Thousand Plateaus: Capitalism and Schizophrenia*. Londres: Athlone Press.

della Porta, D. (2005) "Multiple belongings, tolerant identities and the construction of 'another politics': between the European social forum and the local social fora", en: D. della Porta y S. Tarrow (eds), *Transnational Protest and Global Activism*, Lanham, MD: Rowman & Littlefield, pp. 175-203.

della Porta, D. (2013) "Bridging research on democracy, social movements and communications", en B. Cammaerts, A. Mattoni y P. McCurdy (eds), *Mediation and Protest Movements*. Bristol: Intellect, pp. 23-7.

della Porta, D., y Diani, M. (1999) *Social Movements: An Introduction*. Oxford: Blackwell.

DELLA PORTA, D., y DIANI, M. (2006) *Social Movements: An Introduction*. 2da ed., Oxford: Blackwell.

DELLI CARPINI, M. S., y WILLIAMS, B. A. (2001) "Let us infotain you: politics in the new media environment", en: W. L. Bennett y R. M. Entman (eds), *Mediated Politics: Communications in the Future of Democracy*. Cambridge: Cambridge University Press.

DENCIK, L., y LEISTERT, O. (2015) *Critical Perspective on Social Media Protest*. Londres: Rowman & Littlefield.

DERRIDA, J. (1997) *Of Grammatology*. Baltimore: John Hopkins University Press.

DIAMOND, L. (2012) "Introduction", en: L. Diamond y M. F. Plattner (eds), *Liberation Technology: Social Media and the Struggle for Democracy*. Baltimore: John Hopkins University Press, pp. ix-xxvii.

DIAMOND, L., y PLATTNER, M. F. (eds) (2012) *Liberation technology: Social Media and the Struggle for Democracy*. Baltimore: John Hopkins University Press.

DOLAN, A. (2015) "Podemos: Politics by the people", *Red pepper*, febrero, www.redpepper.org.uk/podemos-politics-by-the-people.

DONATH, J. (2007) "Signals in social supernets", *Journal of Computer Mediated Communication* 13(1): 231-51.

DORLING, D. (2011) *Injustice: Why Social Inequality Persist*. Bristol: Policy Press.

DORLING, D. (2014) *Inequality and the 1%*. Londres: Verso.

DOUZINAS, C. (2013) *Philosophy and Resistance in the Crisis: Greece and the Future of Europe*. Cambridge: Polity.

DOUZINAS, C. (2015) "Notes toward an analytics of resistance", *New Formations* n. 83: 79-98.

DOWNEY, J., y FENTON, N. (2003) "Constructing a counter-public sphere", *New Media and Society* 5(2): 185-202.

DOWNEY, J., y FENTON, N. (2007) "Global capital, local resistance", *Current Sociology* 55(5): 651-73.

DRYZEK, J. (2000) *Deliberative Democracy and Beyond: Liberals, Critics, Contestations*. Oxford: Oxford University Press.

DUSSEL, E. (2008) *Twenty Theses on Politics*. Durham, NC: Duke University Press.

DUTTON, W., y BLANK, G., con GROSELJ, D. (2013) *Cultures of the Internet: The Internet on Britain*. Oxford: Oxford Internet Institute, http://oxis.oii.ox.ac.uk/wp-content/uploads/sites/43/2014/11/OxIS-2013.pdf.

EDELMAN (2015) *Edelman Trust Barometer 2015: Global Results*. http://www.slideshare.net/EdelmanInsights/2015-edelman-trust-barometer-global-results.

EFIMEROS, C. (2015) "Mainstream media lie in Greece", *The Press Project*, 9 de julio, www.thepressproject.gr/details-en.php?aid=79064.

ELKIN, M. (2011) "Tunisia internet chief gives inside look at the cyber uprising", *Wired.co.uk*, 31 de enero, www.wired.co.uk/news/archive/2011-01/31/tunisia-egypt-internet-restrictions.

ELLIS, D., y TUCKER, I. (2011) "Virtuality and Ernst Bloch: hope and subjectivity", *Subjectivity* 4(4): 434-50.

ELSTER, J. (ed.) (1998) *Deliberative Democracy*. Cambridge: Cambridge University Press.

ELSTER, P., y VINKEN, H. (2003) "Debating civil society: on the fear for civic decline and hope for the internet alternative", *International Sociology* 18(4): 659-80.

EUROPEAN COMMISSION (2014) "Youth unemployment", http://ec.europa.eu/social/main.jsp?catId=1036.

FARIS, D. (2013) *Dissent and Revolution in a Digital Age: Social Media, Blogging and Activism in Egypt*. Londres: I. B. Tauris.

FEENBERG, A. (1995) "Subversive rationalization: technology, power and democracy", en: A. Feenberg y A. Hannay (eds), *Technology and the Politics of Knowledge*. Bloomington: Indiana University Press.

FEENBERG, A. (2002) *Transforming Technology*. Oxford: Oxford University Press.

FENTON, N. (2000)" The problematics of postmodernism for feminist media studies", *Media, Culture & Society* 22(6): 723-41.

FENTON, N. (2006) "Another world is possible", *Global Media and Communication* 2(3): 355-67.

FENTON, N, (2007) "Bridging the Mythical divide: political economy and cultural studies approaches to the media", en: E. Devereux (ed.), *Issues and Key Debates in Media Studies*. Londres: Sage.

FENTON, N. (2008a) "Mediating hope: new media, politics and resistance", *International Journal of Cultural Studies* 11(2): 230-48.

FENTON, N. (2008b) Mediating solidarity, *Global Media and Communication* 4(1): 37-57.

FENTON, N. (ed.) (2010) *New Media, Old News: Journalism and Democracy in the Digital Age*. Londres; Sage.

FENTON, N. (2011) "Multiplicity, autonomy and the mediated politics of the new social movements", en: L. Dahlberg y S. Phelan (eds), *Discourse Theory and Media Politics*. Londres: Palgrave.

FENTON, N. (2012a) "The internet and radical politics", en: J. Curran, N. Fenton, y D. Freedman, *Misunderstanding the internet*. Londres: Routledge.

FENTON, N. (2012b) "The internet and the social networking", en: J. Curran, N. Fenton, y D. Freedman, *Misunderstanding the internet*. Londres: Routledge.

FENTON, N. (2013) "Cosmopolitanism as conformity and contestation: the mainstream press and radical politics", *Journalism Studies* 14(2): 172-86.

FENTON, N. (2016) "The internet of me (and my friends)", en: J. Curran, N. Fenton, y D. Freedman, *Misunderstanding the internet*. 2da ed., Londres: Routledge.

FENTON, N., y BARASSI, V. (2011) "Alternative media and social networking sites: the politics of individuation and political participation", *Communication Review* 14(3): 179-96.

FENTON, N., y DOWNEY, J. (2003) "Counter public spheres and global modernity", *Javnost – The Public* 10(1): 15-32.

FENTON, N., y TITLEY, G. (2015) "Mourning and longing: media studies learning to let go of liberal democracy", *European Journal of Communication* 30(4): 1-16.

FERGUSON, C. (2012) *Inside Job: The financiers Who Pulled Off the Heist of the Century*, Oxford: Oneworld.

FILE, T., y RYAN, C. (2014) *Computer and Internet Use in the United States: 2013*, US Census Bureau, www.census.gov/content/dam/Census/library/publications/2014/acs/acs-28.pdf.

FISHKIN, J. S. (2011) *When the People Speak*. Oxford: Oxford University Press.

FORSTER, M. (2011) *Divided We Stand: Why Inequality Keeps Rising*. Paris: OECD.

FOSTER, J. B., y McChesney, R. W. (2011) "The internet's unholy marriage to capitalism", *Monthly Review* 62(10): 1-30.

FOUCAULT, M. (2004) *Society Must Be Defended*. Londres: Penguin.

FRANKLIN, B. (1997) *Newzak and the News Media*, Londres: Edward Arnold.

FRANKLIN, B. (2005) "McJournalism: the local press and the McDonalization thesis", en S, Allan (ed.), *Journalism: Critical Issues*. Maidenhead: Open University Press.

FRASER, N. (1995) "From redistribution to recognition? Dilemmas of justice in a "post-socialist" age", *New Left Review* 1/212, julio-agosto.

FREEDMAN, D. (2014) *The Contradictions of Media Power*. Londres: Bloomsbury.

FREEDMAN, D., y BAILEY, M. (eds.) (2011) *The Assault on Universities: A Manifesto for Resistance*. Londres: Pluto Press.

FREEDOM HOUSE (2011) *Freedom on the Net*, https://freedomhouse.org/report/freedom-net/freedom-net-2011.

GARLAND, J., y TERRY, C. (2015) *The 2015 General Election: A Voting System in Crisis*. Londres: Electoral Reform Society.

GARNHAM, N. (1992) "The media and the public sphere", en: C. Calhoun (ed.), *Habermas and the Public sphere*. Cambridge, MA: MIT Press.

GERBAUDO, P. (2012) *Tweets and the Streets: Social Media and Contemporary Activism*. Londres: Pluto Press.

GHANNAM, J. (2011) *Social Media in the Arab World: Leading up to the Uprising of 2011*. Washington, DC. Center for International Media Assistance, www.cima.ned.

org/wp-comtent/uploads/2015/02/CIMA-Arab_Social_Media-Report-10-25-11.pdf.

GILBERT, J. (2008) *Anticapitalism and Culture: Radical Theory and Popular Politics.* Oxford: Berg.

GILBERT, J. (2014) *Common Ground: Democracy and Collectivity in the Age of Individualism.* Londres: Pluto Press.

GILENS, M. (2005) "Inequality and Democratic responsiveness", *Public Opinion Quarterly* 69(5): 778-96.

GIROUX, H. A. (2004) "When hope is subversive", *Tikkun* 19(6): 38-9.

GLEDHILL, J. (1994) *Power and its Disguises: Anthropological Perspectives on Politics.* Londres: Pluto Press.

GOLDING, P., y MIDDLETON, S. (1982) *Images of Welfare: Pree and Public Attitudes to poverty.* Londres: Robertson.

GOLDING, P., y MURDOCK, G. (2000) "Culture, communications and political economy", en J. Curran y M. Gurevitch (eds.), *Mass Media and Society.* 3ra ed., Londres: Edward Arnold, pp. 70-92.

GRAEBER, D. (2002) "The new anarchists", *New Left Review*, 13 de enero-febrero, www.newleftreview.org/A2368.

GRAMSCI, A. (1971) *Selections from the Prison Notebooks*, ed. y trad. Q. Hoare y G. Nowell-Smith. Londres: Lawrence & Wishart.

GRAMSCI, A. (1991) *Prison Notebooks*, ed. Joseph A. Buttigieg. Nueva York: Columbia University Press.

HABERMAS, J. (1989) *The Structural Transformation of the Public Sphere: An Inquiry into a Category of Bourgeois Society.* Cambridge: Polity.

HABERMAS, J. (1992) "Further reflections on the public sphere", en: C. Calhoun (ed.), *Habermas and the Public Sphere.* Cambridge, MA: MIT Press, pp. 421-61.

HABERMAS, J. (1996) *Between Facts and Norms: Contributions to a Discourse Theory of Law and Democracy.* Cambridge: Polity.

HABERMAS, J. (1998) *Inclusion of the Other: Studies in Political Theory.* Cambridge: Polity.

HABERMAS, J. (2006) *Political communication in media society – does democracy still enjoy an epistemic dimension? The impact of normative theory on empirical research*, Paper presented to the ICA annual conference, Dresden.

HACKER, J. S., y PIERSON, P. (2010) *Winner-Take-All Politics.* Nueva York: Simon & Schuster.

HAIGHT, M., QUAN-HAASE, A. y CORBETT, B. A. (2014) "Revisiting the digital divide in Canada: the impact of demographic factors on access to the internet, level of online activity, and social networking usage", *Information, Communication & Society* 17(4): 503-19.

HANDS, J. (2011) @ is for Activism: Dissent, Resistance and Rebellion in a Digital Culture. Londres: Pluto Press.

HANSARD SOCIETY (2013) Audit of Political Engagement: The 2013 Report. Londres: Hansard Society, www.hansardsociety.org.uk/audit-of-political-engagement-10/.

HARDT, M., y NEGRI, A. (2000) Multitude. Nueva York: Penguin.

HARDT, M., y NEGRI, A. (2009) Commonwealth. Cambridge MA: Belknap Press.

HARVEY, D. (2014) "Foreword", en M. Sitrin y D. Azzellini, They Can´t Represent Us: Reinventing Democracy for Greece to Occupy. Londres: Verso.

HEIL, B., y PISKORSKI, M. (2009) New Twitter research: men follow men and nobody tweets, https://hbr.org/2009/06/new-twitter-research-men-follo.

HELD, D. (1999) Global Transformations: Politics, Economics, and Culture. Cambridge: Polity.

HILL, K., y HUGHES, J. (1998) Cyberpolitics: Citizen Activism in the Age of the Internet. Oxford: Rowman & Littlefield.

HINDMAN, M. (2008) The Myth of Digital Democracy. Princeton, NJ: Princeton University Press.

HINTZ, A. (2015) "Social media censorship, privatized regulations end the new restrictions to protest and dissent", en L. Dencik y O. Leistert (eds), Critical Perspectives on Social Media Protest: Between Control and Emancipation. Londres: Rowman & Littleman.

HIRSCHKIND, C. (2009) The Ethical Soundscape: Cassette Sermons and Islamic Counterpublics. Nueva York: Columbia University Press.

HIRST, P. Q. (1976) "Althusser and the theory of ideology", Economy and Society 5(4): 385-412.

HOLLOWAY, J. (2002) Change the World without Taking Power: The Meaning of Revolution Today. Londres: Pluto Press.

HOLT, R. (2004) Dialogue on the Internet: Language, Civic Identity, and Computer-Mediated Communication. Westport, CT: Praeger.

HORKHEIMER, M. (1972) Traditional and critical theory. Nueva York: Herder & Herder.

HORKHEIMER, M. (1982) Critical Theory. Nueva York: Seabury Press.

HOUSE OF LORDS (2008) Communications – First Report, Session 2007 – 08. Londres: The Stationery Office, www.publications.parliament.uk/pa/ld200708/ld-select/ldcomuni/122/12202.htm#evidence.

HOWARD, P. N., y HUSSAIN, M. M. (2012) "Egypt and Tunisia: the role of digital media", en L. Diamond and M. F. Plattner (eds), Liberation Technology: Social Media and the Struggle for Democracy. Baltimore: Johns Hopkins University Press, pp. 110-23.

Hughes, C. (2011) "Salivary identities: the matter of affect", *Subjectivity* 4(4): 413-33.

International Labour Organization (2014) *Global Employment Trends 2014*. Ginebra: ILO.

Internet World Stats (2015a) "Internet users in the world by regions", www.internetworldstats.com/stats.htm.

Internet World Stats (2015b) "Internet world use by language", www.internetworldstats.com/stats7.htm.

Ipsos MORI (2013) "Perceptions are not reality: the top 10 we get wrong", https://www.ipsos-mori.com/researchpublications/researcharchive/3188/Perceptions-are-not-reality-the-top-10-we-get-wrong.aspx.

Ipsos MORI (2014) "Perceptions are not reality: things the world gets wrong", https://www.ipsos-mori.com/researchpublications/researcharchive/3466/ Perceptions-are-not-reality-things-the-world-gets-wrong.aspx.

Jenkins, H. (2015) "Affective publics and social media: an interview with Zizi Papacharisi", *Confessions of an Aca-Fan: The Official weblog of Henry Jenkins*, henry-jenkins.org/2015/01/affective-publics-and-social-media-an-interview-with-zizi-papacharisi-part-two.html.

Jones, O. (2014) *The Establishment: And How They Get Away with It*. Londres: Allen Lane.

Juris, J. (2008) *Networking Futures*. Durham, NC: Duke University Press.

Kahn, R., y Kellner, D. (2004) "New media and internet activism: from the 'battle of Seattle' to blogging", *New Media & Society* 6(1): 87-95.

Kahn, R., y Kellner, D. (2007) "Globalization, technopolitics and radical democracy", en L. Dahlberg y E. Siapera (eds), *Radical Democracy and the Internet: Interrogating Theory and Practice*. Londres: Palgrave Macmillan.

Katsiaficas, G. N. (2006) *The Subversion of Politics: European Autonomous Social Movements and the Decolonization of Everyday Life*. Updated edn, Oakland, CA: AK Press.

Kaun, A. (2015) "'This space belong to us!': Protest space in times of accelerating capitalism", en L. Dencik y O. Leistert (eds), *Critical Perspectives on Social Media Protest: Between Control and Emancipation*. Londres: Rowman & Littlefield.

Keane, J. (1991) *The Media and Democracy*. Cambridge: Polity.

Neck, M. E., y Sikkink, K. (1998) *Activists beyond Borders: Advocacy Networks in International Politics*. Ithaca, NY: Cornell University Press.

Keen, R. (2015) *Membership of UK Political Parties*, Documento Informativo no. SN/05/5125. Londres: House of Commons Library.

Kellner, D. (1990) "Critical theory and the crisis of social theory", *Sociological Perspectives* 33(1): 11-33.

KHIABANY, G. (2010) "Media power, people power and politics of media in Iran", Artículo presentado en la conferencia de IAMCR, Braga, Portugal.

KHIABANY, G. (2016) "The importance of 'social' in social media: some lessons from Iran", en A. Burns, G. Enli, E. Skogerbø, A. O. Larsson y C. Christensen (eds), *The Routledge Companion to Social Media and Politics*. Nueva York: Routledge.

KLEIN, N. (2000) *No Logo*. Nueva York: Flamingo.

KLEIN, N. (2002) "Farewell to the 'end of history': organisation and vision in anti-corporate movements", *Socialist Register* 38: 1-14.

KOENING, P. (2015) "Greece – risk of false-flagging Greece into submission and chaos?", *Global Research*, 3 de julio, www.globalresearch.ca/greece-risk-of-false-flagging-greece-into-submission-and-chaos/5460323.

KOWAL, D. (2002) "Digitizing and globalizing indigenous voices: the Zapatista movement", en: G. Elmer (ed.), *Critical Perspectives on the Internet*. Lanham, MD: Rowman & Littlefield, pp. 105-29.

KRIAKIDOU, D., y FLYNN, M. (2008) "Riots rock Greece amid election calls", *Reuters UK*, 9 de diciembre.

KRIESBERG, L. (1997) "Social movements and global transformation", en: J. Smith, C. Chatfield y R. Pagnucco (eds), *Transnational Social Movements and Global Politics: Solidarity beyond the State*. Syracuse, NY: Syracuse University Press, pp. 3-17.

KRUGMAN, P. (2015) "The austerity delusion", *The Guardian*, 29 de abril, www.theguardian.com/business/ng-interactive/2015/apr/29/the-austerity-delusion.

LACLAU, E. (2004) *The Making of Political Identities*. Londres: Verso.

LACLAU, E., y MOUFFE, C. (1985) *Hegemony and Socialist Strategy: Towards a Radical Democratic Politics*. Londres: Verso.

LANNING, T., y RUDIGER, K. (2012) *Youth Unemployment in Europe: Lessons for the UK*. Londres: IPPR.

LEE-WRIGHT, P., PHILLIPS, A., y WITSCHGE, T. (2011) *Changing Journalism*. Londres: Routledge.

LEISTERT, O. (2015) "The revolution will not be liked: on the systematic constraints of corporate social media platforms for protests", en L. Dencik, y O. Leistert (eds), *Critical Perspective on Social Media and Protest: Between Control and Emancipation*. Londres: Rowman & Littlefield.

LEKAKIS, E. (2013) *Coffee Activism and the Politics of Fair Trade and Ethical Consumption in the Global North: Political Consumerism and Cultural Citizenship*. Basingstoke: Palgrave.

LESSIG, L. (2011) *Republic, Lost: How Money Corrupts Congress and a Plan to Stop It*. Nueva York: Twelve Books.

Leveson, Lord Justice (2012) *An Inquiry into the Culture, Practices and Ethics of the Press*, 4 Vols. Londres: The Stationery Office, http://webarchive.nationalarchives. gov.uk/20140122145141/http:/www.levesoninquiry.org.uk/about/the-report/.

Levitas, R. (1998) "Educated hope: Ernst Bloch on abstract and concrete utopia", en J. Daniel y T. Moylan (eds), *Not Yet: Reconsidering Ernst Bloch*. Londres: Verso, pp. 65-79.

Levy, D., y Nielsen, R. (eds) (2010) *The Changing Business of Journalism and its Implications for Democracy*. Oxford: Reuters Institute for the study of journalism.

Lewis, J., Williams, A., y Franklin, B. (2008) "A compromised fourth state? UK news journalism, public relations and news sources", *Journalism Studies* 9(1): 1-20.

Leys, C., y Player, S. (2011) *The Plot Against the NHS*. Londres: Merlin Press.

Lin, Y.-R., Keegan, B., Margolin, D., y Lazer, D. (2014) "Rising tides or rising stars? Dynamics of shared attention on Twitter during media events", *PLoS ONE* 9(5), http://journals.plos.org/plosone/article?id=10.1371/journal.pone.0094093.

Littler, J., y Gilbert, J. (2009) "Radicalism: strategies, ecologies, roots", en J. Pugh (ed.), *What is Radical Politics Today?* Londres: Palgrave Macmillan, pp. 127-36.

Livingstone, S., y Bovill, M. (2002) *Young People, New Media: Research Report*, http://eprints.lse.ac.uk/21177/1/Young_people_new_media_%28LSERO%29.pdf

Livingstone, S., Bober, M., y Helsper, E. (2005) *Internet Literacy among Children and Young People: Findings from the UK Children Go Online Project*, http://eprints.lse.ac.uk/ archive/00000397.

Loader, B. (ed.) (2007) *Young Citizens in the Digital Age: Political Engagement, Young People and New Media*. Londres: Routledge.

Lodge, G., Gottfried, G., y Birch, S. (2013) *The Political Inclusion of Young Citizens*. Londres, IPPR, http://eprints.lse.ac.uk/56306/1/Democratic-Audit_Lodge-Gottfried-and-Birch_The-Political-Inclusion-of-Young-citizens.pdf.

Louw, E. (2005) *The Media and the Political Process*. Londres: Sage.

Lunt, P., y Livingstone, S. (2013) "Media studies' fascination with the concept of the public sphere: critical reflections and emerging debates", *Media Culture & Society* 35 (1):87-96.

Lyotard, J. (1984) *The Postmodern Condition: a Report on Knowledge*. Minneapolis: University of Minnesota Press.

McCarthy, J.D. (1997) "The globalization of social movement theory", en: J. Smith, C. Chatfield y R. Pagnicco (eds.), *Transnational Social Movements and Global Politics: Solidarity Beyond the State*. Syracuse, NY: Syracuse University Press, pp.243-60.

McChesney, R. (2012) "This isn't what democracy looks like", *Monthly Review* 64(6), http://monthlyreview.org/2012/11/01/this-isnt-what-democracy-looks-like/.

McCHESNEY, R. (2014) *Digital disconnect: How capitalism is turning the internet against democracy*. Nueva York: New Press.

McCHESNEY, R. y NICHOLS, J. (2010) *The Death and Life of American Journalism: the Media Revolution that will Begin the World Again*. Filadelfia, Nation Boks.

MACKINNON, R. (2012) China's 'networked authoritarianism', en: L. Diamond y M.F. Plattner (eds.), *Liberation Technology: Social Media and the Struggle for Democracy*. Baltimore: Johns Hopkins University Press, pp.78-94.

McKINSEY & COMPANY (2014) *Education to Employment: Getting Europe's Youth into Work*, www.mckinsey.com/insights/social_sector/converting_education-to_employment_in_europe.

MAIR, P. (2006) "Ruling the void? The hollowing of Western democracy", *New Left Review* 42, noviembre-diciembre: 25-51.

MARCHART, O. (2007) *Post-Foundational Political Thought: political Difference in Nancy, Lefort, Badiou and Laclau*. Edinburgo: Edinburgh University Press.

MARCOS, Subcomandante Insurgente (2001) *Our World is Our Weapon: Selected Writings of Subcomandante Marcos*. Nueva York: Seven Stories Press.

MARQUAND, J. (2012) "Economics as a public art", *openDemocracy*, 15, febrero, https://opendemocracy.net/ourkingdom/judith-marquand/economics-as-public-art.

MARSHALL, j. (2009) *Membership of UK Political parties, Standard Note* SN/SG/5125. Londres: House of Commons Library.

MASON, P. (2012) *Why It's Kicking Off Everywhere: The New Global Revolutions*. Londres: Verso.

MASSUMI, B. (2002) *Parables for the Virtual: Movement, Affect, Sensation*. Durham, NC: Duke University Press.

MATTONI, A. y VOGIATZOGLOU, M. (2014) "Italy and Greece, before and after the crisis: between mobilization and resistance against precarity". *Quaderni* 84 (primavera): 57-71, https://quadernie.revues.org/805?lang=eng.

MAURA, E. (2014) "Europe needs to change – and using grassroots democracy is how we do it", *The Guardian*, 13 de octubre, www.theguardian.com/comment-isfree/2014/oct/13/europe-new-politics-grassroots-resistance-podemos-syriza.

MEDIA REFORM COALITION (2015) *Who Owns the UK Media?* Londres: MCR.

MEDIA STANDARDS TRUST (2013) *IPSO – An Assessment*. Londres: Media Standards Trust.

MEIER, P. (2012) "Ushahidi as a liberation technology", en: L. Diamond y M.F. Plattner (eds). *Liberation Technology: Social Media and the Struggle for Democracy*. Baltimore: Johns Hopkins University Press, pp.95-109.

MIESSEN, M. (2007) "Articulated power relations – Markus Miessen in conversation with Chantal Mouffe", https://hitpages.com/doc/6600432994484224/1#pageTop.

MILADI, N. (2011) "Tunisia: a media led revolution?", *Aljazeera*, 17 de enero, http://english.aljazeera.net/indepth/opinion/2011/01/20111116142317498666.html.

MILAN, S. (2015) "Mobilizing in time of social media: from politics of identity to a politics of visibility", en: L. Dencik y O. Leistert (eds.) *Critical perspectives on Social media and Protest: Between Control and Emancipation*. Londres: Rowman &Littlefield.

MILLER, D. (2010) "How neoliberalism got where it is: elite planning, corporate lobbyng and the release of the free market", en: K. Birch y V. Mykhnenko (eds.), *The Rise and Fall of Neoliberalism: The Collapse of an Economic Order?* Londres: Zed Books.

MILLER, D. (2014) "Media power and class power: overplaying ideology", en: S. Coban (ed.) *Media and left*. Leiden: Brill, pp.44-67.

MILLER, V. (2008) "New Media, networking, and phatic culture", *Convergence* 14(4): 387-400.

MOROZOV, E. (2012) "Wither internet control?", en: L. Diamond y M.F. Plattner (eds.), *Liberation Technology: Social Media and the Struggle for Democracy*. Baltimore: Johns Hopkins University Press, pp. 47-62.

MOROZOV, E. (2015) "The taming of tech criticism", *The Baffler* n. 27 www.thebaffler.com/salvos/taming-tech-criticism.

MOUFFE, C. (2000) *The Democratic Paradox*, Londres: Verso.

MOUFFE, C. (2005) *The Return of the Political*. Londres: Verso.

MURPHY, R. (2013) *Over Here and Undertaxed: Multinationals, Tax Avoidance and You*. Londres: Vintage Digital.

MURRAY, R. (2004) "The new political economy of public life", *Soundings* 27: 19-32.

NASH, K. (ed.) (2000) *Contemporary Political Sociology*. Oxford: Blackwell.

NEGT, O. y KLUGE, A. (1972) *Public Sphere and Experience: Towards an Analysis of Bourgeois and Proletarian Public Sphere*. Minneapolis: University of Minnesota Press.

NELSON. B. (2011) "Politics of the senses: Karl Marx and empirical subjectivity", *Subjectivity* 4: 395-412.

NICHOLS, J. y MCCHESNEY, R. (2013) *Dollarocracy: How the Money-and-Media Election Complex Is Destroying America*. Nueva York: Nation Books.

NIELSEN (2012) "State and the Media: the social media report 2012", www.nielsen.com/us/en/insights/news/2012/social-media-report-2012-social-media-comes-of-age.html.

NORRIS, P. (2001) *Digital Divide: Civic Engagement, Information Poverty and the Internet Worldwide*. Cambridge: Cambridge University Press.

NORRIS, P. (2002) *Democratic Phoenix: Reinventing Political Activism*. Cambridge: Cambridge University Press.

NORVAL, A. (2007) *Aversive Dmeocracy*. Cambridge: Cambridge University Press.

NUJ (2006) *National Union of Journalists Surveys of Members*. Londres: National Union of Journalists.

OECD (2014) "Income inequality and poverty", www.oecd.org/social/inequality-and-poverty.htm.

OFCOM (2007) *Communications Market Special Report: Ethnic Minority Groups and Communications Services*. Londres: Ofcom, http://stakeholders.ofcom.org.uk/binaries/research/cmr/ethnic_grps.pdf.

OFCOM (2010) *Digital Participation: 2010 Metrics Bulletin*. Londres: Ofcom, http://stakeholders.ofcom.org.uk/binaries/research/media-literacy/digi-participation/2010-metrics-bulletin-2010.pdf.

ORTIZ, I. y CUMMINS, M. (2013) "The age of austerity: a review of expenditures and adjustment measures in 181 countries, Initiative for Policy Dialogue", http://policydialogue.org/publications/working_papers/age_of_austerity/.

OSWELL, D. (2006) *Culture and Society*. Londres: Sage.

OXFAM (2014) *Working for the Few: Political Capture and Economic Inequality*. Oxford: Oxfam.

OXFAM (2015) "Wealth: having it all and wanting more, Oxfam Issue Briefing", enero, https://www.oxfam.org/sites/www.oxfam.org/files/file_attatchments/ib-wealth-having-all-wanting-more-190115-en.pdf.

PAPACHARISSI, Z. (2010a.) *A Networked Self: Identity, Community and Culture in Social Network Sites*. Nueva York: Routledge.

PAPACHARISSI, Z. (2010b.) *A Private Sphere: Democracy in a Digital Age*. Cambridge: polity.

PAPACHARISSI, Z. (2015) *Affective Publics: Sentiment, Technology and Politics*. Oxford: Oxford University Press.

PARK. A. (2004) *British Social Attitudes: The 21st Report*. Londres: Sage.

PARK, A., BRYSON, C., CLERY, E., CURTICE, J., y PHILLIPS, M. (eds.) (2013) *British Social Attitudes: the 30th Report*. Londres, National Centre for Social Research.

PARKER, L. y MOUNTAIN, D. con MANOUSAKIS, N. (2014) "¿Más allá de la izquierda y la derecha? (Beyond left and right?)": an interview with Eduardo maura of Podemos, *Platypus Review* 72, diciembre-enero, http://platypus1917.org/2014/12/01/mas-alla-de-la-izquierda-y-la-derecha/.

PATTERSON, T. (2010) "Media abundance and democracy", *Media, Journalismo e Democracia* 9(2):13-31.

PEW RESEARCH CENTER (2015) *Internet Seen as Positive Influence on Education but Negative Influence on Morality in Emerging and Developing Nations*, www.pewglobal.org/files/2015/03/Pew-Research-Center-Technology-Report-FINAL-March-19-20151.pdf.

PJILLIPS A. (2014) *Journalism in Context*. Londres: Routledge.

PIKETTY, T. (2013) "Should we make the richest pay to meet fiscal adjustment needs?", en: S. Princen y G. Mourre (eds.), *The role of Tax policy in Times of Fiscal Consolidation*. Bruselas: Commisión Europea, pp.99-102.

PIKETTY, T. (2014) *Capital in the Twenty-First Century*. Cambridge, MA: Harvard University Press.

PIKETTY, T e IGLESIAS, P. (2015) "Reforming Europe: Thomas Piketty meets Pablo Iglesias", *openDemocracy*, 20 de febrero, https://www.opendemocracy.net/can-europe-make-it/thomas-piketty-pablo-iglesias/reforming-europe-thomas-piketty-meets-pablo-iglesia.

PRENTOULIS, M. (2015) "Form protest to power: the transformation of Syriza", *Red pepper*, enero, www.redpepper.org.uk/by/marina-prentoulis/.

PRICHARD, A. (2010) Bringing anarchy in, *Centre for the Study of Democracy Bulletin* 17 (1/2): 22-5.

RANCIÈRE, J. (2011a) *La Haine de la democratie*. Paris : La Fabrique.

RANCIÈRE, J. (2011b) "On the theory of ideology : Althusser's politics", appendix to *Althusser's Lesson*, Trad. E. Battista. Londres: Continuum

REDDEN, J. (2011) "The meditation of poverty: the news, new media and politics", Tesis Doctoral, Goldsmiths, University of London.

RIBEIRO, G. L. (1998) "Cybercultural politics: political activism at a distance in a transnational world", en: S. F. Alvarez, E. Dagnino y A. Escobar (eds), *Cultures of politics, Politics of Cultures: Re-Visioning Latin American Social Movements*. Boulder, CO: Westview Press, pp. 325-52.

ROBERTS, J. M. (2014) *New Media and Public Activism: Neoliberalism, the State and Radical Protest in the Public Sphere*. Bristol: Policy Press.

SALTER, L. (2003) "Democracy, new social movements and the internet: a Habermasian analysis", en: M. MacCaughey y M. D. Ayers (eds), *Ciberactivism: Online Activism in Theory and Practice*. Londres: Routledge, pp. 117-45.

SASSEN, S. (2014) *Expulsions: Brutality and Complexity in the Global Economy*. Cambridge MA: Belknap Press.

SCHÄFER, A., y STREECK, W. (eds) (2013) *Politics in the Age of Austerity*. Cambridge: Polity.

SCOTT, J. W. (ed.) (1996) *Feminism and History*. Oxford: Oxford University Press.

SEN, A. (1999) *Commodities and Capabilities*. Nueva York: Oxford University Press.

SENNETT, R. (1974) *The Fall of Public Man*. Nueva York: Random House.

SENNET, R. (2008) *The Craftsman*. Londres: Penguin.

SHANE, P. (ed.) (2004) *Democracy Online: The Prospect for Political Renewal through the Internet*. Londres: Routledge.

SHAXSON, N. (2012) *Treasure Islands: Tax Heavens and the Men Who Stole the World*. Londres: Vintage.

SKEGGS, B. (2014) "Values beyond value: is anything beyond the logic of capital?", *British Journal of Sociology* 65(1): 1-20.

SKELTON, D. (2011) "Government of the technocrats, by the technocrats, for the technocrats", *New Statesman*, 16 de noviembre, www.newstatesman.com/blogs/the-staggers/2011/11/european-greece-technocrats.

SLOAM, J. (2013) "Voice and equality: young people´s politics in the European Union", *West European Politics* 36(4): 836-58.

SLOAM, J. (2014) "New voice, less equal: the civic and political engagement of young people in the United States and Europe", *Comparative Political Studies* 47(5): 663-88.

SMITH, H. (2015) "Greece's new anti-austerity government set on collision course with Brussels", *The Guardian*, 26 de enero, www.theguardian.com/world/2015/jan/26/greece

SMUCKER, J.M. (2014) "Can prefigurative politics replace political strategy?", *Nerkeley Jpurnal of Sociology*, 7 de octubre, http://berkeleyjournal.org/2014/10/can-prefigurative-politics-replace-political-strategy/.

SPIVAK, G. (1992) "French feminism revisited: ethics and politics", en: J. Butler y J. Scott (eds.), *Feminists Theorize the Political*. Londres: Routledge, pp.54-85.

STARN, O., DEGREGORI, C.I. y KIRK, R. (2005) *The Peru Reader: history, Cutlure, Politics*. Durham, NC: Duke University Press.

STENGERS, I. (2010) *Cosmopolitics*. Minneapolis: University of Minnesota Press.

STIGLITZ, J.E. (2015) *The Great Divide*. Londres: Penguin.

STREECK, W. (2012) "Markets and peoples", *New Left Review* 73, enero-febrero.

STREECK, W. (2014) "How will capitalism end?", *New Left Review* 87, mayo-Junio: 35-64.

SUNSTEIN, C. (2001) *Republic.com*. Princeton, NJ: Princeton University Press.

Tapscott, D. y Williams, A. (2008) *Wikinomics: How Mass Collaboration Changes Everythin*. Londres: Atlantic Books.

TERROW, S. (1994) *Power in Movement*. Cambridge: Cambridge University Press.

TERROW, S. y DELLA PORTA, D. (2005) "Globalization, complex internationalism and transnational contention", en: D. della Porta y S. Tarrow (eds.), *Transnational Protest and Global Activism*. Lanham, MD: Rowman & Littlefield, pp.227-47.

TAYLOR, C. (1994) "The politics of recognition", en: A. Gutmann (ed.), *Multiculturalism: Examining the Politics of Recognition*. Princeton, NJ: Princeton University Press, pp.25-73.

TAYLOR, L. (2006) "Deeply disillusioned but not without hope", *Times Higher Educational Supplement*, 3 de marzo.

TERRANOVA, T. (2004) *Network Culture: Politics for the Information Age*. Londres: Pluto Press.

THOMASSEN, L. (2007) "Beyond Representation", *Parliamentary Affairs* 60(1): 111-26.

THOMPSON, E.P. (2014) *E.P. Thompson and the Making of the New Left: Essays and polemics*, ed. C. Winslow. Londres: Lawrence & Wishart.

THRIFT, N. (2007) *Non-Representational Theory: Space, Politics, Affect*. Londres: Routledge.

TORMEY, S. (2005) "From utopian worlds to utopian spaces: reflections on the contemporary radical imaginary and the social forum process", *ephemera* 5(2): 394-408.

TORMEY, S. (2006) *Anti-Capitalism: A Beginner's Guide*. Oxford: Onewrld.

TORMEY, S. y TOWNSHEND, J. (2006) *Key Thinkers from Critical Theory to Post-Marxistm*. Londres: Sage.

TRAUGOTT, M. (1995) "Recurrent patterns of collective action", en: M. Traugott (ed.) *Repertoires and Cycles of Collective Action*. Durham, NC: Duke University Press, pp.1-15.

TUC (Trades Union Congress) (2015) *TUC Directory 2015*. Londres: TUC.

TUFEKCI, Z. (2014) "Social movements and governments in the digital age: evaluating a complex landscape", *Journal of International Affairs* 68(1): 1-18.

TUNSTALL, J. (1996) *Newspaper Power: The National press in Britain*. Oxford: Oxford University Press.

TYLER, I. (2013) *Revolting Subjects: Social Abjection and Resistance in Neoliberal Britain*. Londres: Zed Books.

VAN DETH, J.W. (2011) "The impact of economic crisis in Europe: 'I'm doing fine'", en: M. Rosema, B. Denters y K. Aarts (eds.), *How Democracy Works*. Utrecht: Pallas, pp.223-39.

VENN, C. (2009) "Identity, diasporas and subjective change: the role of affect, the relation to the other and the aesthetic", *Subjectivity* 26(1): 3-28.

VIRNO, P. (2004) *A grammar of the Multitude: For an Analysis of Contemporary Forms of Life*. Cambridge, MA:Semiotext(e).

WACQUANT, L. (2008) *Urban Outcasts: A Comparative Sociology of Advanced Marginality*. Cambridge: Polity.

WACQUANT, L. (2009) *Punishing the Poor: The Neoliberal Government of Social Insecurity*. Durham, NC: Duke University Press.

WAINWRIGHT, H. (2015) "Greece: Syriza shines a light", *Red pepper,* enero, www.red pepper.org.uk/greece-syriza-shines-a-light/.

WARRELL, H. (2011) "Police chief testifies on Met public relations staffing", *Financial Times*, 20 de julio, www.ft.com/cms/s/0/ef6997cc-b1e5-11e0-a06c-00144 feabdc0.html#axzz40WDkhNNH.

WARSCHAUER, M. (2003) *Technology and Social Inclusion: Rethinking the Digital Divide*. Cabridge, MA: MIT Press.

WATSON, M. (2015) "David Harvey: on Syriza and Podemos", *Verso Blog*, 19 de marzo, www.versobooks.com/blogs/1920/david-harvey-on-syriza-and-podemos.

WAYNE, M., PETLEY, J. MURRAY, C., y HENDERSON, L. (2010) *Television news, Politics and Young People: Generation Disconnected?* Londres, Palgrave Macmillan.

WHYTE, J. (2013) "Michel Foucault on revolution, neoliberalism and rights", en: B. Golder (ed.), *Re-reading Foucault: On Law, Power and Rights*. Abdingdon: Routledge, pp.208-28.

WILKINSON, H. y MULGAN, G. (1995) *Freedom's Children*. Londres: Demos.

WILKINSON, R.G. y PICKET, K. (2009) *The Spirit Level: Why More Equal Societies Almost Always Do Better*. Londres: Allen Lane.

WILLIAMS, R. (1961) *The Long Revolution*. Londres: Chatto &Windus.

WILLIAMS, R. (1982) "Democracy and parliament", *Marxism Today*, junio: 14-21.

Wrong, D. (1994) *The Problem of Order*. Nueva York; Free Press.

YAHYANEHAD, M. y GHEYTANCHI, E. (2012) "Social media, dissent and Iran's Green government", en: L. Diamond y M.F. PLattner (eds.) *Liberation Technology: Social media and the Struggle for Democracy*. Baltimore: Johns Hopkins University Press, pp. 139-56.

YLA-ANTILA, T. (2006) "The World Social Forum and the globalization of social movements and public spheres", *ephemera* 5(2): 423-42.

ZALD, M.N. y MCCARTHY, J.D. (eds.) (1987) *Social Movements in an Organizational Society*. New Bruswick, NJ: Transaction Books.

ŽIŽEK, S. (1997) *The plague of Fantasies*. Londres: Verso.

ŽIŽEK, S. (2011) "For Egypt, this is the miracle of Tahrir Square", *The Guardian*, 10 de febrero, www.theguardian.com/global/2011/feb/10/egypt-miracle-tahrir-square.

ŽIŽEK, S. (2012) *The Year of Dreaming Dangerously*. Londres: Verso.

ŽIŽEK, S. (2013) "Trouble in paradise". *London Review of Books* 18 de Julio: 11-12.

ŽIŽEK, S. y DALY, G. (2004) *Conversations with Žižek*. Cambridge: Polity.

Impreso por TREINTADIEZ S. A. en 2019
Pringles 521 (C1183 AEI)
Ciudad Autónoma de Buenos Aires
Teléfonos (011) 4862-6794 / (011) 4864-3297
editorial@treintadiez.com